# Landeskunde von 1945

„Freie Bahn dem Marshall-Plan" (BRD) oder „Der Sozialismus siegt" (DDR) stehen auf neuen Reklamen. Zwischen Hunger und Hoffnung tanzt man auch wieder – Boogie-Woogie oder Walzer.

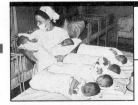

1949. Baby-Boom in der DDR. Kinderfürsorge und Kindergärten sind im Sozialismus kostenlos.

Wiederaufbau, Freßwelle, atomare Tests, Koreakrieg, Stalins Tod und der DDR-Aufstand bilden die großen Tagesthemen. Auch die Entstehung einer Halbstarken-Jugendszene in der BRD gehört dazu.

**1949–1955**

Der Freizeit-Tourismus wird zur Industrie. Die Hula-Hoop-Bewegung dreht sich. Der erste Sowjet-Mensch fliegt in den Weltraum. Die Anti-Baby-Pille kommt auf den Markt. Pop Art wird modern.

1961. Beim Bau der Berliner Mauer bittet ein Junge um Durchlaß nach Hause.

1967. Kritik gegen den Polizei-Staat. Frankfurter Studenten auf der Straße, BRD.

Jahre radikaler sozialer Veränderungen. Systemkritik, Beatmusik, Revolution und freie Liebe werden im Westen modern. Sozialistische Reformen im Osten. Der „Prager Frühling" scheitert 1968.

**1965–1974**

Erfolge des Neuen Deutschen Films und der Neuen Deutschen Welle (Musik). Müsli, Trimm-dich-fit-Kurse, Tiefkühlkost, Videos, CDs, Fax-Maschinen und Digitaluhren kommen ins Geschäft.

1978. Kritik am Umweltschmutz. J. W. von Goethe kriegt kranke Füße im Main, BRD.

1983. Feminismus in der Werbung. Plakat der BRD-Regierung. Aufruf zur Gleichberechtigung.

Transit zum multikulturellen Pluralismus. Kohl wird Kanzler. Bunte Listen und Punks, Neo-Nazis und Grüne machen Opposition. Postmoderne Architektur verändert die Städte. Warten auf Glasnost in der DDR.

**1982–1989**

Swatches sanieren Schweizer Uhren-industrie. Steffi Graf, Boris Becker und Belmondo-Schuhe werden populär, Kondome gegen AIDS. Zeit des großen Wertewandels nach dem Kalten Krieg.

1993. Werbung für Europa. BRD-Plakat für den neuen, offenen Binnenmarkt.

Europa wird eins

# RÜCKBLICK

## Texte und Bilder
## nach 1945

### An Intermediate German Studies Reader

## Andreas Lixl-Purcell

University of North Carolina at Greensboro

**Houghton Mifflin Company**    Boston   Toronto
Geneva, Illinois   Palo Alto   Princeton, New Jersey

Sponsoring Editor: Susan M. Mraz
Senior Development Editor: Barbara Lasoff
Senior Project Editor: Charline Lake
Associate Production/Design Coordinator: Caroline Ryan Morgan
Senior Manufacturing Coordinator: Marie Barnes

Cover design by Harold Burch, Harold Burch Design, New York
Cover Images: *first row:* left and middle, Archiv für Kunst und Geschichte, Berlin; right, Ullstein Bilderdienst; *second row:* left, Landeshaupstadt München; right, Museum Haus am Checkpoint Charlie, Berlin; *third row:* left, Presse- und Informationsamt der Bundesregierung; middle, Sygma; right, Ullstein Bilderdienst/Manfred Uhlenhut; *fourth row:* left, Gerard Schachmes/Sygma; right, Presse- und Informationsamt der Bundesregierung.

Timeline Images (inside front cover and facing page): In chronological order, by rows, (first) Karl Rossing; Bundesbildstelle Bonn; Ullstein Bilderdienst; (second) both photos: Ullstein Bilderdienst; (third) Münchner Stadtmuseum; Museum Haus am Checkpoint Charlie, Berlin; (fourth) © C. Klaus Rose/Spiegel Spezial Nr. 1/1988; Rudolf Hausner; (fifth) Hürriyet/*Türkische Berliner—Eine Minderheit stellt sich vor,* Die Ausländerbeauftragte des Senats, Senatsverwaltung für Soziales, Berlin; Klaus Staeck; (sixth) Bundesministerium für Frauen und Jugend; Sygma; (seventh) Birgit Kinder, "Test the Best," *Wir in Europa,* 11/90; Presse- und Informationsamt der Bundesregierung.

Text and internal art credits appear on page 305.

Printed in the U.S.A.

Library of Congress Catalog Card Number: 94-76523

ISBN: 0-395-69904-5

1 2 3 4 5 6 7 8 9-DH-98 97 96 95 94

# Inhalt

# Introduction

*Rückblick: Texte und Bilder nach 1945* is an illustrated German Studies textbook for reading and conversation and composition courses taught at intermediate to advanced-intermediate levels. The collection of texts and images is ideally suited for students who have completed three or four semesters of college German or the high-school equivalent.

Based on literary, cultural, and historical materials, *Rückblick* projects an interdisciplinary portrait of central European life and letters during the last 50 years. It is designed for instructors who want a German Studies textbook that focuses on modern cultural history and diversity. Thought provoking short stories, poems, songs, memories, diaries, letters, interviews, photographs, and illustrations trace the course of German affairs, issues, and ideas from the Cold War era through postmodern times. The objective and guiding editorial principle behind *Rückblick* is to intertwine the study of German literature and culture with integrated exercises serving as a springboard for conversation and composition activities.

## Features of *Rückblick*

### Historical Organization

The organization of *Rückblick* is new and is designed to fill a gap in the area of intermediate to advanced readers. Most available textbooks group their reading materials around general topics and themes such as "society," "family life," "work," "environment," "the media," "women," "German unification," and so forth, without establishing direct conceptual links between the chapters. Instead of these conventional theme clusters, *Rückblick* presents the development and diversity of German culture over the last 50 years within clear historical and interdisciplinary parameters that validate experiences from all walks of life, including the voices of women and minorities. This historical framework is divided into seven parts, each focusing on a formative period of modern cultural history, as follows:

Teil I.  Blick auf die Gegenwart, 1989–heute
(Part I.  Focus on the Present, 1989–today)
Teil II.  Postmodernes Nebeneinander, 1982–1989
(Part II. Postmodern Pluralism, 1982–1989)
Teil III.  Kultur der Neuen Innerlichkeit, 1974–1982
(Part III. The Culture of New Subjectivity, 1974–1982 )
Teil IV.  Pop, Protest und Provokation, 1965–1974
(Part IV. Pop, Protest and Rebellion, 1965–1974)

Each part contains three chapters which illuminate the most important literary, cultural, and social developments of a particular period.

## Reverse Chronological Order

*Rückblick* invites students to explore the culture and civilization of the German-speaking world from hindsight. As the book's title suggests, the selections in *Rückblick* are arranged in reverse chronological order. By beginning with 1994 and ending with 1945, *Rücklick* highlights both the ruptures and continuities of postwar life, starting with Germany's role in Europe today and ending with the country's division in the aftermath of World War II. This innovative approach—looking back into history—allows students to start their inquiry within the more accessible world of the present and then proceed to the less familiar past. This inversion of the traditional chapter line-up utilizes the student's familiarity with events of recent times to enhance comprehension of what preceded them in history. Thus, the more removed a topic is, the more insight the reader can bring to its investigation. This hindsight advantage helps readers' interaction with the cultural and historical subject matter at hand, and it contributes to under-standing the lessons of the past. The hindsight perspective also follows the mind's own pattern of remembrance, and thus more closely resembles the nature of human memory itself.

## *Texte* and *Bilder*

The book's montage of literary and visual materials exposes students to high-brow and low-brow, mainstream and marginal cultures alike. The historical framework encourages an interdisciplinary exploration of German Studies, while the authenticity of the materials provides the basis for cross-cultural insights into the diverse spectrum of daily life in the German-speaking countries.

*Texte:*   The readings of *Rückblick* follow historical lines, and explore the changing cultural landscapes of the last five decades. All reading selections are authentic, i.e., written by German speakers for German speakers, and many selections have not appeared in textbooks before—for example, Rosemarie Silbermann's "Denk' ich an Deutschland" in *Kapitel 12,* Hans Magnus Enzensberger's "Middle Class Blues" in *Kapitel 14,* and Alfred Kantorowicz' "Ulbricht wurde ausgepfiffen" in *Kapitel 17.* The variety of literary forms and genres provides the reader with an interesting range of readings which vary in length and level of difficulty. To facilitate compre-hension, glosses are provided in the margin for those words and terms with which students may not be familiar.

*Bilder:* Over 65 illustrations appear in *Rückblick*. They are presented with a twofold purpose: to highlight various aspects of modern civilization, and to introduce engaging visual clues for group discussions and conversations. Each of the images illuminates a succinct cultural or historical aspect of an era, for example, *Bild 3* ("Europas Völker") in *Kapitel 1*, *Bild 2* ("Die dritte Generation") in *Kapitel 5*, and *Bild 1* ("Zerstörte Kunst") in *Kapitel 21*.

## Activities

A wealth of activities are provided for both the reading selections and the illustrations. The reading selections are accompanied by prereading, close reading, and postreading exercises which emphasize comprehension, interpretation, and discussion skills. Introductory commentaries (*Übersichten*), illustrations, pre-reading vocabulary exercises and text scanning activities (*Vorarbeit zum Lesen*) prepare students for the readings. The texts are followed by close reading exercises, including comprehension checks and questions. Content analysis, interpretation questions, discussion topics, role-playing activities, and writing assignments round out the postreading activities (*Übungen zum Text*).

All visuals are followed by oral and written exercises (*Redemittel*) which encourage viewers to verbalize their interpretations, thoughts, or questions. These exercises are designed to generate group discussions without dictating particular "views" or intimidating students with "correct" modes of thinking. Instead of determining right or wrong answers, the emphasis is on determining what constitutes good and better interpretations and compositions.

## Part and Chapter Structure

As mentioned earlier, *Rückblick* is organized in seven parts (*Teil I, Teil II*, etc.), each focusing on a period of later modern cultural history. Each *Teil* begins with a general introduction to the period (*Einführung*) in German and is accompanied by a timetable (*Zeittafel*) outlining the major events of that period. Within each *Teil* are three chapters (*Kapitel*). The chapters are presented in illuminating historical and comparative format. Most chapters feature two texts with integrated illustrations, maps, and photographs to sketch the diverse panorama of popular and high-brow culture.

Each *Kapitel* opens with a list of the illustrations and reading selections in the order of their appearance within the chapter. This list is followed by a brief summary in English (Historical Context) of the events leading up to the period under discussion. Following the Historical Context is an introduction in German to the current chapter. The introductory work at the beginning of each *Teil* focuses students on the main issues covered by the texts and images. Providing this background information will help students better understand the subject matter in the chapters, and it sets the stage for conversation and composition activities.

Several illustrations and reading selections then follow this background information. As mentioned under "Activities" above, each reading selection is accompanied by pre- and postreading activities; each illustration is accompanied by activities to encourage oral and written interpretations.

## Using *Rückblick*

*Rückblick* offers a discussion-oriented methodology which sharpens reading, conversation, and composition skills while deepening the understanding of central Europe's history and culture. By looking at the historical dialectic from many perspectives, *Rückblick* offers a flexible teaching tool to engage students in critical thinking and cross-cultural analysis and writing.

The practical length and the historical authenticity of the reading selections make them especially appealing for teaching current reading strategies such as text-scanning and skimming, prereading hypothesis-forming, identifying key vocabulary, using visual clues, etc. Comprehension of the subject matter is facilitated through intermediate level vocabulary work, and communication and interpretation exercises. The overall pedagogy of *Rückblick* rests on reading, discussion, and composition exercises based on individual and partner work, small group activities, guided role-playing situations, large group discussions, and personalized writing assignments.

For best results, it is recommended that instructors follow the historical arrangement of the book, yet focus on those chapters which best suit the framework of their course, and the interests of their students. Likewise, the comprehension and conversation exercises available in each chapter involve a broad array of skill-building activities which can, and should, be used selectively. Each chapter can be taught as a self-contained unit within the broader context of the book. Succinct chapter introductions in both English and German, historical chronologies, "Landeskunde" maps and charts, notes about texts and authors, and other didactic tools make the chapter topics very accessible to students and teachers alike.

For courses which feature a structural review component, *Rückblick* works best in conjunction with an intermediate level reference grammar, such as Moeller/Liedloff, *Concise German Review Grammar,* second edition (Houghton Mifflin Company).

## Reference Section

For the reader's convenience, listed at the end of the book are a selected bibliography (*Ausgewählte Bibliographie*), a list of over 40 recommended topics for written or oral assignments (*Themen für Referate und Papiere*), an index (*Register*), and a list of authors, publishers and others who granted permission to use copyrighted material in *Rückblick*.

# Acknowledgments

Various libraries, museums, archives, and private collections have contributed materials, including the Archiv für Kunst und Geschichte, the Bundesarchiv in Koblenz, the Museum of Modern Art, the Stadtarchiv München, the Bundesbildstelle Bonn, the Frauenmuseum in Bonn, the Museum für Deutsche Geschichte, and the Haus am Checkpoint Charlie. Research for the realia in the contemporary chapters of the reader was made possible by a stipend from the Fulbright Commission and a grant from the University of North Carolina at Greensboro. The support of these commissions, libraries, agencies, institutions, and foundations is greatly appreciated.

I would also like to extend a special thank-you to my colleague Amy Lixl-Purcell at the University of North Carolina at Greensboro for her reviews of the manuscript and many valuable suggestions.

The publisher and I also thank the following reviewers for their helpful recommendations:

Pam Allen, The Ohio State University, Columbus, Ohio
Leo Berg, California State Polytechnic University, Pomona, CA
Catherine Fraser, Indiana University, Bloomington, IN
Anne-Katrin Gramberg, Auburn University, Auburn, AL
Robert Hoeing, State University of New York, Buffalo, NY
Doreen Krueger, Concordia University Wisconsin, Mequon, WI
Penelope Pynes, University of North Carolina at Greensboro, Greensboro, NC

Andreas Lixl-Purcell

# BLICK AUF DIE GEGENWART
## 1989–heute

### Einführung

Die drei ersten Kapitel behandeln° das Leben nach dem Kalten Krieg in Mitteleuropa. Der Trend zur Öffnung der Grenzen° innerhalb der Europäischen Gemeinschaft° (EG) und zur Schaffung° eines „gemeinsamen Hauses" steht im Mittelpunkt° von Kapitel 1. Kapitel 2 stellt das Thema Minderheiten in Deutschland vor° und behandelt das multikulturelle Zusammenleben von Inländern und Ausländern. Dabei kommt auch die Ausländerfeindlichkeit° im Deutschland der neunziger Jahre zur Sprache. Kapitel 3 reflektiert die revolutionären Veränderungen° in der DDR vom Revolutionsjahr 1989 bis zur deutschen Vereinigung° im Jahr 1990. Die Bilder behandeln die Themen Europa, Minoritäten und Vereinigung aus komplementären Blickwinkeln° und motivieren den Leser, über die neuen Verhältnisse° in Deutschland und Europa kritisch nachzudenken.

*treat, are about*

*borders / European Community / creation*

*center*

*stellt ... vor: introduces*

*xenophobia*

*changes*

*unification*

*perspectives*

*conditions*

## Zeittafel

**1989**  Die Revolutionen in Ungarn, der DDR, der Tschechoslowakei und in Rumänien führen zur Öffnung des Eisernen Vorhangs° in Europa. Ende des Kalten Krieges.

*Iron Curtain*

**1990**  Auflösung° und Beitritt der DDR zur Bundesrepublik Deutschland. Auflösung des Ostblocks. Viele Flüchtlinge° wählen Deutschland als Asylland.

*dissolution*

*refugees*

**1991**  Auflösung der Sowjetunion und Schaffung der Gemeinschaft Unabhängiger Staaten (GUS). Hohe Arbeitslosigkeit in den neuen Bundesländern.°

**neue Bundesländer =** *ehemalige DDR*

**1992**  Umstrukturierung der Wirtschaft° in den neuen Bundesländern. Zunehmende soziale und wirtschaftliche Probleme in Deutschland. Ausländerfeindlichkeit junger Neo-Nazis nimmt zu.

*economy*

**1993**  Attacken gegen ethnische Minderheiten° in Deutschland. Beginn des europäischen Marktes für 345 Millionen Menschen aus zwölf Nationen. Schaffung offener Grenzen innerhalb der EG.

*minorities*

**1994**  Wahljahr° in Deutschland. Beginn der Europäischen Union auf der Grundlage des Vertrags von Maastricht. Gemeinsame Innen-, Außen-, Finanz- und Wirtschaftspolitik als zukünftige Ziele.° Österreich wird Mitglied des Europäischen Wirtschaftsraums (EWR).

*election year*

*goals*

# Denk' ich an Europa

Bild 1: **Europas Grenzen und Städte** (Landkarte)
Text:    *Eurofrust und Eurovision* (Leserbriefe)
Bild 2: **Europa wird eins** (Plakat)
Bild 3: **Europas Völker** (Schaubild)

## Historical Context

The postwar trend toward European integration began in 1957 with the formation of the first European Economic Community. It included the Federal Republic of Germany, France, Italy, and the Benelux states (Belgium, the Netherlands, Luxemburg). Between 1972 and 1989 six more nations—Denmark, Great Britain, Greece, Ireland, Portugal, and Spain—joined the European Community (EC). The demise of Eastern Europe's communist countries following the revolutions of 1989 created an entirely new framework for interEuropean collaboration and integration. However, the political shifts not only led to new alliances but also brought new frictions and divisions. The trend towards a unified Europe was countered in many regions by outbreaks of nationalism and separatism. The Czech and Slovak division, the Yugoslavian civil wars, and the break-up of the former Soviet Union were all fueled by new nationalist movements vehemently opposed to the notion of ethnic pluralism within a united Europe. Despite these setbacks, a critical milestone for the creation of a European union was reached in 1992 with the signing of the Treaty of Maastricht in the Netherlands. The accord prepared the way for an integrated market based on the free exchange of goods and services. Final political and monetary unity is planned for the end of this century. Among the members of the EC, Germany has taken a leading role in support of these measures. In 1994 Austria was accepted into the EC, while Switzerland has opted to remain neutral and outside.

## Übersicht

Kapitel 1 beschäftigt sich mit Deutschland und Europa nach dem Ende des Kalten Krieges. Die Bundesrepublik Deutschland spielte seit der Teilung 1949 eine wichtige Rolle in West-Europa (EG). Durch seine geographische Lage und wirtschaftliche Bedeutung° wurde es ein einflußreicher° Mit-   *importance / influential*
gliedsstaat der EG. Die Text-und Bildmaterialien in diesem Kapitel zeugen von der Euphorie aber auch von der Apathie einiger EG-Bürger° gegenüber   *citizens*
der geplanten wirtschaftlichen, finanziellen und politischen Einheit Europas. Die Landkarte am Anfang und die Graphik am Ende des Kapitels informieren über die geographische und demographische Gliederung° des   *structure*
Kontinents. Im Text werden in- und ausländische Meinungen über den Bau

eines gemeinsamen europäischen Hauses zitiert. In der Mitte des Kapitels
befindet sich eine politische Werbung der deutschen Bundesregierung°       *federal government*
für den Start des europäischen Binnenmarkts° 1993.                          *free trade zone*

# Bild 1 Europas Grenzen und Städte

Landkarte: Staatsgrenzen in Europa im Jahr 1994. Das vereinte Deutschland, sowie Estland, Lettland, Litauen, Weißrußland, Ukraine, Moldawien,
die Slowakische Republik (Slowakei), die Tschechische Republik, Slowenien,
Kroatien, Serbien, Makedonien, Bosnien und Montenegro sind neue
Länder. Sie entstanden nach dem Ende des Kalten Krieges und der Auflösung der Sowjetunion, der Tschechoslowakei und Jugoslawiens zwischen
1990 und 1993.

## A. Füllen Sie den Fragebogen aus.

Sie wollen eine dreiwöchige Reise nach Europa machen. Sie gehen ins
Reisebüro, um sich zu informieren und Ihre Pläne zu besprechen. Im
Reisebüro bittet man Sie, den folgenden Fragebogen auszufüllen. Ver-
wenden Sie die Europa-Karte zur Planung Ihrer Reiseroute.

1. Vorname:

2. Nachname:

3. Wohnort:

4. Adresse:

5. Postleitzahl:

6. Telefonnummer:

7. Daten: Wann wollen Sie verreisen? Von ___ / ___ / ___
   bis ___ / ___ / ___

8. Reiseroute: Welche Länder wollen Sie besuchen?

9. Zeitdauer: Wie viele Tage wollen Sie in jedem Land oder in
   jeder Stadt bleiben?

| *Land oder Stadt* | *Wie viele Tage und Nächte?* | |
|---|---|---|
| _____ | Tage ____ | Nächte ____ |
| _____ | Tage ____ | Nächte ____ |
| _____ | Tage ____ | Nächte ____ |
| _____ | Tage ____ | Nächte ____ |
| _____ | Tage ____ | Nächte ____ |
| _____ | Tage ____ | Nächte ____ |

**Bild 1** (Quelle: Andreas Lixl-Purcell)

10. Flug: Welche Städte und welche Fluglinie bevorzugen Sie für die An- und Abreise?

Von zu Hause (Fluglinie):

Rückreise aus Europa (Fluglinie):

Ankunft in Europa (Stadt):·

Rückkehr nach Hause (Stadt):

Welche Fluglinie bevorzugen Sie?

11. Transportmittel: Womit möchten Sie in Europa reisen? Benutzen Sie die Zahlen eins bis sechs, um anzudeuten, womit Sie am liebsten, und womit Sie weniger gern reisen würden.

_____ mit dem Zug      _____ mit Zug und Auto

_____ mit dem Auto      _____ mit Zug und Flugzeug

_____ mit dem Flugzeug      _____ Ich weiß noch nicht

12. Wie viele Personen werden an der Reise teilnehmen?

13. Wie viele Kinder werden an der Reise teilnehmen?

Kinder unter 2 Jahren:

14. Wofür interessieren Sie sich am meisten auf Ihrer Reise durch Europa?

_____ Geschichte / Schlösser / Kirchen      _____ Kultur / Museen / Galerien

_____ Sport / wandern / schwimmen      _____ Skifahren / Wintersport

_____ größere Städte / Nachtleben      _____ Natur / Landleben

15. Wo wohnen und übernachten Sie am liebsten?

_____ internationale Hotels (5 Sterne)      _____ Frühstückspensionen

_____ Jugendherbergen      _____ Studentenheime

_____ gute, preiswerte Hotels (3 Sterne)      _____ Privatzimmer (bei Familien)

_____ Zeltplätze      _____ Hütten und Bauernhöfe

## B. Rollenspiel zu zweit: Im Reisebüro.

Sie machen eine Reise nach Europa und kaufen Flugkarten im Reisebüro. Ein Student/Eine Studentin spielt den Kunden/die Kundin (S1), der zweite Student/die zweite Studentin spielt den Verkäufer/die Verkäuferin (S2) im Reisebüro. S1 kauft eine Flugreise von New York nach Wien und zurück.

*Handlung*

| | |
|---|---|
| *S1:* beginnt mit der Begrüßung | *S2:* Begrüßung |
| sucht Information über Flüge nach Wien mit Zugverbindung nach Prag und Berlin | gibt Auskunft über Rundflüge nach Wien, entweder mit TWA, KLM, oder Austrian Airlines |
| fragt nach dem Preis | Preise: TWA = $ 790; KLM = $ 745; Austrian Airlines = $ 825 |
| kauft KLM Flugticket New York/Wien | gibt S1 den Flugschein |
| verabschiedet sich | bedankt sich |

---

Text **Eurofrust und Eurovision**

**Zu den Autoren:** Die Idee eines „gemeinsamen Hauses" findet bei den Europäern nicht nur enthusiastische Unterstützung° sondern auch Kritik und Ablehnung°. Die Absender der Leserbriefe repräsentieren den gegenwärtigen Meinungspluralismus. Lydia Golianova aus der Slowakischen Republik spricht über regionale Unterschiede°, Klaus Borde aus Düsseldorf beschreibt seine Gedanken als Deutscher und Europäer, Andrzej Szczypiorski aus Polen kritisiert die westeuropäische Arroganz, und Margarita Mathiopoulos aus Hannover empfindet wenig Optimismus für die Vereinigung Europas. Zum Schluß begeistert sich Victor Hugo in einem Text aus dem 19. Jahrhundert für die Idee einer europäischen Völkergemeinschaft.

*support*
*rejection*

*differences*

**Zu den Texten:** Die Leserbriefe stammen aus verschiedenen deutschen Zeitschriften und Zeitungen der Jahre 1991 bis 1993. Sie nehmen Stellung zum Thema der europäischen Vereinigung aus der Perspektive mehrerer Nationen. Man spürt sowohl die Hoffnung und Erwartung auf ein offenes Zusammenleben, aber auch Skepsis über den geplanten Einheitsmarkt und Angst vor dem Verlust der nationalen Eigenheit°.

*characteristic, pecularity*

# Vorarbeit zum Lesen

## A. Wo findet man diese Spezialitäten?

Welche kulinarischen Spezialitäten passen zu welchen europäischen Ländern? Einige – aber nicht alle – Merkmale finden Sie in den Texten erwähnt. Manches paßt auf mehrere Länder.

| | | |
|---|---|---|
| 1. Frankreich | a. Prager Schinken° | *ham* |
| 2. Deutschland | b. Cappuccino | |
| 3. die Slowakische Republik | c. Sacher Torte | |
| 4. die Schweiz | d. Emmentaler Käse | |
| 5. die Tschechische Republik | e. Salami | |
| 6. Österreich | f. Salzburger Nockerln | |
| 7. Ungarn | g. Knödel° | *dumplings* |
| 8. Italien | h. Baguette (langes Weißbrot) | |
| | i. Gulasch | |
| | j. Reibekuchen (Pfannkuchen) | |
| | k. Pilsner Bier (Bier aus Pilsen) | |
| | l. Nocken° | *small wheat dumplings* |
| | m. Weißwurst | |
| | n. Schwarzwälder Kirschtorte | |
| | o. Champagner | |
| | p. Käse-Fondue | |

## B. Vokabelübung.

Finden Sie in der ersten Wortliste zu jedem Wort die passenden Synonyme. Wählen Sie in der zweiten Wortliste die richtige englische Übersetzung für jedes deutsche Wort.

*Synonyme*

| | |
|---|---|
| 1. die Wohngemeinschaft | a. dumm, sinnlos |
| 2. in viele Winkel dieses Erdteils | b. streiten, bekriegen, Krieg machen |
| 3. kämpfen | c. weinen, nasse Augen bekommen |
| 4. heulen | d. in vielen Teilen, Gebieten oder Regionen der Welt |
| 5. verrückt | e. zwei Geschwister, die gleich alt sind |
| 6. die Zwillinge | f. mit vielen Formen und Gestalten |
| 7. die Ahnen | g. das Haus |
| 8. das Gebäude | h. Menschen, die zusammen wohnen |
| 9. vielgestaltig | i. die Vorfahren (Eltern, Großeltern, Urgroßeltern) |
| 10. verwaist | j. Beziehungen zu Nachbarn |
| 11. die Nachbarschaftskontakte | k. elternlos, ohne Eltern |

*Übersetzungen*

1. der Hurrapatriot
2. verraten
3. die Selbsttäuschung
4. erschaffen
5. zusammenschließen
6. unverwechselbar
7. gegeneinander

a. *to create*
b. *to unite*
c. *to betray*
d. *self-deception*
e. *against each other*
f. *blind patriot, nationalist*
g. *unmistakable, distinctive*

## Eurofrust und Eurovision

*(1)* **Lydia Golianova,** slowakische Schülerin aus Bratislava, geboren 1978.

**Deutsche ohne Bier?** Europa: die Mutter, die sehr viele Kinder hat. Seht, jetzt weint sie. Ihre Kinder kämpfen gegeneinander, wollen nicht mehr zusammen sein. Ist es nicht verrückt? Zur gleichen Zeit ist sie auch glücklich. Europäische Länder kommen in einem Bund° zusammen. Am meisten freut sie sich, daß die geteilten° deutschen Zwillinge wieder zusammen sind. Aber Achtung, nicht nur Grenzen trennen° die Völker, sondern auch Sprache, Glaube, Politik. Muttersprache, Kultur und Tradition sollten bestehen bleiben°. Es wäre schade, wenn wir die Eigenheiten unserer Ahnen verlieren würden. Könnt ihr Euch das vorstellen° – Slowaken ohne Nocken, Tschechen und Deutsche ohne Bier, Franzosen ohne Wein und Ungarn ohne Wurst? Also ich nicht!

*alliance*

*divided*

*separate*

**bestehen bleiben:** *stay the same*

*imagine*

*(2)* **Klaus Borde,** deutscher Arbeiter aus Düsseldorf, geboren 1950.

**Wie groß und schön ist Europa,** wie vielgestaltig, wie unverwechselbar! Und wie schön ist es, in vielen Winkeln dieses Erdteils Freunde zu entdecken°. Aber: Werde ich es schaffen°, über meine inneren deutschen Grenzen hinauszudenken? ... Ich bin kein Hurrapatriot, aber ich freue mich, wenn Boris Becker oder Steffi Graf im Tennis gewinnen. Bei Fußballweltmeisterschaften und Olympischen Spielen darf der Bessere

*discover / succeed*

auch einmal aus Deutschland sein. Damit ich schön heulen kann, wenn die Nationalhymne erklingt°.

*plays*

**(3) Andrzej Szczypiorski**, polnischer Schriftsteller und Publizist aus Warschau, geboren 1924.

**Kehrt Osteuropa zurück?** Wir sprechen und schreiben jetzt sehr viel über die Rückkehr° Osteuropas zu Europa. Dies ist meiner Meinung nach eine falsche Bemerkung°. Die Osteuropäer – also Polen, Tschechen, Slowaken, Ungarn und Ostdeutsche – haben Europa nie verlassen°. Das ist die Wahrheit. Es ist nicht so, daß wir nach Europa zurückkehren, Europa muß zu uns kommen. Das ist eine moralische, politische und kulturelle Verpflichtung° der Westeuropäer. Sie müssen wieder in ihre europäische Heimat zurückfinden! Wir waren immer in Europa. Wir waren verwaist, verletzt, verraten, verlassen, aber trotzdem waren wir Europäer und dachten abendländisch°. Deswegen bin ich ein Gegner des Satzes: „Jetzt kehren Polen, die Tschechische Republik, Ungarn usw. nach Europa zurück." Es ist nicht so.

*return*
*remark*

*left*

*obligation*

*occidental*

**(4) Margarita Mathiopoulos**, Bankdirektorin in Hannover, geboren 1944.

**Das Ende eines Mythos.** Wir sollten nicht der Selbsttäuschung erliegen, wonach ein Europa von Usbekistan bis Großbritannien zu schaffen wäre. Es wäre wesentlich realistischer, drei europäische Häuser zu errichten:

*(a)* Das transatlantische Gebäude ruht auf den Säulen° guter Organisationen wie der Europäischen Gemeinschaft und der NATO. (b) Das ostmitteleuropäische Haus beruht stark auf der traditionellen Zusammenarbeit der ehemaligen sozialischen Staaten unter Einschluß° Albaniens und der Baltischen Republiken. (c) Das dritte europäische Haus, die Gemeinschaft Unäbhängiger Staaten (GUS), bilden die Staaten der ehemaligen Sowjetunion, aber ohne das Baltikum.

*pillars*

*inclusion*

Es geht darum, zwischen den unterschiedlichen Wohnungen in den drei Häusern vielfältige Nachbarschaftskontakte herzustellen. Sie führen zur Bildung von Wohngemeinschaften und Zusammenarbeit zwischen allen Mietern° der drei Häuser.

*tenants*

*(5)*   **Victor Hugo,** französischer Dichter, Paris 1849.

**Ein Tag wird kommen,** wo Ihr, Frankreich, Rußland, Ihr, Italien, England, Deutschland, all Ihr Nationen des Kontinents ohne die besonderen Eigenheiten Eurer ruhmreichen° Individualität einzubüßen°, Euch eng zu einer höheren Gemeinschaft zusammenschließen° und die große europäische Bruderschaft begründen werdet. Genauso, wie die Normandie, die Bretagne, Lothringen, Elsaß und all unsere Provinzen sich zu Frankreich verschmolzen° haben.

*glorious*

**ohne einzubüßen:** *without losing / join together*

*merged*

Quellen: 1. Lydia Golianova, *Juma*, 1/93, S. 27; 2. Klaus Borde, Aber ein bißchen stolz ... *PZ*, Nr. 71 (Dezember 1992), S. 14; 3. Andrzej Szczypiorski, *PZ*, Nr. 71 (Dezember 1992), S. 22; 4. Dr. Margarita Mathiopoulos, *Die Welt*, 22. Mai 1993, S. 5; 5. Victor Hugo, *PZ*, Nr. 71 (Dezember 1992), S. 23

## Übungen zum Text

### A. Fragen zu den Texten und Autoren.

1. Wer sind Boris Becker und Steffi Graf? Was wissen Sie über die beiden?
2. Was für Berufe haben die fünf Autoren?
     a. _____
     b. _____
     c. _____
     d. _____
     e. _____
3. Mit welchen vier Adjektiven beschreibt Klaus Borde Europa?
     a. _____
     b. _____
     c. _____
     d. _____
4. Welche „drei europäischen Häuser" beschreibt Mathiopoulos? Wer wohnt wo?
     a. _____
     b. _____
     c. _____
5. Womit vergleicht Lydia Golianova Europa und seine Länder?
6. Womit vergleicht Lydia Golianova das vereinte Deutschland (Deutschland nach 1990)?

7. Was nennt Andrzej Szczypiorski eine moralische Verpflichtung der Westeuropäer?

8. Womit vergleicht Hugo die Verschmelzung Europas zu einer höheren Bruderschaft?

## B. Diskussion: Eurofrust und Eurovision.

1. Lydia Golianova spricht über zwei gegenteilige° Trends im Europa der 90er Jahre: Vereinigung und Zerfall°. Welche Staaten sind in kleinere Staaten zerfallen? Welche Staaten wollen der Europäischen Gemeinschaft beitreten?

   *opposite*
   *disintegration*

2. Welche Autoren, glauben Sie, empfinden viel „Eurofrust"? Wer hat die größte „Eurovision"?

3. Was kritisiert der Pole Szczypiorski an den Westeuropäern? Finden Sie diese Kritik gerechtfertigt?

4. Was halten Sie von der Idee von „drei europäischen Häusern"? Finden Sie das realistisch, pessimistisch, idealistisch, gut?

## C. Schriftliche Übungen.
Wählen Sie ein Thema.

1. Schreiben Sie einen Aufsatz zum Thema: „Damit ich schön heulen kann, wenn die Nationalhymne erklingt" – patriotisch oder pathologisch?

2. Sie sind Zeitungsredakteur. Schreiben Sie eine kommentierende Einführung zu einem der fünf Leserbriefe.

3. Schreiben Sie einen Antwortbrief an den Verfasser eines Leserbriefs. Beginnen Sie Ihren Antwortbrief mit: „Sehr geehrter Herr ...," „Sehr geehrte Frau ...,"

# Bild 2 Europa wird eins

„Start in den Binnenmarkt. ... zwei, drei, los!" Deutsche Werbung für ein vereintes Europa ohne Grenzen. Am 1. Januar 1993 begann der offene Binnenmarkt der Europäischen Gemeinschaft. Er reicht von Dänemark bis Portugal und von Irland bis Griechenland und umfaßt 340 Millionen Menschen. Die EG ist heute ein Raum ohne Grenzen, in dem der freie Verkehr von Personen, Waren, Dienstleistungen° und Kapital die zwölf Mitgliedstaaten vereint.

*services*

# Europa wird eins

...zwei, drei, **START IN DEN BINNEN MARKT** los!

**Bild 2** (Quelle: Presse und Informationsamt der Bundesregierung)

## A. Fragen über die Europäische Gemeinschaft.

1. Auf dem Werbeplakat aus dem Jahr 1993 gibt es zwölf Sterne. Jeder Stern symbolisiert einen Mitgliedsstaat der EG. Wie viele Staaten können Sie nennen?

2. Welches Geld kommt aus welchem EG-Land?
   - a. D-Mark
   - b. frz. Franc
   - c. Pfund Sterling
   - d. Lira
   - e. belg. Franc
   - f. Peseta
   - g. Pfund
   - h. Drachme
   - i. lux. Franc
   - j. Escudo
   - k. Gulden
   - l. Krone

3. In welcher Stadt tagt das Europäische Parlament?
   - a. Genf
   - b. Wien
   - c. Straßburg
   - d. London

4. In welcher Stadt arbeitet die Europäische Kommission (die Verwaltungszentrale und „Regierung" der Europäischen Gemeinschaft)?
   - a. Frankfurt am Main
   - b. Helsinki
   - c. Basel
   - d. Brüssel

5. In welchem Land liegt Maastricht?
   - a. Ukraine
   - b. Niederlande
   - c. Belgien
   - d. Dänemark

## B. Konversation in der Gruppe: meine Heimatstadt, mein Heimatland.

Vier bis fünf Studenten/Studentinnen formen eine Gruppe. Ein Student/Eine Studentin ist der Sprecher/die Sprecherin der Gruppe. Er/Sie berichtet später der Klasse über das Gruppengespräch. Jedes Gruppenmitglied beantwortet kurz die folgenden Fragen.

1. Aus welcher Stadt oder welchem Land kommen Sie?
2. Wie lange lebten Sie dort?
3. Lebten Sie dort gern/nicht gern? Warum?
4. Leben Sie heute lieber auf dem Land oder in der Stadt? Warum?

Am Ende berichtet der Sprecher/die Sprecherin kurz, wo die Gruppenmitglieder zu Hause sind usw.

## Bild 3 Europas Völker

Europas Völker in Millionen. Das „gemeinsame Haus Europa" ist heute noch nicht fertig, aber die Zahl seiner Bewohner ist bekannt. 1993 waren es 867 Millionen Menschen in 33 Ländern. Ob sie friedlich unter einem Dach leben können, ist nicht sicher. Einige Staaten des alten Europas lösten sich nach dem Ende des Kalten Krieges auf, wie zum Beispiel Jugoslawien, die Tschechoslowakei und die Sowjetunion.

In mehreren Regionen kam es zum Kampf der Völker gegen- und untereinander wie zum Beispiel in Bosnien, wo 2,2 Millionen Serben, Kroaten und Muslime leben. Andere Staaten wurden neu gegründet, wie zum Beispiel Slowenien, Kroatien, die Tschechische Republik, die Slowakische Republik, die Ukraine und die drei baltischen Staaten an der Ostsee: Estland, Lettland und Litauen.

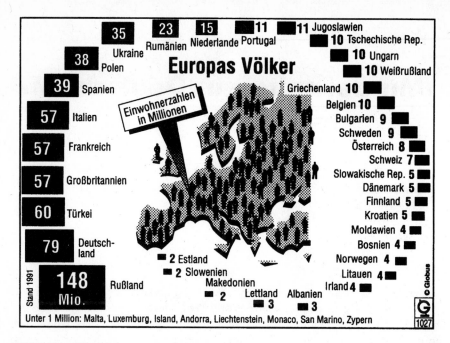

**Bild 3** (Quelle: Globus Kartendienst)

## A. Fragen zum Bild.

1. Nennen Sie fünf Länder, die an Österreich grenzen.
2. Nennen Sie die Hauptstädte von fünf osteuropäischen und fünf westeuropäischen Ländern.
3. Wo liegen die Kleinstaaten Andorra, Liechtenstein, Luxemburg, Malta und Monaco?

## B. Konversation.

1. Haben Sie Großeltern, Eltern, Onkeln, Tanten oder andere Verwandte, die aus Europa oder Asien (= Eurasien) nach Amerika emigrierten? Wenn ja, aus welchen Ländern kamen sie? Wann?
2. Warum studieren Sie Deutsch?
3. Welche Sprachen außer Deutsch und welche Kulturen außer der deutschen interessieren Sie am meisten? Warum?

## KAPITEL 2

# Minderheiten in Deutschland

Bild 1: **Was ist deutsch?** (Plakat)
Text 1: ***Kinder verlassen ihr Land*** (Beschreibungen von Jugendbüchern)
Bild 2: **Ausländer in Deutschland** (Statistik)
Text 2: **Zehra Çirak, *Fragen an eine türkische Berlinerin*** (Interview)
Bild 3: **Trauerplakat in Schwerin** (Fotografie)

## *Historical Context*

Central Europe has always been a region of great attraction to peoples of many origins and creeds. Over 2300 years ago, Celts settled in the area, followed by Romans and Indo-European tribes migrating out of Asia. By A.D. 500, Saxons, Franks, Bavarians, and other Germanic tribes had taken possession of the land, converted to Christianity, and laid the foundation of medieval Germany. Over the centuries the region saw much migration due to its strategic location at the crossroads of Europe. Vikings from the north, Slavs from the east, Jews from the south, and Huguenots from the west were among those who settled in central Europe. In the eighteenth century, Prussia under Frederick the Great saw an even greater influx of peoples who sought refuge from oppression and religious persecution. In Austria, too, Joseph II became a champion of tolerance and enlightenment.

It was not until the rise of nationalism in the nineteenth century that the imperial monarchies slowly began to tighten their borders. World War I and World War II further escalated the nationalist fervor which culminated in the Holocaust. Both wars resulted in part from ethnocentric euphorias driven by a racist sense of German superiority. By 1945 the region was in ruins. During the post-war years central Europe relied heavily on foreign workers to reconstruct its cities and expand its industries. Since the sixties, central Europe has again become the focal point of much migratory activity. After the fall of the Wall in 1989, the demise of socialism, and the ethnic wars in the Balkans, many refugees from Eastern and Southern Europe sought sanctuary in the German-speaking countries. More than ever, Germany has become the home for minorities and their cultures. Their diverse contributions form an integral aspect of German life and letters today.

## Übersicht

Kapitel 2 präsentiert Deutschland und seine Kultur aus den Augen der dort lebenden ethnischen Minderheiten.° Die anfängliche Frage „Was ist deutsch?" ist die Grundlage der Diskussion über das Zusammenleben von In- und Ausländern auf deutschem Boden. Die Textsammlung in Text 1 thematisiert die Suche nach einer neuen Heimat° am Beispiel von Kindern. Text 2 beschreibt die Welt einer türkischen Berlinerin, deren Identität sich an

*minorities*

*homeland*

zwei Kulturen orientiert. Die beiden letzten Bilder unterrichten einerseits über die verschiedenen Ausländergruppen in Deutschland Anfang 1993 und verweisen° andererseits auf die latente Ausländerfeindlichkeit° vieler Jugendlicher.

*refer / xenophobia*

Tannenbäume? Reiseträume? Kühler Verstand? Kaltes Herz? Tiefsinn? Ausländerhaß? Offenheit? Betroffenheit? Baseballschläger? Schinkenhäger? Minderwertigkeitskomplexe? Minderheitenschutz? Geltungssucht? Entwicklungshilfe? Nächstenliebe? Seitenhiebe? Hungerkur? Sauftour? Rostock? Solingen? Vergeßlichkeit? Perfektionismus? Rechthaberei? Luftbrücke? Brathähnchen? Hilfsbereitschaft? Tagesschau? Fahrradklau? Stahlhelm? Sozialhilfe? Wirtschaftswunder? Glücksspirale? Berlinale? Milchzentrale? Tierliebe? Menschlichkeit? Sentimentalität? Reizbarkeit? Autonome? Volkswagen? Volxküche? Doitschland den Doitschen? Eitelkeit? Kinderliebe? Kuhglocken? Tütensuppe? Kampfsportgruppe? Erster Weltkrieg? Zweiter Weltkrieg? Die Mauer? Beifallklatschende Zuschauer? Demokratie? Gleiche Rechte nur für mich? Gleiche Pflichten nur für dich? Faulenzen? Saubermachen? Magersucht? Fußball ist unser Leben? Dichter und Denker? Richter und Henker? Gastfreundschaft? Die Grenzen dicht machen? Sich schlechter machen, als man ist? Sich immer schuldig fühlen? Sich Mut ansaufen? Den Verstand unterlaufen? Familienbande? Bandenkriege? Arbeitswut? Steuerbetrug? Liebesentzug? Muskelkraft? Erfindergeist? Möchtegern? Hitlergruß? Sündenbocksuchen? Unsicherheit? Visionen haben? Dauerfrust? Moralprediger? Großzügig zu eigenen Fehlern stehen? Bei anderen die Vorzüge sehen? Fremdes nur mit Vorsicht genießen? Beim Nachbarn mal die Blumen gießen? Hunger aus den harten Zeiten kennen? Bei Elendsberichten die Programmtaste drücken? Oder mal das Scheckbuch zücken? Brandbomben? Heimatliebe? Heimtücke? Kindergärten? Ehrlichkeit? Die Selbstzweifel mit Schnaps wegspülen? Sich danach etwas besser fühlen? Pflichtbewußtsein? Ich? Ohne Fleiß kein Preis? Reisen ins Ausland? Ein Ferienhaus in Spanien? Das Auto aus Japan? Bäuche? Räusche? Herzlichkeit? Schönheit? Toleranz? DIN-Norm? Nonkonform? Hochform? Sich zuhause fühlen? Sich fremd fühlen? Fremde Kulturen anregend finden? Pracowici? Szwaby? Szkopy? Mangiakrauti? Crucco? Patates Alman? Sich über alles aufregen, was anders ist? Auf dem rechten Auge blind sein? Sich damit entschuldigen, daß die Franzosen oder die Italiener oder die Engländer oder die Holländer oder die Amerikaner oder alle anderen auch nicht besser sind? In Weiß heiraten? Immer schwarz sehen? Jede Mode mitmachen? Das Ladenschlußgesetz ehren? TÜV-Kontrolle? Frühlingsrolle? Trauerkloß? Sorglos? Hemmungslos? Seinen Mann stehen? Ausländer zusammen mit Deutschen? Ossis gegen Wessis? Wessis gegen Ossis? BVG? BKA? FKK? MTV? Nachbarschaftshilfe? Neid? Niveau? Nivea? Feierabend? Nach etwas Höherem streben? An Vorurteilen kleben? Zupacken? Nichts davon wissen wollen? Anderen davonfahren? Anderen an den Karren fahren? Lothar Matthäus? Anthony Yeboah? Roy Black? Roberto Blanco? Zur Tat schreiten statt etwas tun? Erbsen zählen? Kinder quälen? Auf die Tube drücken? Mit den Reifen quietschen? Am Stammtisch den wilden Stier machen? Reinen Tisch machen? Sich mit anderen an einen Tisch setzen? Auf eine glückliche Zukunft setzen? Angst vor der Zukunft haben? Dem anderen eine Grube graben? Fackelzüge? Bierkrüge? Gelassenheit? Humor? Gute Laune haben? Eine bessere Ausbildung haben? Nie genug haben? Zumachen? Vogel zeigen? Blasmusik? Sich sauwohl fühlen? Sich aufspielen? Bürokratie? Umweltschmutz? Datenschutz? Alles wollen? Alles verwalten? Das Vaterland ist das Himmelreich? Wir brauchen niemanden? Wir kommen alleine zurecht? Butterberg? Gartenzwerg? Unter sich bleiben? Aus sich herausgehen? Auswanderungsland? Einwanderungsland? Sauerkraut? Politikverdrossenheit? Unfrieden stiften? Saubermänner? Das Wandern ist des Müllers Lust? Den Nachbarn verklagen? Panikmache? Ehrensache? Uniformen? Willst Du nicht mein Bruder sein, dann schlag ich Dir den Schädel ein? Abrechnen? Mahlzeit sagen? Nicht nachfragen? Vorbild sein? Daneben sein? Schwarzfahren? Blaumachen? Auf Paragraphen reiten? Sich Mühe geben? Nicht locker lassen? Schäferhund? Kritisch sein? Selbstkritisch sein? Lottoschein? Mehr Schein als Sein? Bundesbahn? Autowahn? Käffchen? Bierchen? Gretchen? Grundsätze haben? Ein Grundgesetz haben? Das Verfassungsgericht anrufen? Wir sind die Größten? Unter die Gürtellinie zielen? Über sich hinaus wachsen? Wachsamkeit? Hingabe? Aufgabe? Über seine Verhältnisse leben? Miteinander leben in Berlin. Die Ausländerbeauftragte des Senats, Senatsverwaltung für Soziales, Potsdamer Straße 65, 10785 Berlin, Telefon 26 54 23 57 und 26 54 23 81, Fax 262 54 07.

**Bild 1** (Quelle: Projektateliers GmbH, Berlin)

„Was ist deutsch?" Plakat für soziale Toleranz, Berlin 1993. Nach Anschlägen auf Asylantenheime in Solingen, Rostock, Mölln und anderen deutschen Städten, begann die Berliner Regierung eine Plakataktion zur besseren Verständigung° mit Minderheiten und Ausländern. Der Plakattext besteht aus Wörtern/Redewendungen/Phrasen/Assoziationen zum Thema: Was ist deutsch?

*communication,*
*understanding*

## A. Fragen zum Plakat.

1. Welche Redewendungen und Wörter im Plakattext behandeln Toleranz und demokratisches Zusammenleben? Machen Sie eine Liste.

2. Welche Redewendungen und Wörter thematisieren Ausländerhaß und Rassismus? Machen Sie eine Liste.

3. „Dichter und Denker" in Deutschland: Welche Namen könnten hier gemeint sein?

4. „Richter° und Henker°" in Deutschland: Wer könnte hier gemeint sein?   *judges / executioners*

5. Welche stereotypischen Meinungen über Deutschland finden Sie in dem Plakattext? Machen Sie eine Liste.

6. Wie denken Sie über diese Vorurteile und Stereotypen?

7. Finden Sie ironische oder humorvolle Redewendungen auf dem Plakat? Welche?

## B. Schriftliche Übungen.
Wählen Sie ein Thema.

1. Warum ist Toleranz so schwierig?

2. Mein Deutschlandbild: Mehr als Lederhosen, Bier und Autobahn.

3. Mein Österreichbild: Mehr als Mozart, Wien und Walzer.

4. Mein Bild der Schweiz: Mehr als Banken, Matterhorn und Käse.

## Text 1 *Kinder verlassen ihr Land*

**Zu den Autoren:** Die folgenden sechs Texte wurden 1991 von einer Berliner Jury für einen Jugendbuch-Preis geschrieben. Unter den Autoren befand sich die Leiterin einer persischen Schule, eine Professorin für Literatur, eine Soziologin, eine Bibliothekarin, eine Studentin der Germanistik und ein Jugendbetreuer° des Roten Kreuzes.   *youth counselor*

**Zu den Texten:** Diese Textsammlung stellt sechs kurze Buchbeschreibungen vor. Sie erschienen in der Berliner Broschüre „Kinder verlassen ihr Land." Zur Diskussion stehen Kinderbücher, die nach 1987 veröffentlicht und von der Jury empfohlen° wurden.   *recommended*

# Vorarbeit zum Lesen

## A. Vokabelübung.

Finden Sie zu jedem Wort in der linken Spalte das Gegenteil in der rechten Spalte.

*Gruppe 1*

| | |
|---|---|
| 1. fremd | a. schnell |
| 2. die Auswanderung | b. die Unvoreingenommenheit |
| 3. einfach | c. das Exil |
| 4. die Inländerin | d. bekannt |
| 5. allmählich | e. die Ausländerin |
| 6. die Heimat | f. kompliziert |
| 7. das Vorurteil | g. die Einwanderung |

*Gruppe 2*

| | |
|---|---|
| 1. verlassen | a. schmal |
| 2. der Freund | b. gleich, ähnlich |
| 3. bedrückend | c. die Lüge |
| 4. die Wahrheit | d. leicht |
| 5. schwer | e. befreiend |
| 6. breit | f. heimkehren, zurückkehren |
| 7. verschieden, unterschiedlich | g. der Feind |

## B. Schnelles Lesen.

Finden Sie die Antworten im Text ohne langes Suchen.

1. Wann kamen diese Bücher auf den Markt? Nennen Sie einige Jahreszahlen.
2. Was kosten die Bücher in der Liste? Von DM _____ bis DM _____.
3. Für welche Altersgruppe sind viele dieser Bücher geschrieben? Von _____ bis _____.
4. Welche Periode beschreibt das Buch „Kindheit und Jugend im Exil" von Harald Roth? Von _____ bis _____.
5. Welche Länder beschreibt Inger Brattström in ihrem Buch?

# Kinder verlassen ihr Land

(a)　**Kamil Taylan:** *Oya. Fremde Heimat Türkei.* München: Deutscher Taschenbuch Verlag, 1988. 114 Seiten. DM 6,80.

Gegen ihren Willen muß die 16jährige Oya mit ihren Eltern Deutschland verlassen und in die Türkei zurückkehren, wo sie sich in einer völlig fremden Welt zurechtfinden° muß. Das Familienleben, die Schule, die Aussichtslosigkeit,° einen Beruf erlernen zu dürfen, und schließlich ihre Verlobung° mit Achmed, den sie nicht kennt, führen zum völligen Zusammenbruch.° Erst langsam erkennt Oya, daß sie selbst versuchen muß, etwas dazu beizutragen,° damit ihr neues Land einen Sinn erhält.　　　　　　　　　　　　　　　　　　Ab 12 Jahre

*find her way*

*hopelessness*
*engagement*

*breakdown*

*contribute*

(b)　**Karin Küsterer und Julia Richter:** *Von Rußland träum' ich nicht auf deutsch.* Stuttgart: Hoch Verlag, 1989. 144 Seiten. DM 16,80.

Karin Kusterer hat den authentischen Bericht der zwölfjährigen Rußlanddeutschen Julia in Tonbandprotokollen° aufgezeichnet° und übersetzt. Wir erfahren,° wie Julia vor ihrer Aussiedlung° in der UdSSR gelebt hat und wie die neuen Lebensverhältnisse° in München auf sie wirken.°

*tape transcripts*
*recorded / find out*
*emigration*
*living conditions / influence*

Die Kommentare der Großmutter, die dem Bericht Julias folgen,° vermitteln° Informationen über die Wolgadeutschen und ihr Schicksal.　　　　　　　　　　　　　　Ab 10 Jahre

*follow / convey*

(c)　**Karin Gündersch:** *Im Land der Schokolade und Bananen.* Weinheim und Basel: Beltz & Gelberg, 1987. 119 Seiten. DM 6,80.

„Zwei Kinder kommen in ein fremdes Land" lautet der Untertitel dieses Buches, das aus fast 50 Geschichten besteht und von den Eingewöhnungsproblemen° einer rumäniendeutschen Familie erzählt, die in verschiedenen Wohnheimen für Ausländer in der BRD lebt. Die Mutter ist Lehrerin, der Vater Forstingenieur.° Trotz guter Sprachbeherrschung° gelingt° ihnen die berufliche Integration zuerst nicht. Die Kinder Ingrid und Uwe leben sich gut in der Schule ein und finden

*acclimatization problems*

*forestry engineer / command of the language / succeed*

allmählich Freunde. Die fremde Umwelt° und die bedrückende soziale Lage stört° sie weniger, weil sie sich problemloser anpassen° können.                                          Ab 9 Jahre

*environment*
*bothers*
*adapt*

*(d)* **Inger Brattström:** *Selime – ohne Schutznetz.°* Mödling: Verlag St. Gabriel, 1991. 160 Seiten. DM 24,00.

*safety net*

Die 15jährige Selime verläßt mit ihrer Familie Pakistan, um in Schweden Asyl zu finden. Am besten gelingt es Selime, sich in der neuen Umgebung einzuleben. Sie befreundet sich mit Jessica, einer schwedischen Mitschülerin. Selime möchte ein ganz normales europäisches Mädchen sein. Die Familie erlebt aber einen schweren Rückschlag,° als die schwedische Ausländerbehörde° sie zurückschicken will.                      Ab 12 Jahre

*set-back*
*immigration office*

*(e)* **Harald Roth (Hrsg.):** *Es tat weh, nicht mehr dazuzugehören. Kindheit und Jugend im Exil.* Mit einem Vorwort von Alfred Grosser. Ravensburg: Verlag Otto Maier, 1989. 304 Seiten. DM 24,80.

Harald Roth dokumentiert ein breites Spektrum von Erfahrungen° in Texten von 29 Autoren, darunter Anne Frank, Anna Seghers, Joseph Roth, Alfred Döblin und Erich Fried. Die in ihrer Qualität und in ihren Perspektiven unterschiedlichen° Texte fragen danach, wie Kinder und Jugendliche aus Deutschland die Vertreibung° durch den Nationalsozialismus (1933– 1945) und ihr erzwungenes° Exil überlebten.°      Ab 14 Jahre

*experiences*

*varying*

*expulsion*
*forced / survived*

*(f)* **Kirsten Boie:** *Lisas Geschichte, Jasims Geschichte.* Hamburg: Oetinger Verlag, 1991. 140 Seiten. DM 16,80.

In diesem Buch berührt° sich das Schicksal° Jasims, eines jungen Asylbewerbers,° der seine kurdische° Heimat verlassen mußte, kurz mit dem Leben Lisas, einer jungen Deutschen, die mit ihren Eltern vom Land in die Stadt umzieht.° Dies ist symbolisch, denn, obwohl im selben Land, leben beide doch in verschiedenen Welten. Gemeinsam ist ihnen, daß sie ihren Weg gegen die Vorurteile° und gegen den Widerstand° der anderen gehen wollen.                                          Ab 12 Jahre

*touches / fate*
*asylum seeker / Kurdish;*
*from Kurdistan*

*moves*

*prejudices / resistance*

Quelle: Broschüre „Kinder verlassen ihr Land". Kinderbuch-Preis 1991 der Ausländerbeauftragten des Senats. Berlin 1992, S. 28ff.

## Übungen zum Text

### A. Richtig oder falsch?

Bestimmen Sie, welche Aussagen richtig oder falsch sind. Korrigieren Sie die falschen Sätze.

1. _____ Buch (a): Die junge Oya mußte aus Deutschland in die Türkei zurückkehren.
2. _____ Buch (b): Der Bericht der Rußlanddeutschen Julia war auf Deutsch.
3. _____ Buch (c): Der Buchtitel „Im Land der Schokolade und Bananen" bezieht sich auf Rumänien.
4. _____ Buch (d): Das pakistanische Mädchen Selime sucht Asyl in der Schweiz.
5. _____ Buch (e): Das Buch von Harald Roth behandelt die Zeit des Nationalsozialismus.
6. _____ Buch (f): Kirstin Boie beschreibt das Schicksal Jasims, eines Mädchens aus Kurdistan.

### B. Fragen zum Text.

1. Was will die Ausländerbehörde mit Selime und ihrer Familie machen?
2. Welches Buch vergleicht das Schicksal eines kurdischen Jungen mit dem eines deutschen Mädchens?
3. Aus welchen Ländern kommen die Kinder in den Büchern?
4. Welches Buch würden Sie am liebsten lesen? Warum?
5. Was, glauben Sie, wäre das beste Buchgeschenk für ein junges Mädchen in Deutschland?
6. Was, glauben Sie, wäre das beste Buchgeschenk für einen ausländischen Jungen in Deutschland?
7. Wer war Anne Frank? Was beschreibt sie in ihrem Tagebuch?

### C. Diskussion.

1. Was, glauben Sie, soll man aus diesen Büchern lernen?
2. Glauben Sie, daß es wichtig ist, mit Kindern und Jugendlichen über Minderheiten und andere Völker zu sprechen? Warum? Warum nicht?
3. Im Gegensatz zu einigen anderen Ländern sind in Deutschland die Kinder von Ausländern auch dann Ausländer, wenn sie in Deutschland geboren wurden, dort aufwuchsen und zur Schule gingen. Wie finden Sie das? Sollten alle, die in Deutschland geboren werden, automatisch einen deutschen Paß bekommen? Warum? Warum nicht?

4. Glauben Sie, daß Deutschland heute Asylbewerbern besonders viel helfen sollte, gerade wegen seiner Nazi-Vergangenheit?
5. Woher kommen die meisten Immigranten und Asylbewerber in Ihrem Land? Nennen Sie einige Länder.

## Bild 2 Ausländer in Deutschland

**Ausländer unter uns**

Ende 1992 insgesamt 6 495 792

davon in 1000

Türken 1 855
Jugoslawen* 916
558 Italiener
346 Griechen
286 Polen
185 Österreicher
167 Rumänen
134 Spanier
114 Niederländer
104 US-Amerikaner
103 Briten
99 Portugiesen
99 Iraner
91 Franzosen
86 Vietnamesen
83 Kroaten
80 Marokkaner
64 Tschechen/Slowaken
61 Ungarn
61 ehem. Sowjetbürger*
59 Bulgaren
53 Libanesen
44 Srilanker
42 Afghanen
36 Inder

Quelle: Statistisches Bundesamt      *noch mit altem Paß = alter Staatsangehörigkeit      © Globus 1094

**Bild 2**  (Quelle: Globus Kartendienst)

„Ausländer unter uns". Die multikulturelle Gesellschaft Deutschlands umfaßte Mitte der neunziger Jahre etwa sieben Millionen Menschen anderer Nationalität. Jeder zwölfte Einwohner trug einen ausländischen Paß. Mehr als die Hälfte aller Ausländer lebten schon länger als fünfzehn Jahre auf deutschem Boden.

**Fragen zum Bild.**

1. Nennen Sie fünf süd- und südosteuropäische Staaten, aus denen Menschen nach Deutschland kamen.
2. Welche Ausländer in Deutschland kommen aus dem Mittleren Osten und aus Asien? Nennen Sie einige Länder in jeder Kategorie.
3. Welche Völker lebten früher (bis 1991) in sozialistischen Staaten?
4. Welche Ausländer kommen aus den Staaten der Europäischen Gemeinschaft (EG)?

## Text 2 Zehra Çirak, *Fragen an eine türkische Berlinerin*

**Zur Autorin:** Zehra Çirak wurde 1961 in Istanbul, Türkei, geboren. Als zweijähriges Mädchen kam sie in die BRD, wo ihre Eltern Arbeit fanden. Çerak wuchs in Deutschland auf und lebt seit 1982 in Berlin, heute Heimatstadt von etwa 130 000 Türken. Ihre Gedichte und Kurzgeschichten behandeln Erfahrungen aus der Welt des Alltags. Zu Çiraks Werken gehören diverse Arbeiten in Anthologien, darunter „Sie haben mich zu einem Ausländer gemacht, ich bin einer geworden" (1984) und „Türken deutscher Sprache" (1984).

**Zum Text:** Das Interview mit Zehra Çirak erschien 1992 in „Türkische Berliner – Eine Minderheit stellt sich vor"°. Çirak spricht über die Erfahrungen der ethnischen Minderheiten in Deutschland und berichtet von ihrer Arbeit als Lyrikerin. Dazu sagte sie: „Mein Thema ist nicht, als Türkin in Deutschland zu leben. Über das, was ich schreibe – Menschen und ihre vielfältigen Beziehungen° zueinander, bei Liebe, Leiden° und anderen Gefühlen – spielt Nationalität sowieso keine Rolle."

*stellt sich vor:
  introduces itself*

*relationships / suffering*

## Vorarbeit zum Lesen

### A. Vokabelübung.
Finden Sie im Text die Verben, die zu den Substantiven passen.

*Beispiel:* der Schluß    *schließen*

1. die Unterstützung
2. die Zusammenfassung
3. die Beachtung
4. die Präsentation
5. das Interesse
6. die Anerkennung

7. die Behauptung
8. der Drang
9. die Änderung

## B. Wortfelder.

Gruppen von Wörtern, die zu einem Thema gehören, heißen Wortfelder. Schauen Sie sich die folgenden Wortfelder an, und schreiben Sie einen zusammenhängenden Text oder Dialog, der jeweils möglichst viele dieser Wörter verwendet.

*Beispiel:*

Wortfeld: der Mensch, die Nationalität, der Paß, der Inländer/die Inländerin, der Ausländer/die Ausländerin, die Berliner, leben, arbeiten, die Minderheiten, viele Türken/Türkinnen

Satz: *In Berlin leben und arbeiten viele Türken. Es gibt auch andere Minderheiten. Menschen ohne deutschen Paß heißen Ausländer.*

1. der Lyriker/die Lyrikerin, das Gedicht, gut, schlecht, schön, schreiben, reimen, vorlesen, die Literatur, der Leser/die Leserin, die Strophe, der Inhalt, kritisieren

2. der Maler/die Malerin, malen, das Bild, das Werk, gut, schlecht, arbeiten, die Farben, die Formen, das Museum, die Galerie, kaufen, verkaufen, ansehen, anschauen

3. die Künstler/die Künstlerinnen, die Öffentlichkeit, das Ausländerbild, passen/nicht passen, das Image, das Stereotyp, unangenehm, unwichtig, fragen, antworten

4. es gibt, türkisch, die Kulturszene, die Künstler, eigenständig, unabhängig, unterstützt werden, von der Stadt, Lieblingskinder

5. die Gastarbeiter, erste Generation, zweite Generation, gut deutsch sprechen, arbeiten, leben, türkisch aufwachsen, erleben, andere Erfahrungen machen

## Zehra Çirak, *Fragen an eine türkische Berlinerin*

Interview von Ayça Tolun mit der Lyrikerin Zehra Çirak 1992 in Berlin.

**Ayça Tolun:** *Gibt es in Berlin eine eigene türkische Kulturszene?*

**Z. Çirak:** Ja, ich glaube schon. Vielleicht kann man es so zusammenfassen.° Es gibt zwei türkische Kulturszenen in Berlin.    *summarize*

Die Offizielle – in dieser Szene sind Künstler,° die von offiziellen Stellen, zum Beispiel vom Senat unterstützt° werden. Die andere Szene ist – wenn man so will – die türkische „off-Szene". Sie wird weniger beachtet.°

    **Ayça Tolun:** *Das ist wohl aber auch in der deutschen Kulturszene nicht anders. Da gibt es ja auch – aus welchen Gründen° auch immer – Lieblingskinder.*

    **Z. Çirak:** Natürlich, aber ich habe mich trotzdem schon mal gefragt, warum es immer dieselben Leute sind, die in der Öffentlichkeit° als „die türkischen Künstler" präsentiert werden.

    Ich meine, ist das, was diese Künstler machen, das was vielen Deutschen ins Ausländerbild paßt?

    Ich persönlich finde die Nationalität und auch die Herkunft° eines Künstlers unwichtig. Wenn ein Maler° malt – gut malt – ist es doch egal, woher er kommt. Mich interessiert nicht, woher er kommt oder wie sein Name klingt, sondern nur das Werk. ...

    Ich möchte in erster Linie als Lyrikerin anerkannt° werden. Und das, ohne nach meiner Herkunft oder Nationalität gefragt zu werden. Ich glaube, alle Künstler wollen das. Natürlich kann man immer Werke haben, aus denen sich schnell auf die Nationalität schließen° läßt; aber wenn man es immer wieder vom Publikum aufgedrängt° bekommt, und die Arbeit immer im selben Atemzug° mit der Nationalität genannt wird, ist das sehr unangenehm.°

    Bei meinen Texten suchen sich die Deutschen immer wieder Stellen° aus, von denen sie dann behaupten° „Ach, das und jenes ist doch gerade das Orientalische an Ihren Texten" – wo ich das gar nicht sehe. Und Türken fragen mich, warum ich nicht türkisch schreibe. Der Drang,° mich in eine Schublade° der „ausländischen Künstler" oder „typisches Gastarbeiterkind mit wenigen Türkischkenntnissen" zu zwingen,° ist groß.

    Natürlich ändert sich auch vieles durch die Zeit. Die erste Generation von Türken ist ja noch in der Türkei und mit türkisch aufgewachsen,° und künstlerisch haben sie auch das Mitgebrachte verarbeitet.° Die Deutschen haben sich wiederum anhand dieser Situation ein Bild von der türkischen Kultur

*artists*

*supported*

*noticed*

*reasons*

*public*

*origin; lineage*
*painter*

*recognized*

*schließen ... auf: to deduct from / imposed*
*breath*
*unpleasant*

*passages / claim*

*urge, impulse / drawer; category*
*force*

*grew up*
*incorporated*

gemacht. Wir sind hier aufgewachsen, haben die deutsche Wirklichkeit erlebt, ganz andere Erfahrungen gemacht, und das ändert natürlich auch unsere Werke. Und mal ganz abgesehen° davon, ob man nun Ausländer ist oder nicht, auch allgemein ändert sich doch Kunst und Kultur von Generation zu Generation.

*regardless*

Ich versuche jedenfalls, mich von diesem „Zehra Çirak – die türkische Lyrikerin der zweiten Generation" – Image loszuschwimmen.°

*here: to liberate*

Für Kunst gibt's nur ein Kriterium. Entweder ist sie gut oder nicht, egal woher sie stammt.

Quelle: *Türkische Berliner – Eine Minderheit stellt sich vor. Miteinander leben in Berlin.* Informationsbroschüre der Ausländerbeauftragten des Senats. Berlin, 1992, S. 52f.

## Übungen zum Text

### A. Alles falsch.
Korrigieren Sie die Sätze.

1. In Berlin gibt es keine türkische Kultur.
2. Der Senat der Stadt gibt türkischen Künstlern/Künstlerinnen keine Unterstützung.
3. Zehra Çirak glaubt, daß die Herkunft eines Künstlers/einer Künstlerin für seine/ihre Arbeit sehr wichtig ist.
4. Zehra Çirak fühlt sich als Türkin und möchte auch als Türkin respektiert werden.
5. Deutsche Leser von Çiraks Texten finden ihre Literatur typisch deutsch.
6. Die erste Generation türkischer Gastarbeiter/Gastarbeiterinnen wurde bereits in Deutschland geboren und ist dort aufgewachsen.
7. Gute Kunst bleibt immer gleich. Sie ändert sich nicht von Generation zu Generation, auch wenn sie von Ausländern/Ausländerinnen gemacht wird.

### B. Fragen zum Text.

1. Wann und wo wurde das Interview mit Zehra Çirak gemacht?
2. Welche Vorurteile und Stereotypen hört Çirak oft?
3. Welche der zwei türkischen Kulturszenen in Berlin wird weniger beachtet?
4. In welcher Sprache schreibt Çirak? Warum?

5. Welche Unterschiede nennt Çirak zwischen der ersten und zweiten Generation türkischer Bürger in Deutschland?

6. Was für ein Selbst-Image hat Çirak? Wie sieht sie sich selbst und ihre Arbeit?

7. Çirak sagt, daß in Berlin immer wieder dieselben Leute als „die türkischen Künstler" präsentiert werden? Warum findet sie das schlecht? Warum stört sie das?

8. Für Çirak ist die Herkunft eines Künstlers/einer Künstlerin weniger wichtig als die Qualität der Arbeit. Wie denken Sie darüber? Hat Çirak recht oder unrecht? Warum?

## C. Rollenspiel zu dritt.

Stellen Sie sich vor, eine türkische Deutsche kommt als ausländische Studentin (S1) zu Ihnen. Zwei Kontaktpersonen (S2, S3) Ihrer Universität oder Schule zeigen der jungen Deutschen den Campus. Dabei kommen Sie ins Gespräch über ausländische Studenten, ethnische Minderheiten und das Zusammenleben mit anderen auf dem Campus.

S1: • interessiert sich für die Zahl der ausländischen Studenten auf Ihrem Campus

• möchte wissen, aus welchen Ländern diese Studenten kommen

• möchte wissen, ob es gute Kontakte zwischen den unterschiedlichen ethnischen Gruppen gibt

• möchte wissen, ob es Probleme im Zusammenleben der Gruppen gibt, ob es Rassismus gibt

• fragt, ob es einen Klub für ausländische Studenten/ Studentinnen auf dem Campus gibt

S2 und S3: beantworten die Fragen, so gut sie können

## Bild 3 Trauerplakat in Schwerin

„Wir trauern° um Saime, Hülya und Hatice Genc, Gürsun Ince, Gülüstan Öztürk. Laßt die Vergangenheit° nicht zur Zukunft werden!" Trauerplakat 1993 an einem Haus in Schwerin im Bundesland Mecklenburg-Vorpommern. Die fünf Namen erinnern° an den Mord einer türkischen Familie in einem deutschen Asylantenheim. Rechtsextreme Jugendliche waren für die Gewalttat° verantwortlich°.

*mourn*
*past*

*remind*

*violent crime / responsible*

**Bild 3** (Quelle: Andreas Lixl-Purcell)

## A. Redemittel zum Bild.

Bilden Sie aus den folgenden Satzteilen vollständige Sätze.

1. das Bild / zeigt / ein Wohnhaus / und / ein Fenster / mit / ein Plakat
2. das Plakat / hängen / unter / das Fenster
3. auf / das Plakat / stehen / fünf / türkisch / Namen
4. unter / die Namen / stehen / ein / deutsch / Satz
5. das Plakat / trauern um / eine / ausländisch / Familie

## B. Frage zum Bild.

Was meint das Trauerplakat mit dem Satz: „Laßt die Vergangenheit nicht zur Zukunft werden"? Welche Zeit des Terrors gegen Minderheiten könnte hier gemeint sein?

# Von der Wende zur Vereinigung

Bild 1: **Deutsche Grenzen vor und nach 1990** (Landkarten)
Text 1: **Stefan Heym, *Warten auf Perestroika*** (Interview)
Bild 2: **Transtrabi (**Politische Karikatur)
Text 2: **Margot Friedrich, *Tagebuch einer Revolution*** (Tagebuch)
Bild 3: **Gunnar Riemelt, *Na bitte!*** (Fotomontage)
Bild 4: **Baupläne für die neue Bundeshauptstadt Berlin** (Modell)

## *Historical Context*

Inspired by Gorbachev's *Glasnost* and *Perestroika* reform movements in the Soviet Union, many East Germans hoped for political changes in the German Democratic Republic as well. However, the government of Erich Honecker refused to follow Moscow's lead. After the lifting of the "Iron Curtain" in socialist Hungary in June of 1989, many East Germans sensed a new opportunity to push for reforms at home. They took to the streets in protest marches, or fled across the Hungarian border to apply for political asylum. The movement escalated in the fall, when large numbers of young Germans escaped to begin a new life in the Federal Republic of Germany. By November of 1989, 300,000 citizens had left East Germany, and their departure pushed the country to the brink of political and economic collapse. Honecker was forced to resign and a new government was formed that included communist reformers and various opposition groups including *Neues Forum* and *Demokratischer Aufbruch*.

The *Wende,* or gentle revolution, culminated with the opening of the Berlin Wall on November 9, 1989, followed by multiparty elections and political agreements that paved the way for Germany's unification on October 3, 1990. German unity came with a high price, however. Rising unemployment, inflation, and new taxes went hand in hand with transforming East Germany's economy into a free-market system. The early euphoria over Germany's unification was soon replaced by sober realism about the different mind-sets between East and West. Several years after unification, Germans still found it difficult to let go of social stereotypes and *„die Mauer in den Köpfen"* (the wall in people's heads) despite the rapid progress being made in political and economic spheres.

## Übersicht

Kapitel 3 behandelt die Revolution oder „die Wende" in der DDR im Herbst 1989, und die Vereinigung° der beiden deutschen Staaten ein Jahr später. *unification*
Die Texte und Bilder des Kapitels beschreiben die großen Veränderungen° *changes*
im Osten vor, während und nach der Wende. Text 1 von Stefan Heym erklärt
die Gründe° für die Flucht vieler Jugendlicher aus der DDR nach West- *reasons*
deutschland. Text 2 von Margot Friedrich, beschreibt die chaotischen Tage

der Revolution vom Oktober bis Dezember 1989 in ihrer Heimatstadt Eisenach in Thüringen. Landkarten und Karikaturen illustrieren die Veränderungen, und vermitteln ein Bild vom politischen Klima vor und nach der Vereinigung zu einem neuen, vergrößerten Staat, der jetzigen Bundesrepublik Deutschland. Ein Baumodell° für das neue Regierungsviertel° in der neuen Bundeshauptstadt Berlin beschließt das Kapitel.

*architectural model / government quarters*

## Bild 1 Landkarten

Deutsche Grenzen vor und nach 1990. **Linksunten:** Die BRD und DDR. Ein Jahr vor der Vereinigung lebten in der Deutschen Demokratischen Republik und deren Hauptstadt Berlin (Ost) etwa 17 Millionen Menschen. In der Bundesrepublik Deutschland mit der Hauptstadt Bonn lebten damals fast 63 Millionen Einwohner. **Rechts:** Die neue Bundesrepublik Deutschland mit den Hauptstädten der Bundesländer. 1990 kamen fünf neue Bundesländer auf dem Gebiet der ehemaligen DDR dazu. Diese neuen Bundesländer heißen von Norden nach Süden: Mecklenburg-Vorpommern, Brandenburg, Sachsen-Anhalt, Sachsen und Thüringen. Im Bundesland Thüringen liegt die Lutherstadt Eisenach, Ort der Handlung des zweiten Textes.

### A. Übung zur Geographie.

Ordnen Sie jedem der folgenden sechzehn Bundesländer die richtige Zahl aus der Landkarte zu.

1. _____ Der Freistaat **Bayern**, das größte Land der BRD, liegt im Südosten.
2. _____ **Schleswig-Holstein** liegt zwischen der Nordsee und der Ostsee.
3. _____ **Rheinland-Pfalz** grenzt° an Frankreich und Luxemburg.   *borders*
4. _____ **Mecklenburg-Vorpommern** liegt an der Ostsee.
5. _____ **Baden-Württemberg** liegt nördlich der Schweiz und östlich von Frankreich.
6. _____ **Niedersachsen** liegt an der Nordsee.
7. _____ **Nordrhein-Westfalen** grenzt an die Niederlande und Belgien.
8. _____ **Hamburg** liegt zwischen Niedersachsen und Schleswig-Holstein.
9. _____ Das **Saarland** liegt südlich von Rheinland-Pfalz und grenzt an Frankreich.
10. _____ **Sachsen** grenzt im Süden an die Tschechische Republik.
11. _____ **Bremen** liegt innerhalb des Bundeslandes Niedersachsen.

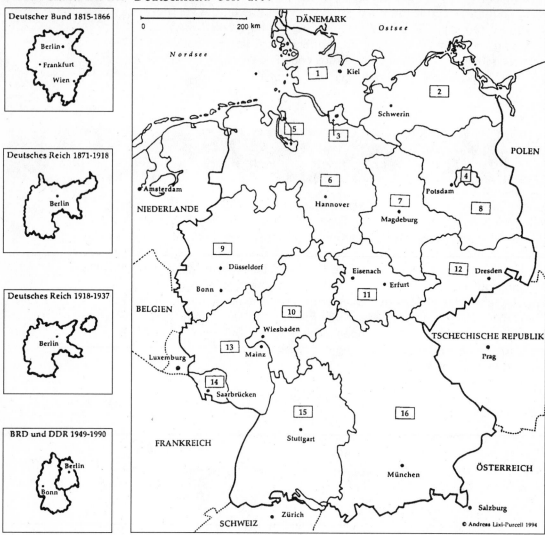

**Deutschland seit 1990**

Deutscher Bund 1815-1866

Berlin
Frankfurt
Wien

Deutsches Reich 1871-1918

Berlin

Deutsches Reich 1918-1937

Berlin

BRD und DDR 1949-1990

Berlin
Bonn

DÄNEMARK  Ostsee

Nordsee

1  Kiel

2

Schwerin

5

3

POLEN

6  4  Potsdam

Amsterdam

Hannover  7  8

NIEDERLANDE  Magdeburg

9

Düsseldorf  Eisenach  12  Dresden

Bonn  Erfurt

BELGIEN  11

10  TSCHECHISCHE REPUBLIK

Wiesbaden  Prag

13  Mainz

Luxemburg

14  Saarbrücken

15  16

FRANKREICH  Stuttgart

München  ÖSTERREICH

Salzburg

SCHWEIZ  Zürich

© Andreas Lixl-Purcell 1994

**Bild 1** (Quelle: Andreas Lixl-Purcell)

12. _____ **Thüringen** liegt nördlich von Bayern und westlich von Sachsen.

13. _____ **Hessen** liegt zwischen Bayern und Nordrhein-Westfalen.

14. _____ **Brandenburg** grenzt im Osten an Polen und im Süden an Sachsen.

15. _____ **Sachsen-Anhalt** liegt zwischen Niedersachsen und Brandenburg.

16. _____ **Berlin** liegt innerhalb des Bundeslandes Brandenburg.

## B. Landeshauptstädte und Bundesländer.

1. Kiel ist die Hauptstadt von _____.
2. Schwerin ist die Hauptstadt von _____.
3. Hamburg ist die Hauptstadt von _____.
4. Berlin ist die Hauptstadt von _____.

5. Bremen
6. Hannover
7. Magdeburg
8. Potsdam
9. Düsseldorf
10. Wiesbaden
11. Erfurt
12. Dresden
13. Mainz
14. Saarbrücken
15. Stuttgart
16. München

# Text 1  Stefan Heym, *Warten auf Perestroika*

**Zum Autor:** Stefan Heym wurde 1913 in der sächsischen Stadt Chemnitz geboren. Er studierte Germanistik in Berlin und arbeitete daneben als Journalist für die Zeitschrift *Die Weltbühne*. 1933 flüchtete° Heym vor Hitler in die Tschechoslowakei und emigrierte später in die USA, wo er an der Universität von Chicago studierte. 1953 übersiedelte° Heym in die DDR. Heute lebt er als freier Schriftsteller in Berlin. Seine politischen Essays und Romane brachten Heym oft negative Kritik in der DDR. Viele seiner Werke wurden dort nicht veröffentlicht° und er galt jahrelang als Dissident. 1989 beteiligte° er sich aktiv an der Revolution gegen das DDR-Regime, und galt als Mentor der Bewegung°.

*fled*

*moved*

*beteiligte ... sich: participated / movement*

**Zum Text:** „Warten auf Perestroika" ist der Titel eines Interviews mit Stefan Heym, das im Mai 1989 in der italienischen Zeitung *L'Unità* erschien°. Heym beschreibt die politische Situation in seinem Land und erklärt die Unzufriedenheit° vieler DDR-Bürger vor der Revolution. Viele hofften, daß Gorbatschows *Glasnost* und *Perestroika* auch in der DDR zu mehr Offenheit, Freiheit und politischen Reformen führen würden. Das Interview erschien in Heyms Buch *Stalin verläßt den Raum. Politische Publizistik* ein Jahr nach der Revolution im Reclam-Verlag in Leipzig.

*appeared*

*discontent*

## Vorarbeit zum Lesen

### A. Fragebogen.

In einem autoritären Staat wie der DDR gibt es viele persönliche Einschränkungen°. Wie wichtig/unwichtig wären Ihnen die folgenden Einschränkungen Ihrer persönlichen Freiheit?

*restrictions, limitations*

**a** sehr wichtig  **b** wichtig  **c** nicht besonders wichtig  **d** unwichtig
**e** gleichgültig°                                                                 *indifferent*

1. _____ Man darf nicht studieren, was man will.

2. _____ Man kann nicht sagen, was einem beliebt (= was man
         will).

3. _____ Man darf nicht ins kapitalistische Ausland reisen.

4. _____ Man kann keine Zeitschriften oder Zeitungen aus dem
         Westen lesen.

5. _____ Man darf nicht fotokopieren und verteilen°, was einem    *distribute*
         beliebt.

6. _____ Man kann ohne offizielle Erlaubnis° keinen Klub oder      *permission*
         Verein gründen.

7. _____ Man kann keine Filme aus Hollywood sehen.

8. _____ Man kann im Winter nur wenig frisches Obst oder
         Gemüse kaufen.

9. _____ Man darf nicht für die Veränderung der politischen
         Verhältnisse° arbeiten.                                   *conditions*

10. _____ Man kann nicht auswandern.

## B. Fluchtgründe°.                                               *reasons for escape*

Stefan Heym spricht in seinem Interview über „materielle" und „psychologische Gründe" für die Flucht vieler DDR-Bürger in die BRD im Frühling
1989. Die folgende Liste ist aus dem Text von Stefan Heym. Was, glauben
Sie, sind psychologische Gründe (**P**), was materielle Gründe (**M**) für die
Flucht der Menschen aus der DDR?

1. _____ das Machtgehabe°, das heißt, das autoritäre Verhalten°    *show of power /*
         der DDR-Politiker                                         *behavior*

2. _____ der Mangel° an Bewegungsmöglichkeit° und die Freiheit,    *lack / opportunity to*
         reisen zu können                                         *travel*

3. _____ was so alles im Westen zu haben ist und in welcher
         Auswahl° und Qualität                                    *selection*

4. _____ der Anblick° all der Farben und Formen im                *sight*
         Fernsehprogramm des Westens

5. _____ der bürokratische Hochmut° und die Arroganz, welche      *arrogance*
         die DDR-Behörden° an den Tag legen°                      *authorities / **an den Tag***
                                                                  ***legen:** display /*
                                                                  *purpose*

6. _____ das Verbot, sich zum Zweck° der Veränderung der
         Verhältnisse zu vereinigen

7. _____ die amtliche° Bevormundung° der Menschen überall in      *official / imposing one's*
         der DDR                                                   *will*

# Stefan Heym, *Warten auf Perestroika*

**Interview, Mai 1989.**

**Frage:** Wie ließe sich – vierzig Jahre nach dem Entstehen° der Deutschen Demokratischen Republik – der gegenwärtige Zustand° charakterisieren? In Ihrem Essay in der Zeitschrift „Stern“ erwähnen° Sie, daß es in der DDR keine Arbeitslosigkeit gibt, wohl aber soziale Sicherheit, kostenlose Gesundheitsfürsorge° und dergleichen mehr. Wieso aber wiegt° das die Anziehungskraft° des anderen Deutschlands nicht auf? Wieso streben° so viele Bürger der DDR hinüber in die BRD? Was zieht° sie dorthin?

*formation*

**der gegenwärtige Zustand:** *the current situation* / *mention*

*health care* / **wiegt ... auf:** *cancels out* / *appeal* / *strive to go*

*pulls*

**Heym:** Da vereinen sich mehrere Momente. Nehmen wir zunächst das Materielle. Tagtäglich erfahren die DDR-Bürger, was so alles im Westen zu haben ist und in welcher Auswahl und Qualität. Und das Wasser läuft ihnen im Mund zusammen beim Anblick all der Farben und Formen, und bei dem Augenaufschlag° der hübschen, jungen Hausfrauen und ihrer fröhlichen Familien auf dem Fernsehschirm, die diese Köstlichkeiten° jederzeit genießen° dürfen. ...

*(upward) glance of eyes*

*delights*

*enjoy*

Was die Menschen in der real existierenden Deutschen Demokratischen Republik jedoch am meisten verlockt°, ihrem Staat den Rücken zu kehren°, ist der Mangel an Bewegungsmöglichkeit, der dort herrscht. Die Freiheit, immerhin ein wertvolles° Gut der Menschheit, bedeutet in den Hirnen° der Mehrzahl der DDR-Bürger weniger die Freiheit, sagen zu können, was ihnen beliebt, oder sich vereinigen zu dürfen zum Zweck der Veränderung real existierender Verhältnisse. Freiheit ist ihnen vielmehr die Freiheit, reisen zu können, wann, wohin und wie lange es ihnen gefällt, soweit das Geld eben reicht. Und gerade diese Freiheit wird ihnen polizeilich beschnitten°. Um seinen Staat in Richtung Westen verlassen zu können, muß der DDR-Bürger entweder ein Alter erreicht haben, in dem das Herumkutschen° eigentlich keinen Spaß mehr macht, oder er muß Familienangehörige auf der

*tempts*

*turn*

*precious* / *brains*

*curtailed*

*(coll.) traveling around*

anderen Seite der Mauer haben, die gerade runde Geburtstage° feiern oder Kindertaufen° veranstalten oder soeben gestorben° sind.

    Kein Wunder, daß besonders jüngere Menschen sich da frustriert fühlen. Hinzu kommt noch das Machtgehabe, der bürokratische Hochmut, welche die Behörden hierzulande den Bittstellern° gegenüber an den Tag legen. Überall fühlt der Mensch sich amtlicherseits bevormundet. Es mögen durchaus solche psychologischen Gründe sein, welche mehr noch als die materiellen die Menschen veranlassen°, zu sagen: genug, Schluß jetzt°!

*runde Geburtstage: birthdays beginning a new decade (20, 30, etc.) / children's baptisms / died*

*petitioners*

*prompt*

**Schluß jetzt!:** *Enough now!*

Quelle: Stefan Heym, *Stalin verläßt den Raum. Politische Publizistik.* Leipzig: Reclam Verlag, 1990, S. 251–52.

## Übungen zum Text

### A. Interview.
Stellen Sie einem Partner/einer Partnerin die folgenden Fragen, und berichten Sie danach dem Kurs über die Antworten.

1. Interessieren Sie sich für Politik? Warum? Warum nicht?
2. Lesen Sie gern Zeitungen oder Zeitschriften? Wie heißen sie?
3. Was interessiert Sie in diesen Zeitungen oder Zeitschriften am meisten?
4. Sehen Sie sich oft die Nachrichten oder Nachrichten-Magazine im Fernsehen an? Was finden Sie daran interessant/uninteressant?

### B. Was ist richtig?
Identifizieren Sie die richtigen Antworten aus dem Interview.

1. Stefan Heym sagt, daß Freiheit für die Mehrzahl der DDR-Bürger bedeutete, ...
   a. sagen zu können, was ihnen beliebt.
   b. sich vereinigen zu dürfen zum Zweck der Veränderung politischer Verhältnisse.
   c. reisen zu können, wann, wohin und wie lange es ihnen gefällt.
2. Was, glaubt Heym, verlockte die Menschen in der DDR am meisten, ihrem Staat den Rücken zu kehren?
   a. die materiellen Gründe
   b. die psychologischen Gründe
   c. die politischen Gründe

3. Wann durfte ein DDR-Bürger seinen Staat in Richtung Westen verlassen?
    a. wenn das Leben in der DDR keinen Spaß mehr machte
    b. wenn Verwandte und Familienangehörige in der BRD Geburtstage feierten oder Kinder taufen ließen
    c. wenn ein Familienangehöriger in der BRD starb, und es dort ein Begräbnis gab
4. Wie behandelten° die Behörden die Bevölkerung°?   *treated / population*
    a. mit Hochmut     b. mit Freundlichkeit     c. mit Angst

## C. Fragen zum Text.

1. In der Frage an Stefan Heym spricht der Interviewer über einen Essay in der westdeutschen Zeitschrift „Stern". Was für positive Aspekte über das Leben in der DDR erwähnte Heym in diesem Essay?
2. Was für ein Thema bespricht Heym im ersten Abschnitt seines Interviews?
3. Was ist das zentrale Thema im zweiten Abschnitt? Welches Wort kommt im Text öfter als alle anderen vor?
4. Was kritisiert Heym an der DDR und ihren Politikern im dritten Abschnitt?
5. Glauben Sie, daß Heym mit den DDR-Flüchtlingen symphatisiert, oder daß er sie kritisiert? Ist er für oder gegen *Perestroika* (Veränderung) des DDR-Systems?

## Bild-2 Transtrabi

Karikatur „Transtrabi" in der westdeutschen Zeitung *Die Zeit* am 15. September 1989. Der Trabant, kurz Trabi genannt, war das typische Auto der Deutschen in der DDR. Im Sommer vor der Revolution fuhren 50 000 DDR-Bürger als Touristen mit ihren alten Trabis nach Ungarn zum Balaton-See, um von dort weiter in den Westen zu fliehen. Ungarns Eiserner Vorhang wurde im Juni 1989 geöffnet.

## A. Konversation zum Bild.

1. Was sieht man oben, unten, links, rechts im Bild? In der Mitte?
2. Was sehen Sie oben auf dem Dach des Autos?
3. Aus welchem Land kam dieser Trabi und wohin fuhr er, glauben Sie?
4. Was machen die Leute in der Karikatur? Sind das Touristen?

**Bild 2** (Quelle: *Die Zeit*)

5. Worin liegt der Humor dieser Karikatur?
6. Wie finden Sie den Humor?
7. Lesen Sie gern Comics in den „Spaßseiten" der Sonntags-
   Zeitungen? Was für Comics?

**Text 2  Margot Friedrich, *Tagebuch einer Revolution***

**Zur Autorin:** Margot Friedrich arbeitete als Journalistin und Schriftstellerin
in der Deutschen Demokratischen Republik. Sie engagierte sich schon lange
vor 1989, dem Jahr der großen politischen Wende, für politische und soziale
Reformen. Friedrich war Mitbegründerin der Reformgruppe ''Demokratischer Aufbruch'' in Eisenach, der alten Lutherstadt im heutigen Bundesland
Thüringen und kämpfte mit anderen DDR-Dissidenten um mehr Freiheit und
einen Sozialismus mit menschlichem Gesicht.

**Zum Text:** Margot Friedrichs *Tagebuch einer Revolution* wurde in den
letzten Monaten des Jahres 1989 in Eisenach geschrieben. Die dramatischen politischen Ereignisse° – Demonstrationen, Öffnung der Mauer, Fall     *events*
der Regierung – wurden von Friedrich in Stichworten° aufgeschrieben.         *key words*

Friedrich bemerkte dazu: „Ich finde nur die Zeit zu kurzen täglichen Noti-
zen°, damit ich die Übersicht nicht verliere." Aus diesen Notizen konstruierte   *notes*
sie später dieses Tagebuch.

## Vorarbeit zum Lesen

### A. Komposita.
Nennen Sie die Teile der zusammengesetzten Hauptwörter, und identifizieren Sie die richtigen Paraphrasen.

> *Beispiel:* die Ausreisewelle = <u>die Ausreise</u> + <u>die Welle</u>

1. der Informationsabend = _____ + _____
2. das Friedensgebet      = _____ + _____
3. das Predigerkloster    = _____ + _____
4. die Männerstimme       = _____ + _____

### B. Wörterraten.
Wie heißt die englische Übersetzung?

1. die Menschen + die Massen = die Menschenmassen:
2. der Mond + der Schein = der Mondschein:
3. der Riese (= der Gigant) + die Angst = die Riesenangst:
4. der Kampf + die Gruppen = die Kampfgruppen:
5. das Jahr + der Wechsel = der Jahreswechsel:

### C. Schnelles Lesen.
Finden Sie die Informationen (Namen, Daten und Fakten) ohne langes
Suchen im Text.

1. Donnerstag, **12. Oktober**: Wie viele Personennamen finden Sie
   im Text? Wie heißen sie?
2. Samstag, **21. Oktober**. Wie viele Städtenamen finden Sie im
   Text? Wie heißen sie?
3. Sehen Sie nach in den Eintragungen vom **23. Oktober** bis zum
   **9. November**: Wie viele Leute trifft Margot Friedrich in und
   vor der Kirche? Wie viele Leute trifft sie im Rathaus?
4. Donnerstag, **9. November**: Wer schreit „Freiheit!" aus dem
   Fenster eines Autos?
5. Donnerstag, **23. November**: Welcher Paragraph (1, 2, 3, etc.)
   der Verfassung° sagt, daß die Partei (SED) die führende Rolle°    *constitution / **führende***
   in der Politik des Staates hat?                                   ***Rolle:** leading role*
6. Suchen Sie die Eintragung vom **23. November**: Was rufen die
   Massen in der Demonstration in Leipzig?

7. **Sonntag, 31. Dezember:** Was für ein Denkmal° steht auf dem Karlsplatz in Eisenach?

*monument*

8. **Suchen Sie die Eintragung vom 31. Dezember:** Um wieviel Uhr läuteten die Glocken°?

*bells*

## Margot Friedrich, *Tagebuch einer Revolution*

### Eisenach, Dienstag, 10. Oktober 1989

Informationsabend in der Paul-Gerhard-Kirche. Rund 300 Menschen, vor der Kirche vielleicht 200. Es regnet und ist kalt. Wir informieren, so gut wir können, über die Initiativen, die das Land durcheinanderbringen. Die Stimmung° ist aufgeregt°.

*mood / excited*

Es ist bekannt geworden, daß die Polizei brutal war. Auch bei uns waren die Kirchen geöffnet, als Zuflucht°. Die Menschen sind hungrig nach Informationen. Und nach Veränderung.

*refuge*

Ich fühle mich schlecht, habe Angst, dann reißt die Stimmung mich mit. Sind wir das Volk?

### Donnerstag, 12. Oktober 1989

Wir sitzen in der Kantine° und Brigitte erzählt von ihren Dresdner Erlebnissen°. Sie sind mit der Polizei zusammengeraten°, es gab Schläge° und Drohungen°. Brigitte ist wütend° und auch irgendwie ängstlich. Aber das sind wir alle. Anruf von Fränze. Sie erzählt mit Angespanntheit (so kenne ich sie gar nicht) von der bedrohlichen Demonstration in Leipzig. 120 000 Menschen, sagt sie, Schießbefehl°. Dann Entwarnung. Die Kampfgruppen halten sich zurück. Kurt Masur° hat eingegriffen und drei Leute von der SED-Bezirksleitung°. ...

*cafeteria*
*experiences*
*clashed / beatings / threats / angry*

*order to shoot*
*well-known Leipzig conductor / **Leute ... Bezirksleitung**: local party leaders*

Den ganzen Tag Nachrichten hören. Es ist unglaublich spannend°. Die Ausreisewelle hält an. Sie wird vieles, wenn nicht alles bewirken°. Aber alles? Ist das eine Revolution? Das bringen wir nicht fertig.

*exciting*
*give rise to*

### Donnerstag, 19. Oktober 1989

Was sind das für Tage. Angefüllt mit Hektik und Arbeit. Wir versuchen, ein Land umzukrempeln°, eine Ideologie anzufragen, die 40 Jahre geherrscht° hat. Das wird noch lange dauern.

*turn inside out*
*ruled*

### Samstag, 21. Oktober 1989

Wir lesen stundenlang Zeitung und sehen fern. Was am Morgen passiert, ist am Abend schon überholt°. Mir geht das alles zu schnell. Keine Zeit zum Nachdenken.

*outdated*

Heimfahrt von Creuzburg mit einem Professor aus Erfurt. Er sagt, daß er seine Studenten zur Zurückhaltung° auffordert und begründet es mit dem Selbstmord seines Sohnes, den die Stasi° kaputtgemacht hat.

*moderation, restraint*

*secret police*

Mondschein. Die Wartburg° sieht sehr fremd aus an diesem Abend.

*castle in the town of Eisenach*

### Montag, 23. Oktober 1989

Erstes Friedensgebet – unglaubliche Menschenmassen. In der Kirche und vor der Kirche. Schätzung 5 000. Ein intensiver Gebetsteil°. Aufruf zur Gewaltfreiheit°. Dann der Informationsteil. Große Angst bei den Ansagen°. Das Mikrophon funktioniert schlecht.

*prayer part / pacifism*
*announcements*

Es ist schon komisch: wir machen hier so eine Art Revolution nach siebzehn Uhr. Die Leute gehen arbeiten, dann zum Friedensgebet, dann der Einstieg in die Politik. Eine Revolution nach Feierabend°. Wir sind und bleiben halt ordentliche Leute. Aber die Menschen reden immer freier. ... Keine Angst mehr, kein Ducken oder Verstecken.

*leisure time after work*

### Sonntag, 5. November 1989

Demokratie lernen! Wir saßen uns im Rathaus gegenüber. 24 Leute. Die einen wollen die Macht behalten (und sie werden alles dafür tun), wir wollen sie ihnen abnehmen. Die alten Phrasen, die bekannte Arroganz. ...

Anschließend an das Gespräch: Reden, reden. Fragen beantworten. Nur ein Thema: Revolution in der DDR.

### Donnerstag, 9. November 1989

Ich glaube, ich habe einen leichten Schwips°. Seit Tagen kommen Freunde mit Sekt°, um mit uns zu feiern. Ich hörte die Nachricht zusammen mit Fränze und zwei Leuten von der gerade in Eisenach gegründeten SPD. Sie wollten Kontakt aufnehmen.

Aber Fernsehen war so wichtig, daß wir trotz des Besuches die Nachrichten sahen. ... Überall dieselbe Meldung: DIE GRENZE IST AUF! Ich schrie° es den Frauen zu, die in die Gruppe kamen.

Ich spürte° eine ungeheure Erleichterung°. Fränze kann jetzt ihren Bruder im Westen sehen. Wir lagen uns in den Armen. Nein, dieser Tränen° schämten wir uns nicht.

Am Predigerkloster° kommt uns ein Auto in scharfem Tempo entgegen, bremst, und eine heisere junge Männerstimme brüllt: „FREIHEIT!" Ich bekomme Gänsehaut°.

### Donnerstag, 23. November 1989

Immer wieder Hunderttausende auf den Straßen überall in der DDR. Das Politbüro der Sozialistischen Einheitspartei schlägt Gespräche am Runden Tisch vor. Das ist zum Lachen oder zum Weinen. Es ist aus mit denen, aus. Der Paragraph eins der Verfassung muß gestrichen werden – führende Rolle der Partei. In Leipzig wird die Wiedervereinigung gefordert°. „Wir sind ein Volk" rufen° die Massen.

### Sonntag, 31. Dezember, Silvester 1989

Wir waren auf dem Karlsplatz. Ganz Eisenach schien auf den Beinen zu sein. Fernsehen, Lärm, Freude, Überschwang°.

Sonja lachte und weinte durcheinander. ... Was für ein Jahreswechsel. Wie viele Hoffnungen, Sehnsüchte°, Träume. Fremde Leute fielen einander um den Hals. Viele Bundis° sind da.

Ich stand auf den Stufen° des Lutherdenkmals und sah mich um. Und plötzlich das Gefühl, das ist etwas Einmaliges° im Leben. Nicht wiederholbar. Um Mitternacht läuteten die Glocken°, ein ungeheurer Jubel brach los.

Quelle: Margot Friedrich, „Tagebuch einer Revolution". In *Wir in Europa*, Nr. 16, Oktober 1992, S. 38–41.

**Glossary (margin):**
- *habe ... Schwips:* am slightly tipsy / champagne
- *screamed*
- *sensed / relief*
- *tears*
- *name of a monastery*
- *goose bumps*
- *demanded*
- *shout*
- *euphoria*
- *longings*
- *(coll.) people from West Germany*
- *steps*
- *unique*
- *bells*

## Übungen zum Text

### A. Fragen zur Autorin und zum Text.

1. Wo lebt Margot Friedrich? Was ist ihr Beruf?

2. Wo trafen sich die Demonstranten zu den Friedensgebeten?

3. Was schreibt Friedrich über die Polizei? Wie reagiert die Polizei am Anfang der Revolution?

4. Warum nennt Friedrich die DDR-Revolution eine „Revolution nach Feierabend"?

5. Wann beginnen die Menschen, ihre Angst zu verlieren und die Revolution zu feiern?

6. Was denkt Friedrich über die Sozialistische Einheitspartei Deutschlands und deren Kommunismus? Was findet sie „zum Lachen oder Weinen"?

7. Wann wird die Grenze geöffnet?

8. Was macht Margot Friedrich, nachdem sie die Meldung hört: „Die Grenze ist auf!"

9. Warum, glauben Sie, sieht Friedrich oft stundenlang fern oder liest Zeitungen? Was für eine Rolle spielen die Medien bei der Revolution?

### B. Schriftliche Übungen.

1. Stellen Sie eine Zeittafel° für dieses Revolutions-Tagebuch auf. Was passierte wann? — *chronology*

2. Beschreiben Sie das Tagebuch von Margot Friedrich. Welche Ereignisse und Erlebnisse findet sie wichtig? Was denkt und fühlt sie während der Revolution? Was für einen Ton verwendet sie im Tagebuch? usw.

## Bild 3 Gunnar Riemelt, Na bitte!

„Na bitte! Es wächst zusammen, was zusammengehört". Fotomontage von Gunnar Riemelt. Serie Denk-Zettel, Ost-Berlin 1991. Der Denkzettel° zitiert° einen bekannten Kommentar von Willy Brandt zur deutschen Vereinigung. Die Fotomontage beruht auf einem Bild- und Wortspiel mit dem Brandt-Zitat und der deutschen Redewendung „etwas hat Hand und Fuß"° — *reminder; note / quotes*

*„etwas ... Fuß":*
*something has rhyme*
*and reason/makes*
*sense.*

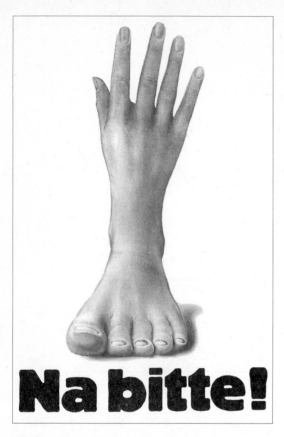

**Na bitte!**

**Bild 3** (Quelle: Gunnar Riemelt)

## A. Zeittafel: Der Weg zur deutschen Einheit.

| | |
|---|---|
| **7. Oktober 1989** | 40-Jahr-Feier der DDR. Große Paraden und Feiern. |
| **11. Oktober 1989** | Demonstrationen in Leipzig, Dresden und Berlin. Parolen: „Wir sind das Volk", „Freiheit", „Demokratie jetzt!" Mehr als 300 000 „Übersiedler"° *refugees* fliehen in die BRD.· |
| **18. Oktober 1989** | Egon Krenz ersetzt Erich Honecker als DDR-Regierungschef. |
| **7. November 1989** | DDR-Regierung resigniert. Bildung neuer Parteien. |
| **9. November 1989** | Öffnung der Berliner Mauer und aller DDR Grenzen. |
| **13. November 1989** | Hans Modrow wird neuer Regierungschef der DDR. |
| **18. Dezember 1989** | Treffen zwischen Kohl (BRD) und Modrow (DDR). Thema: Zeitplan der deutschen Vereinigung. |
| **22. Dezember 1989** | Offizielle Öffnung des Brandenburger Tores in Berlin. |

| | |
|---|---|
| **10. Februar 1990** | BRD-Kanzler Helmut Kohl und Außenminister Genscher treffen Präsident Gorbatschow in Moskau. Gorbatschow gibt seine Zusage zur deutschen Einheit. |
| **18. März 1990** | Erste freie Wahlen in der DDR. *Allianz für Deutschland* (CDU, Demokratischer Aufbruch) gewinnt. |
| **8. Juni 1990** | Kanzler Kohl und Präsident Bush erklären, daß die BRD nach dem 3. Oktober Mitglied der NATO bleibt. |
| **23. August 1990** | Die Volkskammer° der DDR beschließt die Vereinigung der DDR mit der BRD. |
| **3. Oktober 1990** | Tag der deutschen Einheit. Auflösung der DDR. Fünf neue Bundesländer kommen zur BRD dazu. |
| **2. Dezember 1990** | Erste gesamtdeutsche Wahlen° zum neuen Bundestag: die CDU gewinnt. Helmut Kohl bleibt Kanzler der Bundesrepublik. |

*"people's chamber";
parliament*

**gesamtdeutsche Wahlen:**
*national elections*

## B. Schriftliche Übungen zum Bild und zur Zeittafel.

1. Synopse: Schreiben Sie eine kurze Zusammenfassung (etwa 100 Wörter) über den historischen Prozeß der deutschen Vereinigung. (Siehe Zeittafel für Namen, Daten, Fakten.)
2. Beschreiben Sie Bild und Text der Fotomontage „Na bitte!" Was bedeutet das? Was finden Sie lustig, komisch, absurd usw. an dieser Montage?

## Bild 4  Baupläne für die neue Bundeshauptstadt Berlin

Modell für den neuen deutschen Bundestag° in der Hauptstadt Berlin, 1992. Im größten Architektur-Wettbewerb° der je in Deutschland ausgeschrieben wurde, sandten mehr als 80 Architekten aus 54 Ländern Pläne für das künftige Regierungsviertel in Berlin. Sieger wurde der Berliner Architekt Axel Schultes, der auch das neue Kunstmuseum in Bonn erbaute. Sein Plan: Das Areal vor dem alten Reichstag (erbaut 1894, im Bild Mitte rechts) bleibt offen, während die neuen Regierungsgebäude neben dem Spree-Fluß geplant werden. Innerhalb dieses „Spreebogens" und direkt neben dem modernisierten Reichstag sollen die Abgeordnetenhäuser und das Kanzleramt° in einer Linie von Ost nach West erbaut werden, während für den Bundesrat° ein hypermoderner Rundbau (im Bild Mitte links) vor dem Reichstag geplant ist. Am anderen Ufer° der Spree sollen Gebäude für die Regierungsbürokratie, Wohnungen und Cafés entstehen.

*parliament
competition*

*chancellery
upper house of
parliament
shore*

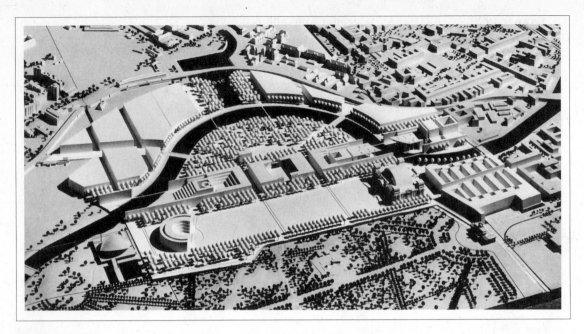

**Bild 4** (Quelle: Uwe Rau, Berlin).

## A. Bildbeschreibung.

Sie sind der Pilot eines Flugzeugs und fliegen über der Stadtmitte Berlins. Sie beschreiben Ihren Passagieren, was man auf dem Bild sieht. Ergänzen Sie die Sätze mit den richtigen Wörten.

Gebäude    uns    gehörte    Hauptstadt    lange    liegt    bei    Bäumen
sehen    rechts    gegenüber

1. Wir fliegen jetzt über das Zentrum der _____.
2. Vor _____ sehen wir das Bett des Spree-Flusses, der sich wie eine _____, schwarze Schlange° in einem Bogen° von links nach _____ windet.    *snake / bow*
3. In der Mitte des Bogens sehen Sie viele neue _____, die das Regierungsviertel bilden.
4. Der große runde Bau links ist der neue Bundesrat, _____ können Sie den Reichstag _____.
5. Dazwischen _____ ein langes Feld, das von vielen _____ umgeben° ist.    *surrounded*
6. Das kleine Gebäude rechts unten ist das berühmte Brandenburger Tor, das vor 1989 zur DDR _____ und direkt _____ der Berliner Mauer stand.

# POSTMODERNES NEBENEINANDER
## 1982–1989

## Einführung

Der Übergang von der Kulturkritik der 70er Jahre zum Kulturkonsum der 80er Jahre ist das Thema der drei Kapitel in Teil II. Der Bildkatalog zeigt die populären Trends des Jahrzehnts, darunter die Entwicklung° der postmodernen Architektur in der BRD und die Entstehung° neuer Subkulturen in Ost und West (Dissidenten-bewegung in der DDR, Yuppies und Punks in der BRD). Neu ist der Trend zum multikulturellen Pluralismus in Europa. Die Texte der drei Kapitel konzentrieren sich auf die Themenkomplexe Großstadt, Film und Heimat. Dabei werden auch die Themen Vaterland und Muttersprache behandelt, und interessante Sehenswürdigkeiten° aus Nachbarländern ergänzen das Profil jener Jahre und re-gen° zur Diskussion an.

*development*
*formation, creation*

*sights*

**regen an:** *stimulate*

## Zeittafel

**1982** Entstehung von Helma Sanders Film „Deutschland, bleiche Mutter" und anderer *Neuer Deutscher Filme*. Stationierung neuer US-Raketen in der BRD. Massive Proteste. Wahl Helmut Kohls zum Kanzler der BRD.

**1983** Neo-expressionistische Ausstellung „Zeitgeist"° in West-Berlin. Neuer Trend zur Dialekt- und Gastarbeiter-Literatur. Postmoderner Trend zum multikulturellen Pluralismus.

*"spirit of the age"*

**1984** Zweite direkte Wahl zum „Europäischen Parlament" in Straßburg, Frankreich.

**1985** Einzug der „Yuppie"-Kultur in Westeuropa. Entwicklung der ostdeutschen Dissidentenbewegung. Mitarbeit der evangelischen Kirchen.

**1986** Unfall° im Atomkraftwerk Tschernobyl in der Sowjetunion (SU). Reagan (USA) und Gorbatschow (SU) treffen sich in Reykjavik, Island, zu einer Abrüstungskonferenz°.

*accident*

*disarmament conference*

**1987** Technische Erfindungen° – Videospiele, Telefonbeantworter, drahtloses Telefon, Fax, Computer, CDs, Satellitenfernsehen – erobern den Verbrauchermarkt°.

*inventions*

*consumer market*

**1989** Chinesische Studenten demonstrieren auf dem Tiananmen-Platz in Beijing. Revolutionen in der DDR und in Osteuropa.

## KAPITEL 4

# Stiltransit: Vom Müsli zum Yuppie

Bild 1: **Neo-Expressionismus, Zeitgeist der Neuen Wilden** (Fotografie)
Text 1: **Hermann Glaser, *Von der Müsli-Moderne zur Puzzle-Kultur*** (Essay)
Bild 2: **Friedenswerkstätten in der DDR** (Fotografie)
Text 2: **Ingeborg Flagge, *Postmoderne Museen*** (Artikel)
Bild 3: **Rolf Lukaschewski, Opernball** (Gemälde)

## *Cultural Context:*

In the 1980s, German popular culture developed a new emphasis on sophistication, personal indulgence, and mass consumption. Instead of the counter-culture ideals which had dominated the youth movements of the seventies, the lifestyles of the eighties affirmed social mobility, high-tech consumerism, and entertainment. This nontraditional mixture of access and consumption spawned interesting artistic experiments early in the decade. Daring, irreverent, and confident were the attitudes projected by a group of young visual artists in West Germany who called themselves *Die Neuen Wilden* or *Neo-Expressionisten*. The same extroverted experimentation and playfulness could be observed in other disciplines as well, most notably in the postmodern architecture of the era. The new office towers and civic structures combined user-friendly designs offering public access features with high-tech conveniences. This new taste for innovation and diversity extended to the East as well. By the middle of the decade, the notions of *Glasnost* (openness) and *Perestroika* (restructuring) had spread from Gorbachev's Soviet Union to Eastern Europe. In East Germany, grass-roots initiatives emerged which challenged the social complacency of older generations. "Peace workshops" and sit-ins proliferated. The dissident movement was organized primarily through church activities aimed toward the younger generation. Unlike the consumption-oriented lifestyles of the yuppies in West Germany, East German youths focused on an overt political agenda which pressed for decentralization, disarmament, and human rights. This chapter explores several aspects of this postmodern diversity in popular culture, architecture, and the visual arts.

## Übersicht

Kapitel 4 bietet einen Querschnitt° durch den kulturellen Stiltransit der 80er Jahre. Der Streifzug° beginnt bei den „neuen wilden" Künstlern° des Neo-Expressionismus, der Anfang der 80er Jahre viele Geister in Aufregung° versetzte. Text 1 porträtiert den sozialen Wandel° der Baby-Boom-Generation von der Alternativkultur zum Yuppie-Lebensstil. Text 2 gibt einen Überblick über die postmoderne Transformation der BRD-Museen und ihrer Architektur seit Ende der 70er Jahre. Am Ende des Kapitels befindet sich ein

*cross-section*
*excursion / artists*
*excitement*
*change*

interessantes Bild, das den neuen Materialismus und die Dekadenz der Dekade kritisiert. Es zeigt das Porträt eines Kulturkonsumenten auf einem Opernball.

**Bild 1** (Quelle: Gruner + Jahr AG & Co.)

1982 begann im Martin-Gropius-Museum in Berlin (West) eine Ausstellung junger Künstler mit dem interessanten Titel „Zeitgeist". Die Malereien, Plastiken und Installationen zeigten eine neue Wildheit und ein Pathos, das stark an die Kunst des deutschen Expressionismus (1911–1922) erinnerte°. Was *reminded* bis dahin als moderne Avantgarde galt°, war den Neo-Expressionisten zu *was considered* unsinnlich°, zu logisch oder zu realistisch. Sie wollten statt dessen eine *unsensual* spontane, farbstarke, anarchistische und aggressive Kunst. Elvira Bach gehörte zu diesen „Neuen Wilden". Ihre kraftvollen Frauen malte sie auf

Riesenleinwände° nach dem Motto: „Ich will nicht malen, was ich sehe, ich will malen, was ich erträume!" Die Fotografie zeigt die Künstlerin im Studio mit ihren Arbeiten.

*giant canvases*

## A. Fragen zum Bild.

1. Beschreiben Sie die Fotografie mit wenigen kurzen Sätzen. Was sieht man links, rechts, oben, unten? Was sieht man auf den fünf Bildern im Hintergrund?
2. Welches der fünf Bilder, die hinten an der Wand des Studios stehen, finden Sie am interessantesten? Warum?
3. Welches der fünf Bilder gefällt Ihnen am wenigsten? Warum?
4. Auf Bachs Bildern findet man große, selbstbewußte° Frauen-figuren. Was denken Sie? Ist das feministische Kunst? Warum, warum nicht?

*self-confident*

## B. Gespräch in der Gruppe: Poster, Plakate und Bilder zu Hause.

Vier bis fünf Studenten/Studentinnen bilden eine Gruppe. Ein Sprecher/Eine Sprecherin der Gruppe stellt die folgenden Fragen an die Gruppenmit-glieder.

1. Was für Poster, Plakate, Bilder oder Kunstwerke haben Sie in Ihrer Wohnung?
2. Was für Kunst gefällt Ihnen, was nicht? Warum?

Am Ende des Gesprächs berichtet der Sprecher/die Sprecherin kurz dem Kurs, was für Poster, Bilder und Plakate die Gruppenmitglieder zu Hause an der Wand hängen haben.

---

## Text 1 Hermann Glaser, *Von der Müsli-Moderne zur Puzzle-Kultur*

**Zum Autor:** Hermann Glaser arbeitet als Kulturkritiker und Vorsitzender des Deutschen Werkbundes in Nürnberg und Berlin. Seine Publikationen analysieren den Wandel und Fortschritt der deutschen Kulturgeschichte von der Moderne bis zur Postmoderne.

**Zum Text:** Der Text stammt aus Hermann Glasers Buch *Kleine Kultur-geschichte der Bundesrepublik Deutschland 1945–1989*. Glaser beschreibt den kulturellen Wandel in der BRD Anfang der 80er Jahre vom Verfall° der Alternativbewegung (Siehe dazu Kapitel 7, „Stadtflucht und Natursehn-sucht") bis zum Aufstieg der Yuppies.

*decline*

# Vorarbeit zum Lesen

## A. Vokabelübung.
Ordnen Sie die passenden Synonyme einander zu.

| | |
|---|---|
| 1. der Trend | a. die Umorientierung |
| 2. das Geschäft | b. die Karrieremenschen |
| 3. der Wechsel | c. die Biographie |
| 4. der Lebenslauf | d. das Motto |
| 5. die Aufsteiger | e. die neueste Stimmung |
| 6. der Slogan | f. der Laden |

## B. Definitionen.
Beschreiben Sie die folgenden Berufe.

*Beispiel:* der Architekt ... *plant und baut Häuser, auch Bürogebäude, Museen, Fabriken oder ganze Stadtteile.*

1. der Journalist ...
2. die Ärztin ...
3. der Ingenieur ...
4. die Lehrerin ...
5. der Informatiker ...
6. die Rechtsanwältin ...
7. der Modedesigner ...
8. die Malerin ...

## C. Anglizismen.
Text 1 von Hermann Glaser enthält viele englische Wörter und Ausdrücke, die Teil der modernen deutschen Sprache geworden sind. Die neuesten sind kursiv° gedruckt, andere gelten nicht mehr als fremd. Machen Sie eine Liste    *in italics* aller Wörter und Ausdrücke im Text, die aus dem Englischen kommen. Wählen Sie fünf davon, und definieren Sie sie auf deutsch.

# Hermann Glaser, *Von der Müsli-Moderne zur Puzzle-Kultur*

*(a)* Die Zeitgeistmaschine° der 80er Jahre erzeugt° unablässig° von jedem Trend sein Gegenteil. Der Wechsel ist Prinzip: Aus der Computereuphorie entsteht das Hacker-Phänomen, aus der Alternativbewegung die Neonkälte,° aus der Neonkälte das New Age, . . . aus dem Verfall der Müsli-Kultur der Aufstieg° der Yuppie-Kultur. Dem „Puzzle-Lebensstil" entsprechen° „Puzzle-Biographien". Die neuen jugendlichen Lebensläufe° zeigen auf, daß man sich als Person nicht einem Prinzip „opfert"°, sondern sich rasch und wendig°, aber ohne Identitätsverlust, je nach der neuesten Stimmung im Westen umorientiert. Das kann freilich auch danebengehen° (zum Beispiel vom Punk zum Skin zum Neo-Nazi).

*(b)* Bei aller Uneinheitlichkeit° im Erscheinungsbild° der „Puzzle-Generation" ergibt sich° als bemerkenswertestes° Phänomen der Aufstieg der Yuppies *(young, urban, professional)*, die, als „Gegenbild" zur Protestgeneration der 60er Jahre, die feine Lebensart°, Geld und Erfolg schätzen. Yuppies lieben die Ausstattung°, das Inszenierte°: die Zimmerpalme, ein Feuerwerk von André Heller°, den Lederschwingersessel, den wildgemusterten Pullover aus dem italienischen Designerhaus.

*(c)* Die Müsli-Moderne ist Mitte der 80er Jahre *out* und *old-fashioned*; *in* sind die Aufsteiger, die Hedonisten, die Yuppies und Dinks *(double income, no kids)*. Kleine, teure Läden schießen wie Pilze° aus dem Boden. „Ich kleide mich königlich, damit ich dir den Hof machen° kann", wirbt ein Designer. Jahre zuvor hätte ein solcher Slogan in der Szene Stürme der Entrüstung° hervorgerufen – heute ist er *chic*.

*(d)* Neuer Mann und neue Frau leben meistens als *Singles*, verdienen überdurchschnittlich° gut, dank ihres hohen Bildungsniveaus. Yuppies sind Ingenieure, Journalisten, Informatiker, neue Selbständige, Rechtsanwälte, Computerspezialisten, Ärzte, Lehrer.

*(e)* Die neue Sicht der Dinge: Coolness, High-tech, Lässigkeit°, Eleganz, Individualität, Konsum, Ästhetik. Nicht Konsumverzicht ist das Motto, sondern Edelkonsum auf individueller Basis.

---

*cultural trend generator/ creates / incessantly*

*here: arcade culture with neon lights / rise*

*correspond*
*biographies*

*sacrifice / flexible*

*go awry*

*diversity / appearance*
**ergibt sich: emerges /** *most remarkable*

*lifestyle*
*décor, decoration / staged events / name of an Austrian performance artist*

*mushrooms*

**den Hof machen: to** *court, to flirt*

*indignation*

*above average*

*indolence, nonchalance*

*(f)* Ausbildungsort° der Yuppies ist die deutsche Univer-   *place of education*
sität der 80er Jahre. Sie ist längst° zum Fächer-Puzzle jenseits°   *long ago / beyond*
einer integralen Idee zurückgekehrt.

Quelle: Hermann Glaser, *Kleine Kulturgeschichte der Bundesrepublik Deutschland 1945–1989*. München: Carl Hanser Verlag, 1991, S. 368f.

## Übungen zum Text

### A. Textüberschriften.
Zu welchen Textabschnitten passen die folgenden Überschriften?

1. Puzzle-Uni
2. Der Aufstieg der Yuppies
3. Trends und Gegentrends
4. Designer-Läden und Designer-Slogans
5. Die neuen Ideale: High-tech und Edelkonsum
6. Individualisten mit hohem Bildungsniveau

### B. Richtig oder falsch?
Bestimmen Sie, welche Aussagen richtig oder falsch sind. Korrigieren Sie die falschen Sätze.

1. Die Zeitgeistmaschine der 80er Jahre kennt keine Trends mehr.
2. Der Puzzle-Lebensstil führt zum Identitätsverlust der heutigen Jugend.
3. Die Müsli-Moderne begann Mitte der 60er Jahre.
4. Das Ideal der Puzzle-Kultur ist das Leben in der Ehe.
5. Die Yuppie-Kultur entwickelte sich aus der Punk-Kultur der späten 70er Jahre.
6. Die Müsli-Moderne liebt die feine Lebensart, Geld und Erfolg.

### C. Diskussion.

1. Wann wurde die Puzzle-Generation etwa geboren? Wie alt sind diese Leute heute?
2. Wie charakterisiert der Autor die Yuppies und ihren Lebensstil?
3. Glauben Sie, daß der Autor die Yuppie-Bewegung kritisiert, glorifiziert oder neutral dazu steht? Warum?
4. Im Titel des Textes kommt der Ausdruck „Müsli-Moderne" vor? Was assoziieren Sie mit dem Wort „Müsli"? Was meint der Autor Ihrer Meinung nach mit „Müsli-Moderne"?
5. Kennen Sie den Begriff „New Age"? Was meint man damit in Ihrem Land?

6. Was kritisiert der Autor an den deutschen Universitäten der 80er Jahre?
7. Finden Sie, daß Ihre Universität ein Fächer-Puzzle ohne integrale Idee offeriert?

## D. Schriftliche Übungen.
Wählen Sie ein Thema.

1. **Aufsatz:** Der Zeitgeist der neunziger Jahre. Trends und Gegentrends?
2. **Aufsatz:** Hippies und Yuppies: zwei gegensätzliche Lebensstile?
3. **Aufsatz:** Punks und Skins. Wogegen protestieren Punks? Wogegen protestieren Skins?

## Bild 2 Friedenswerkstätten in der DDR

Juni 1982: Erste Berliner Friedenswerkstatt° in der Ost-Berliner Erlöserkirche°. Die neue pazifistische Bewegung in der DDR wurde hauptsächlich von den evangelischen Kirchen organisiert und von jungen Menschen getragen. Ziele der „Friedenswerkstätten" waren die nukleare Abrüstung und innenpolitische Reformen. Die Teilnehmer saßen hier vor der Kirche und traten mit dem biblischen Zitat „Schwerter° zu Pflugscharen" für Frieden und Abrüstung ein.

*peace workshop*
*Church of the Redeemer*

*swords*

## A. Schriftliche Übung zu Bild 2.
Wählen Sie ein Thema.

1. **Bildbeschreibung:** Beschreiben Sie die Szene und die Menschen in Bild 2.
2. **Aufsatz:** „Schwerter zu Pflugscharen": Gedanken zum Thema Kirchen und Pazifismus.
3. **Aufsatz:** Meine Religion.

**Bild 2** (Quelle: Bundesbildstelle Bonn)

## Text 2 Ingeborg Flagge, *Postmoderne Museen*

**Zur Autorin:** Dr. Ingeborg Flagge ist Kunsthistorikerin und schreibt für die Zeitschrift *Der Architekt*. Seit 1992 arbeitet sie als Dozentin für das neue Kunstmuseum in Bonn. Im Auftrag° der Stadt organisiert sie Ausstellungen° im Museum und veröffentlicht° die dazugehörigen Kataloge.

commission / exhibitions
publishes

**Zum Text:** Der folgende Text wurde 1992 als Einleitung zum ersten Katalog des neuen Kunstmuseums in Bonn geschrieben. Darin bespricht Dr. Flagge den Stiltransit der deutschen Architektur in den 80er Jahren, als es in der BRD zu einem Bauboom postmoderner Museen kam. Besucher des Bonner Kunstmuseums konnten die Broschüre mit diesem Text in der Eingangshalle des Museums kaufen.

# Vorarbeit zum Lesen

## A. Übung mit dem Partner.

Was kann man in diesem Museum sehen? Es gibt mehr Antworten als Fragen.

*Beispiel:* Student 1: Was kann man im *Kunstmuseum* sehen?
Student 2: Im Kunstmuseum findet man *Malereien und Plastiken.*

1. im <u>Kunstmuseum</u>
2. im Filmmuseum
3. im Technischen Museum
4. im Historischen Museum
5. im Freilicht°-Museum
6. im Naturgeschichtlichen Museum
7. im Heimatkundlichen° Museum
8. im Wachsfigurenkabinett
9. im Kirchenmuseum

a. alte Flugzeuge
b. <u>Malereien und Plastiken</u>
c. ausgestopfte° Tiere     *stuffed*
d. alte Bibeltexte
e. lebensechte Figuren     *open-air*
f. alte Kameras und Filme
g. historische Kleider und     *folklore*
Möbel
h. schöne Rüstungen°     *armors*
i. Modelle alter Siedlungen
j. Folkloreinstrumente
k. interessante Maschinen
l. lebende Tiere
m. religiöse Ikonen

*Freilicht: open-air* (item 5)
*Heimatkundlichen: folklore* (item 7)

## B. Diskussion.

Im Text finden Sie einige interessante und provokative Thesen über Museen. Was ist Ihre Meinung?

1. Weihevolles° Heiligtum°: Das Museum soll den Charakter einer     *solemn / sanctuary*
weihevollen Stätte und eines Heiligtums haben.

2. Kunstgenuß° für die Massen: Je mehr Besucher ein Museum     *art enjoyment*
hat, desto besser.

3. Interessante Attraktionen: Man geht ins Museum nicht der Kunst wegen, sondern des Museums und seiner Atmosphäre wegen.

4. Beliebte° Boulevards: Museen sollen angenehme° Orte° sein, wo     *popular / pleasant /*
man flanieren° und sich vergnügen kann.     *places / roam*

## C. Schnelles Lesen.

Finden Sie die richtigen Daten, Orte und Namen.

1. _____ Wann gab es Rekordbesucherzahlen für Museen?
2. _____ Wo baute Hans Hollein 1981 ein Baukunstwerk?
3. _____ Wer baute 1984 in Stuttgart eine neue Staatsgalerie?

4. _____ Wer baute 1986 in Düsseldorf einen extravaganten Bau?

5. _____ Wann wurde das Kunstmuseum Bonn eröffnet?

## Ingeborg Flagge, *Postmoderne Museen*

Im frühen 19. Jahrhundert° war das Museum eine    *century*
weihevolle Stätte, in der das Volk einen ehrfürchtigen° Blick auf    *respectful*
Kunstschätze werfen° durfte, die ein höherer Mäzen° dort    *cast / patron, sponsor*
zusammengetragen hatte. Schon damals aber begann der ideo-
logische Streit°, ob das Museum den Charakter eines „Heilig-    *controversy*
tums" haben soll.

Anfang der siebziger Jahre dieses Jahrhunderts galt als Kultur nur, was sich mit sozialem Auftrag° verband. Das Museum    *mandate*
als Ort elitären Kunstgenusses war damals ohne Chance. Der
Frankfurter Kulturdezernent Hilmar Hoffmann meinte dazu
1974: „Wir definieren ein Museum erst dann als demokratisch,
wenn es durch ein entsprechendes° Angebot° die für die Kunst    *suitable / offer*
Nicht-Motivierten zum Besuch motiviert."

Weltweit wurden Ende der 70er Jahre Rekordbe-
sucherzahlen für Museen gemeldet°. Diese Entwicklung griff    *reported*
auch auf die BRD über. Gingen 1969 bei uns nur rund 14
Millionen Menschen in Museen, stieg die Zahl 1982 auf 52
Millionen an. Die beliebtesten waren die populären, volks- und
heimatkundlichen Museen, aber die Kunstmuseen folgten ihnen
auf dem Fuß°, noch weit vor den Technik- und Verkehrs-    **folgten ... auf dem Fuß:** *followed at the heel*
museen.

Heute ist unzweifelhaft°: nicht so sehr die Kunst in den    *undoubtedly*
Museen, sondern die Museen selbst sind die Attraktion. Man
geht heute ins Museum, wie man wieder in die Stadt geht. Die
ehemals gemiedenen° häßlichen, heruntergekommenen° Innen-    *avoided / run-down*
städte sind inzwischen fast alle liebevoll hergerichtet°. Statt    *fixed up*
Stadtfrust° wie in den 70er Jahren ist heute Stadtlust ange-    *frustration with, dislike for cities / shopping mall / pedestrian zones / enthusiasm*
sagt. Passagen°-Euphorie herrscht, und Fußgängerzonen°-
Begeisterung°: in diesen Kontext hinein gehört der Museums-
besuch. Museen als elegante, überdachte° Plätze, als regen-    *covered*
sichere, beliebte Boulevards, wo man flanieren und sich
vergnügen kann.

Die Architektur der neuen Museen hat zu dieser Attraktion beigetragen°, eine Architektur, die meist aufregend und spannungsvoll° ist, keine langweilige Alltagsarchitektur, wie sie die 70er Jahre beherrschte. Architekten haben über den Museumsbau der 80er Jahre wieder den Mut zur Form° gefunden, den sie jahrelang verloren zu haben schienen.

Mit der seit Anfang der 80er Jahre rollenden Welle° aufsehenerregender Museumsbauten fand die BRD, die lange als Jammertal langweiliger Architektur angesehen wurde, den Anschluß an die internationale Baukunst. Hilfreich mag dabei auch die Tatsache gewesen sein, daß viele Architekten dieser neuen Bauattraktionen aus dem Ausland kamen.

Der Wiener Hans Hollein stellte 1981 in Mönchengladbach ein preziöses Baukunstwerk in exquisiten Materialien und Farben auf die Beine°. In Stuttgart baute der Engländer James Stirling 1984 den Schwaben einen Anbau an ihre Staatsgalerie zwischen grellem Pop und natursteinverkleideter° Monumentalität. In Düsseldorf errichteten die dänischen Architekten Dissing und Weitling 1986 für die Kunstsammlung Nordrhein-Westfalen einen extravagant schwingenden Bau°, außen von dunklem Charme und der Form eines Steinway-Flügels°, innen von der Eleganz eines weißen Schiffes.

Die Museen der zweiten Hälfte der 80er Jahre setzten die anspruchsvolle° Architekturgestaltung fort. Frankfurt war Spitzenreiter°, aber auch in Mannheim und Bottrop findet man interessante Beispiele postmoderner Museumsarchitektur.

Mit der Fertigstellung der Bundeskunsthalle und des Kunstmuseums in Bonn erreichte der Museumsbau in Deutschland Anfang der neunziger Jahre einen Höhepunkt. Das neue Kunstmuseum Bonn wurde von dem Berliner Axel Schultes entworfen° und am 23. 3. 1992 eröffnet.

Quelle: Ingeborg Flagge, *Kunstmuseum Bonn*. Bonn: Dr. Cantz'sche Druckerei, 1992, S. 6ff.

*contributed*

*dynamic*

**Mut zur Form:** *courage for innovative designs*

*wave*

**stelle ... auf die Beine:** *built, created*

*sided with natural stone*

*building*

*piano*

*sophisticated*

*top contender*

*designed*

# Übungen zum Text

## A. Textverständnis.
Ergänzen Sie die Sätze mit den richtigen Begriffen aus dem Text.

1. Im frühen 19. Jahrhundert betrachtete° man ein Museum *considered*
als _____.
a. Ort der Unterhaltung für das Volk    b. weihevollen Tempel
der Kunst

2. In den 70er Jahren wollte man mit dem Museum versuchen,
_____.
a. mehr Geschäft zu machen    b. das Volk zum Besuch der
Kunstwerke zu motivieren

3. Die postmoderne Architektur vieler deutscher Museen
ist _____.
a. elegant, aufsehenerregend und exquisit    b. ehrfürchtig,
klar und traditionell

4. Anfang der 80er Jahre fand die Bundesrepublik Deutschland
den Anschluß an _____.
a. die Fußgängerzonen-Begeisterung    b. die internationale
Baukunst

5. Ein wichtiges neues Museum wurde 1992 in _____ eingeweiht.
a. Düsseldorf    b. Bottrop    c. Frankfurt    d. Bonn
e. Wien    f. Stuttgart

## B. Rollenspiel zu zweit: Gespräch am Museumsschalter°. *ticket booth*
Stellen Sie sich vor, Sie studieren in Deutschland und gehen zusammen mit
Ihrem Bekannten/Ihrer Bekannten ins Bonner Kunstmuseum. In der Eingangs-
halle gibt es einen Schalter, an dem Sie Eintrittskarten (DM 10,00) kaufen
können. Sie haben eine internationale Studentenkarte für ermäßigte Karten
(DM 4,00), Ihr Bekannter/Ihre Bekannte hat leider keine. Sie stehen mit
Ihrer Studentenkarte am Schalter und fragen um: (a) eine normale und eine
verbilligte Eintrittskarte, (b) die Öffnungszeiten des Museums, (c) besondere
Ausstellungen°. Was sagen Sie? Was sagt der deutsche Kartenverkäufer? *exhibitions*
Führen Sie den Dialog, und beenden Sie ihn mit „Vielen Dank. Auf Wie-
dersehen."

## C. Diskussion.

1. Im Text heißt es, daß man früher das Museum als Tempel der
Kunst oder als Heiligtum betrachtete. Finden Sie das falsch,
richtig, elitär, demokratisch? Warum gehen Sie ins Museum?

2. Im Text steht, daß Volkskunde- und Heimatkundemuseen die
meisten Besucher hatten. In diesen Museen kann man sich über
die Sozialgeschichte einer Stadt oder einer Region informieren.

Warum, glauben Sie, sind diese Museen so populär? Gibt es ein solches Museum auch in Ihrer Stadt?

3. Der Text erklärt, daß die neue Popularität der Museen viel mit der eleganten postmodernen Architektur zu tun hat, aber auch mit der „Passagen-Euphorie" der Menschen. Gehören Sie zu diesen Menschen? Gehen Sie auch gern in Passagen einkaufen? Warum? Warum nicht?

## Bild 3  Rolf Lukaschewski, Opernball

**Bild 3**  (Quelle: Rolf Lukaschewski)

Rolf Lukaschewski, „Triptychon Opernball, Teil II", Frankfurt 1985. Lukaschewskis Bild porträtiert die kalte Schönheit der neuen Dandys und Yuppies. Die 80er Jahre brachen der narzißtischen° Lebensart, dem Persönlichkeitskult und dem Kulturkonsum freie Bahn°. Dekadenz, Reiz°, Schönheit, Lebenslust, Vitalität und „Power" waren die neuen Signalworte des Jahrzehnts. Das Bild hängt heute in der Alten Oper in Frankfurt am Main.

*narcissistic*
**brachen freie Bahn:**
  *paved the way / thrill*

**Redemittel zur Bildbeschreibung.**

1. Ich sehe da ...
2. Im Vordergrund ist ...
3. Im Hintergrund sieht man ...
4. Mir gefällt/gefällt nicht, daß ...
5. Ich finde es schön/seltsam/interessant/häßlich/ironisch, daß ...
6. Wenn ich mir die Abbildung anschaue, denke/fühle ich ...
7. Glaubst du, daß ... ?

## KAPITEL 5

# Das Neue Deutsche Kino

Bild 1: **Nosferatu** (Filmplakat, BRD 1979)
Bild 2: **Die dritte Generation** (Filmplakat, BRD 1980)
Text: **Bärbel Dalichow, *Heimatfilme der DEFA*** (Artikel)
Bild 3: **Unser kurzes Leben** (Filmplakat, DDR 1980)

## Cultural Context

The West German film scene underwent great changes during the sixties, seventies, and early eighties. Subsidized by federal agencies and state television stations, young film makers founded new production collectives and organized alternative film distribution systems such as *Filmverlag der Autoren*. By combining their resources they succeeded in producing high quality films. A new generation of directors like Margarethe von Trotta, Wim Wenders, Volker Schlöndorff, Helma Sanders, Rainer Werner Fassbinder, and Werner Herzog stepped into the artistic vacuum left behind by fascism and the postwar years. With innovative and thought provoking works such as the "The Tin Drum" (1979), "Nosferatu" (1979), "Germany, Pale Mother" (1982), and "Wings of Desire" (1988), they earned international acclaim. Their works grounded a wave of filmmaking known as "New German Cinema." Film production in Switzerland and Austria never mustered quite the same level of artistry. However, individual films stand out, like Valie Export's "The Practice of Love" (1984), Mark Rissi's "Die schwarze Spinne" (1983), and Istvan Szabo's "Mephisto" (1981). The East German cinema followed an entirely different path. Placed outside the market economy and influenced by the aesthetic ideals of socialist realism, most East German films were sponsored by the state and projected a loyal political agenda.

## Übersicht

Kapitel 5 berichtet über die Arbeit junger Filmemacher in Ost- und Westdeutschland. Dazu passen die zwei Bilder aus der Blütezeit des westdeutschen Kinos Ende der 70er Jahre. Es sind Plakate für Werner Herzogs Gruselfilm „Nosferatu" und Rainer Werner Fassbinders harte Komödie „Die dritte Generation". Text 1 berichtet über einen DDR-Dokumentarfilm Anfang der 80er Jahre. Die Autorin beschreibt die ungewöhnliche° Arbeit eines    *unusual* jungen Filmemachers in der DDR. Das letzte Bild ist ein Foto aus dem Streifen „Unser kurzes Leben", einem der erfolgreichsten Literaturfilme der DDR vor der Wende.

Filmplakat aus der Blütezeit des *Neuen Deutschen Films* 1979 in der BRD. Werner Herzogs „Nosferatu" behandelt die Legende des Grafen Dracula und seiner Vampire aus Transsilvanien. Klaus Kinski, Isabelle Adjani und Bruno Ganz spielten die Hauptrollen in diesem erfolgreichen Film.

### A. Redemittel zum Plakat.

1. Unten auf dem Plakat sehe ich ...
2. Links oben auf dem Plakat ist ...
3. Rechts oben auf dem Plakat ist ...
4. Das Phantom sieht aus wie ...
5. Mir gefällt/gefällt nicht, daß ...
6. Ich finde es komisch/interessant/schlecht/aufregend/ unheimlich°/kitschig, daß ...     *uncanny*
7. Wenn ich mir das Plakat anschaue, denke/fühle ich ...
8. Glaubst du, daß ... ?

### B. Vokabelübung.
Ordnen Sie die folgenden Adjektive den einzelnen Filmkategorien zu.

gefühlvoll, hektisch, zärtlich°, spannend°, romantisch, unheimlich, blutig, lustig, traurig, aufregend°, realistisch, historisch, brutal, abenteuerlich°, einfühlsam°, deprimierend, gedankenvoll, vulgär, ordinär°, technisch, schockierend, kitschig, komisch     *tender / thrilling exciting adventurous / sensitive common*

Horror- und Gruselfilm:

Dokumentarfilm:

Problemfilm:

Komödie:

Aktionsfilm:

Kriminalfilm:

Sexfilm:

Liebesfilm:

### C. Gruppengespräch: Filme, die ich gern sehe.
Bilden Sie Gruppen von vier bis fünf Personen. Jeder/Jede in der Gruppe erzählt anhand von Beispielen, was für Filme er/sie gern im Kino sieht. Ein

(Fortsetzung auf Seite 66)

Bild 1 (Quelle: *Kino* 79/80)

Gruppensprecher/Eine Gruppensprecherin berichtet anschließend dem Kurs über die Filme, die man in der Gruppe besprach. Besprechen Sie die folgenden Fragen.

1. Wie hieß der letzte Film, den Sie sahen?
2. Was war das Thema?
3. Wie fanden Sie den Film? Warum?

## Bild 2 Filmplakat, Die dritte Generation

Reklame für Rainer Werner Fassbinders Film *Die dritte Generation*, München 1980. Der Film behandelt das Thema Terrorismus in Deutschland, wo besonders die erste Generation um die Baader-Meinhof-Gruppe in den 70er Jahren viele Bombenanschläge verübte°. Ihre Motive waren meist **committed** politisch. Sie bekämpften das kapitalistische System. Die Terroristen der „dritten Generation" Ende der 70er Jahre handelten weniger aus Protest, sondern mehr des Nervenkitzels° wegen. Fassbinder und einige andere **kick, thrill** Künstler und Intellektuelle in der BRD symphatisierten zwar mit der politischen Systemkritik der ersten Generation, verurteilten° aber die blinden **condemned** Gewalt°aktionen der dritten Generation. **Gewalt:** *violence*

### A. Fragen zum Bild.

1. Wer schrieb das Drehbuch für diesen Film? Wer führte Regie?
2. Welcher Filmverlag produzierte diesen Film?
3. Was macht die Terroristin auf dem Plakat?
4. Beschreiben Sie das Gesicht der Terroristin.
5. Was, glauben Sie, will Fassbinder mit dem Satz „Ich werfe keine Bomben, ich mache Filme" sagen?
6. Wie finden Sie dieses Plakat? Was gefällt Ihnen, was gefällt Ihnen nicht?
7. Würden Sie diesen Film gern sehen? Warum, warum nicht?

### B. Terrorismus, Film und Unterhaltung.

1. Kennen Sie andere Filme, die sich mit dem Thema Terrorismus, Entführung° oder Flugzeugentführung befassen? Was für Filme **kidnapping** sind das? Wann wurden sie gemacht? Wer spielt darin? Gefallen Ihnen diese Filme?
2. Kennen Sie einige Filme mit Arnold Schwarzenegger? Gefallen Ihnen seine Filme? Warum? Warum nicht?

(Fortsetzung auf Seite 68)

**Bild 2** (Quelle: *Kino 80/81*)

3. Was halten Sie von Filmen, die Brutalität und Gewalt sehr realistisch zeigen? Finden Sie diese Filme spannend, aufregend, unterhaltsam, technisch interessant, langweilig, schön, dumm, schockierend? Warum, warum nicht?

# Bärbel Dalichow, *Heimatfilme der DEFA*

**Zur Autorin:** Bärbel Dalichow schreibt Filmkritiken und Analysen für die deutsche Zeitschrift *Film und Fernsehen*, die vom Filmverband Brandenburg in Potsdam herausgegeben wird. Ihre Arbeit geht bis in die Jahre der DDR zurück, wo sie Einblick° gewann in das Filmeschaffen° der DEFA, der damals größten ostdeutschen Filmgesellschaft.

*insight / film production*

**Zum Text:** Dalichow beschreibt die Arbeit eines jungen Filmemachers in der DDR, Winfried Junge, der einen sehr interessanten Dokumentarfilm über die Stadt Golzow drehte. Jahrelang begleitete° er die Schüler einer Golzower Klasse mit der Kamera und dokumentierte ihren Weg durchs Leben. Sein Film „Lebensläufe" wurde zu einem Hit im Programm der DEFA, aber auch im Ausland. Dalichows Aufsatz erschien 1992 in der Potsdamer Zeitschrift *Film und Fernsehen*.

*accompanied*

## Vorarbeit zum Lesen

### A. Allgemeine Fragen.

1. Was für Zeitschriften gibt es in Ihrem Land, die über Film und Fernsehen berichten? Wie heißen sie, und was kosten sie?
2. Lesen Sie diese Zeitungen oder Zeitschriften manchmal? Warum, warum nicht?
3. Interessieren Sie sich für Dokumentarfilme? Wann und wo kann man diese Filme sehen?
4. Interessieren Sie sich für die Welt Hollywoods und der Stars? Warum, warum nicht?
5. Sehen Sie gern Seifenopern? Welche? Was gefällt Ihnen daran? Was gefällt Ihnen nicht?

### B. Wortketten.

Schreiben Sie für jede Wortkette einige Sätze, in denen Sie möglichst viele der folgenden Wörter verwenden.

1. der Regisseur – der Regieassistent – die Filmleute – der Film – das Filmmaterial – drehen – filmen – montieren°

*edit*

2. der Film – die Vorführung° – das Publikum° (die Zuschauer) – die Filmkritiker – die Wirkung° – die Kraft° – empfinden° – gefesselt sein° – aufregend

*screening / audience impact / power, force / feel / to be spellbound*

3. eine Schule in Golzow – die Kinder – die Schüler – die Lehrer – unterrichten – lernen – die Klasse – das Klassentreffen° – die Erwachsenen°

*class reunion*
*adults*

4. Winfried Junge – produzieren – ein einmaliges° Projekt – sein Film „Lebensläufe" – ein Sonderfall° – entstehen° – subventionieren° (fördern)

*unique*
*special case / develop*
*subsidize*

## Bärbel Dalichow, *Heimatfilme der DEFA*

**Der Film „Lebensläufe".** In der DDR wurden abendfüllende Dokumentarfilme für den Spielbetrieb° des Kinos hergestellt°. DEFA und Progress-Filmverleih verfaßten° gemeinsam Hinweise° an die Spielstellen°, wie diese Filme an die Zuschauer gebracht werden konnten. Im letzten DDR-Jahrzehnt gab es zweimal das Phänomen, daß solche Filme für ausverkaufte Kinos sorgten°. Dies geschah bei „Winter adé" von Helke Misselwitz und bei „Lebensläufe" von Winfried Junge.

*show times, showings / produced / wrote instructions / movie houses*

*sorgten ... für: caused*

Junges Film ist auch im internationalen Vergleich ein Sonderfall, denn er konnte nur unter den Bedingungen° der geschützten°, hundertprozentig subventionierten Filmproduktion überhaupt entstehen. Junge war 26 Jahre alt, hatte ein Diplom der Deutschen Hochschule für Filmkunst in Potsdam-Babelsberg als Dramaturg°, war Regieassistent, Filmkritiker und Autor, als er auf Anregung des Dokumentarfilm-Regisseurs° Karl Gass 1961 seinen ersten Film machte. Im Oderbruch-Dorf Golzow wurde eine neue Schule eingeweiht°. Junge fuhr dorthin und drehte° „Wenn ich erst zur Schule geh!". Ein ganz und gar gewöhnliches Filmprojekt entwickelte sich zu einem filmhistorischen Sonderfall, weil Junge von der Begegnung° mit den Golzower Kindern nicht mehr abließ. Im Abstand von 2 bis 4 Jahren drehte er zwischen 1961 und 1975 sechs Filme. 1975 faßte er – aus Anlaß des 1. Klassentreffens vier Jahre nach dem Schulabschluß – einen Teil des Materials in dem Film „Anmut sparet nicht noch Mühe°" zusammen°. Aus 40 km Filmmaterial

*conditions*
*protected*

*script editor*
*director*

*dedicated*
*filmed*

*encounter*

*Anmut ... Mühe: grace doesn't spare you the effort / faßte ... zusammen: combined*

montierte er 1979/80 den viereinhalb Stundenfilm „Lebensläufe". Die Kinder waren unterdessen° 25jährige Erwachsene geworden.

*in the meantime*

„Lebensläufe" zeichnet neun Porträts, denen ein Prolog vorausgeht und die ein Epilog beschließt. Die Porträtierten waren absolut unspektakulär: Niemand kam zu Tode°, kein Golzower verließ die DDR oder landete im Gefängnis°. Keiner von den Jungen und Mädchen wurde Kosmonaut, Filmstar oder Vorsitzender° von irgendetwas – und dennoch empfanden wir den Film als aufregend und rieten° allen Freunden und Bekannten, ihn unbedingt° zu sehen. Journalisten, Filmleute und Zuschauer waren gefesselt, aber kaum jemand konnte den Grund erkennen, warum das wenig sensationelle Material eine solche Wirkung entfachte.

**kam zu Tode:** *died*
*jail*

*chairperson*
*advised*
*by all means*

Die Kraft des Films ähnelte der von Maxi Wanders Buch *Guten Morgen, du Schöne.*[1] Das gewöhnliche Leben war plötzlich aufregender als erfundene° Geschichten. Die DDR-Zuschauer dachten bei der Vorführung auch an die Einfalt°, die Hoffnungen, Wirrnisse°, die Abenteuerarmut° und den Reichtum ihres eigenen Lebens. Doch auch in der Bundesrepublik bekam „Lebensläufe" ungewöhnlich positive Kritiken.

*confusions / lack of adventures*

*obsessed*

Der Film endet mit den Worten „ ... daß Friede bleibt, ... daß wir wiederkommen können."

Der Golzow-besessene° Filmemacher Junge setzt bis heute alles in Bewegung, um sein weltweit einmaliges Projekt fortsetzen zu können.

Quelle: Bärbel Dalichow, Heimatfilme der DEFA. *Film und Fernsehen.* Filmverband Brandenburg, Doppelheft 6/92 + 1/93, S. 59–60.

## Übungen zum Text

### A. Namen, Zahlen, Daten, Fakten.
Ergänzen Sie die Sätze mit den richtigen Wörtern und Zahlen.

1. Die DEFA und der Progress-_____ organisierte das Filmprogramm in der DDR.
   a. Filmverleih     b. Filmproduktion     c. Filmkritiker

---

[1] Siehe Kapitel 8 in diesem Buch.

2. Junges Film war _____ subventioniert.
   a. vierzigprozentig     b. hundertprozentig
   c. neunzigprozentig
3. Junge machte _____ seinen ersten Film.
   a. 1981    b. 1971    c. 1961
4. Aus _____ Kilometern Filmmaterial montierte Jung
   „Lebensläufe".
   a. 4    b. 40    c. 400
5. „Lebensläufe" beginnt mit einem _____ und endet mit einem
   _____ .
   a. Dialog    b. Epilog    c. Monolog    d. Prolog

## B. Fragen zum Inhalt.

1. Welche zwei DDR-Filme sorgten in den 80er Jahren für
   ausverkaufte Häuser?
2. Wie heißen die Regisseure dieser Filme?
3. Was erfahren wir im Text über den Lebenslauf (die Biographie)
   von Winfried Junge?
4. Wer sind die Stars in Junges Film „Lebensläufe"?
5. Wann und wo machte Junge den Film?
6. Wer subventionierte Junges Film?
7. Was für Kritiken bekam „Lebensläufe" in der BRD?
8. Was denken Sie über Junges Film? Hätten Sie Interesse, ihn zu
   sehen? Warum, warum nicht?
9. Kennen Sie ähnliche Filme, die das Leben einfacher Menschen
   dokumentieren?

## C. Schriftliche Übung.

Stellen Sie eine Zeittafel auf (siehe zum Beispiel *Kapitel 3, 8* oder *19*), in der
die Ereignisse in Winfried Junges Leben – die Meilensteine seiner Filmarbeit
und das Leben der Kinder aus Golzow – chronologisch aufgelistet sind.
Manche Daten müssen Sie schätzen°.        *estimate*

**Bild 3** (Quelle: Horst Knietzsch)

Simone Frost in dem DEFA-Film „Unser kurzes Leben". Regie: Lothar War-
necke, DDR 1980. Der Film basiert auf dem Roman *Franziska Linkerhand*
(1974) von Brigitte Reimann und behandelt die Emanzipation einer modernen Architektin von männlichen Vorbildern und Normen. „Unser kurzes
Leben" wurde in der DDR zu einem der erfolgreichsten Literaturfilme der
frühen 80er Jahre.

## A. Bildbesprechung.

Schauen Sie sich das Bild genau an, und kommentieren Sie die folgenden
Fragen aufgrund der visuellen Information und der Beschreibung unter dem
Bild.

1. Was für ein Mensch ist diese Frau im Film? Was glauben Sie?
2. Wie alt ist sie etwa?
3. Wo findet die Szene statt? Was glauben Sie?

4. Gibt es Hinweise auf den gesellschaftlichen (sozio-ökonomischen) Status?

5. Woran denkt oder worüber spricht die Frau vielleicht? Was glauben Sie?

## B. Schriftliche Übungen.

Wählen Sie ein Thema.

1. Beschreiben Sie einigen deutschen Freunden, was für Fernseh- und Kinofilme in Ihrem Land jetzt gerade gespielt werden. Welche Filme sind am beliebtesten?.

2. Beschreiben Sie eine Filmschauspielerin, die Sie interessant finden.

3. Beschreiben Sie einen Filmschauspieler, den Sie interessant finden.

4. Sie möchten selber einen Film machen. Beschreiben Sie das Projekt.

# Deutschsprachige Nachbarn

## *Geographical Context*

Europeans of German-speaking origin reside in 14 other countries besides the Federal Republic of Germany. The majority of Austrians, Swiss, and Liechtensteiners consider German to be their native tongue, and there are several other regions in Europe where German is the first language. Most of these people are bilingual or polyglot speakers who effortlessly switch between German and other languages. Such German-speaking regions are found in parts of France (Alsace), Italy (southern Tyrol), Belgium, the Czech Republic, Hungary, Luxemburg, Poland (Silesia), Romania (Bukovina), Russia, Slovakia, and the Ukraine (Galicia). These language colonies typically developed during times of political upheaval, such as the Reformation (1517–1555) or the Thirty Years' War (1618–1648), when Germans, Austrians, and Swiss emigrated in search of employment or refuge from persecution. Barbara Honigmann's account in this chapter describes such a situation. Her text probes the meaning of language, culture, and identity through the eyes of a German Jewish writer in the Alsacian capital of Strasbourg, France, home of the European Parliament. The other text is by a Swiss author who explores the communicative value of his mother tongue as an instrument of social cohesion in an age dominated by electronic information.

## Übersicht

„Vaterland" und „Muttersprache" sind die zwei Themen dieses Kapitels. Dabei geht es um die kommunikative Rolle der Sprache, um die Suche nach Heimat° und um interkulturelle Perspektiven aus zwei Nachbarländern. Auf der Landkarte sieht man die geographische Verteilung° der deutschen Dialekte in Mitteleuropa. Die anderen Bilder zeigen nebeneinander Interessantes, Typisches und Sehenswertes aus Österreich und der Schweiz. Zwei bekannte Autoren kommen in den Texten zu Wort: In Text 1 reflektiert der Schweizer Peter Bichsel über den Wert der „Muttersprache" und den Sinn° menschlichen Sprechens. Barbara Honigmann beschreibt in Text 2 ihre Eindrücke° als deutsche Jüdin in Frankreich auf der Suche nach einer neuen Heimat und Identität.

*homeland*
*distribution*

*purpose*

*impressions*

Landkarte mit den verschiedenen Dialekten im deutschsprachigen Raum.
Man beachte die Grenzgebiete° zwischen den einzelnen Dialekten und die
Tatsache°, daß die Staatsgrenzen nicht immer mit den Sprachgrenzen
übereinstimmen°.

*border areas*
*fact*
*coincide*

## A. Fragen zur Landkarte (Bild 1).

1. Welche Sprachen spricht man in der Schweiz?
2. Es gibt einige Gebiete, wo die deutschen Sprachgrenzen nicht mit den geographischen Grenzen übereinstimmen. In welchen Ländern liegen die folgenden Gebiete: Elsaß, Tessin, Kärnten, Südtirol?
3. Wissen Sie, wie viele Menschen in der Welt deutsch als Muttersprache sprechen?
   a. 50 Millionen     b. 100 Millionen     c. 150 Millionen
4. Gibt es verschiedene Dialekte in Ihrem Land? Welche? Wo?

# Text 1 Peter Bichsel, *Sprachlose Informationen*

**Zum Autor:** Peter Bichsel wurde 1935 in Luzern geboren. Er lebt heute in Bellach bei Solothurn, wo er als Essayist, Sprachkritiker und Satiriker zu einem der bekanntesten Autoren der Schweiz wurde. Seine Arbeiten behandeln Aspekte des modernen Lebens in der Industriegesellschaft° und die Rolle der Sprache im menschlichen Zusammenleben.

*industrial society*

**Zum Text:** Bichsels Essay „Sprachlose Informationen" untersucht° den Gebrauch° der menschlichen Sprache im Zeitalter der Computer und der Informationsschwemme°. Bichsels Kommentare weisen auf zwischenmenschliche° Probleme hin, die zu einer Verarmung unserer Muttersprache führen können. Er begründet seine Meinung mit einem interessanten Beispiel aus dem Alltag.

*investigates*
*usage*
*information flood*
*interpersonal*

## Vorarbeit zum Lesen

### A. Was paßt nicht?
Finden Sie das Wort, das nicht in die Gruppe paßt.

1. die Firma, die Angestellten, die Arbeiter, der Vogel
2. die Sprache, die Welle, die Kommunikation, die Information
3. verlieren, sprechen, diskutieren, plaudern
4. die Ente, das Wasser, die Wellen, die Stirn
5. miteinander, zusammen, plötzlich, gemeinsam

## B. Vokabelübung zu zweit.

(S1) Fragen Sie Ihren Partner, was die Vokabeln in Spalte eins heißen.
(S2) Erklären Sie die Vokabeln mit den Synonymen in Spalte zwei.

### Teil 1

*Beispiel:* erwähnen            etwas sagen

S1: Weißt du, was **erwähnen** heißt?    S2: Aber natürlich: **erwähnen**
                                                     heißt *etwas sagen.*

1. enthalten                    a. zum Inhalt haben
2. offensichtlich            b. klar
3. miteinander              c. gemeinsam, zusammen
4. plaudern                    d. Konversation machen
5. entstehen                  e. sich entwickeln
6. etwas ausdrücken       f. etwas Konkretes sagen
7. auffallen                  g. bemerken
8. auf der Strecke bleiben    h. kaputt gehen
9. etwas entdecken         i. etwas finden

### Teil 2

*Beispiel:* ein Angestellter       ein Arbeitnehmer

S1: Weißt du, was **ein Angestellter**    S2: Aber natürlich: **ein**
      ist?                                               **Angestellter** ist *ein*
                                                           *Arbeitnehmer.*

1. ein Vortrag               a. eine Rede
2. ein Erfolg                b. ein positives Resultat
3. eine Vernissage        c. die Eröffnung einer Ausstellung
4. eine Zusammenkunft    d. ein Treffen
5. eine Selbsterfahrungsgruppe    e. auf englisch: *consciousness raising*
6. eine Diskussionsrunde    f. ein Gespräch wie im Seminar
7. ein Schnabel           g. der Mund eines Vogels
8. eine Feder                h. das, was auf der Haut der Vögel wächst
9. ein Unterschied        i. eine Differenz

# Peter Bichsel, *Sprachlose Informationen*

Vor vielen Jahren hielt ich vor Angestellten einer großen Firma einen Vortrag über Sprache. Der Erfolg war mäßig°. Offensichtlich° hatte man von mir eher ein paar Grammatik- und Stilregeln° erwartet° als sprachphilosophische Betrachtungen°. Ganz nebenbei erwähnte ich auch, daß die Sprache vor allem einen kommunikativen Wert hat, daß man also vor allem spricht, um zu sprechen, und daß nur ein kleiner Prozentsatz unseres Sprechens wirkliche Informationen enthält. Miteinander sprechen ist oft wichtiger als der Austausch° von Informationen. [ ... ]

Wir leben in Sprache miteinander, und die Sprache ist nicht nur ein Mittel, um etwas auszudrücken, sie ist auch Leben selbst. Ich spreche mit meinem Nachbarn, um mit ihm in Kontakt zu sein. Solange wir sprechen miteinander – und nicht verhandeln° –, mögen wir uns.

Mehr und mehr fällt mir aber auf, daß die Leute das Plaudern° verlernen°, daß bei privaten Zusammenkünften, auf Vernissagen und Parties nicht mehr geplaudert wird, sondern diskutiert. Da kommen Leute auf einen zu und sagen: „Eine Frage", und dann sagen sie: „Ich habe den Eindruck°, daß", und dann legen sie die Stirn in Falten° und möchten diskutieren. Sie wissen nichts davon, daß Gespräche entstehen, daß man spricht, um sich kennenzulernen, daß man einfach spricht, weil Menschen sprechen.

Da gibt es Gesprächsleiterkurse° und Selbsterfahrungsgruppen und Diskussionsrunden und Volkshochschulkurse und Informationen und Informationen. Und plötzlich bleibt die menschliche Sprache auf der Strecke°. Wer nur noch diskutiert, wer nur noch Information will, der hat seine Sprache verloren ... .

Wir sprechen nicht mehr jene Sprache, die wir als Kinder gelernt haben, nicht mehr jene Sprache, mit der wir die Mutter auf uns aufmerksam gemacht haben°, wir sprechen nicht mehr unsere Muttersprache. Wir sprechen nicht mehr miteinander, wir informieren uns. Das fällt mir ab und zu auch auf, wenn

*moderate*

*obviously*

*stylistic rules / expected / reflections*

*exchange*

*negotiate*

*chat / unlearn, forget*

*impression*

**legen sie die Stirn in Falten: *they frown***

*courses for discussion leaders*

**bleibt auf der Strecke: *perishes***

**die Mutter ... haben: *drew mother's attention to ourselves***

gutwillige Mütter mit ihren Kindern nicht mehr sprechen wollen, sondern glauben, informieren zu müssen.

„Schau da, eine Ente°“, ruft das kleine Mädchen, und die *duck*
Mutter beginnt zu erklären, daß vorn der Schnabel sei, daß die
Federn Gefieder heißen oder Federkleid, erklärt den Unterschied zwischen Männchen und Weibchen ... und vergißt dabei, daß das Kind nur mit ihr reden wollte, über irgendetwas reden, und daß es sich freut über die Ente und darüber, daß sie schwimmen kann, und über die kleinen Wellen, die sie macht. Das Kind möchte das selbst entdecken und nicht gelehrt bekommen wie aus einem Lexikon.

Informationen, Informationsschwemme – wir haben schon
gehört davon im Zusammenhang° etwa mit Computern. Man *connection*
kann darin untergehen. Man kann darin die eigene, die menschliche Sprache verlieren.

Quelle: Peter Bichsel, „Sprachlose Informationen“. Aus dem Essayband *Irgendwo anderswo. Kolumnen 1980–1985.* Darmstadt: Luchterhand, 1987.

## Übungen zum Text

### A. Richtig oder falsch?

Bestimmen Sie, ob die Aussagen richtig oder falsch sind. Wenn eine Aussage falsch ist, korrigieren Sie sie.

1. \_\_\_\_\_ Peter Bichsel hielt in der Firma einen Vortrag über Computer.
2. \_\_\_\_\_ Er sagte, daß der Austausch von Informationen wichtiger ist als plaudern.
3. \_\_\_\_\_ Bei privaten Parties wird weniger geplaudert und mehr diskutiert.
4. \_\_\_\_\_ Wer nur noch diskutiert, hat seine Sprache verloren.
5. \_\_\_\_\_ Bichsel erzählt die Geschichte eines Vogels mit einem gefiederten Schnabel.
6. \_\_\_\_\_ Er beschreibt, wie ein Kind mit der Mutter über eine Ente reden will.
7. \_\_\_\_\_ Bichsel warnt davor, daß man in der Informationsschwemme untergehen kann.

## B. Fragen.

1. Wie war der Erfolg von Bichsels Vortrag in der Fabrik?
2. Wie groß ist der Prozentsatz unseres Sprechens, der wirkliche Informationen enthält?
3. Warum spricht Bichsel manchmal mit seinem Nachbarn?
4. Was sagt Bichsel über die Leute auf den Parties?
5. Was erklärt die Mutter dem kleinen Mädchen?
6. Was denkt Bichsel über die Erklärung der Mutter? Findet er sie gut oder nicht gut? Warum?

## C. Diskussion.

1. Was halten Sie von Bichsels Argument, daß mehr und mehr Menschen das Plaudern verlernen, daß man auf Parties nur noch diskutieren will?
2. Glauben Sie wie Bichsel, daß Computer und andere Datenmaschinen die Sprache des Menschen verändern oder zerstören können? Warum? Warum nicht?
3. Stimmt, was Bichsel schreibt: „Miteinander sprechen ist oft wichtiger als der Austausch von Informationen"? Was glauben Sie? Warum?
4. Wie definiert Bichsel die Rolle der Muttersprache?

## D. Schriftliche Übungen.
Wählen Sie ein Thema.

1. **Aufsatz:** Wie definiert Peter Bichsel den Unterschied zwischen Sprache und Information? Beschreiben Sie den Gegensatz in einem kurzen Aufsatz.
2. **Aufsatz:** Meine Muttersprache.

**Bild 2** (Quelle: APA Publications)

Die barocke Klosterkirche von St. Gallen in der Schweiz. Das frühere Benediktinerkloster war bis zur Barockzeit eines der wichtigsten Zentren der Kunst und Wissenschaft° in Europa.

*sciences*

### A. Mündliches Referat zum Bild.
Sehen Sie in der Bibliothek (*Brockhaus* usw.) nach, und berichten Sie etwa eine Minute lang über das folgende Thema: Das Kloster in St. Gallen, Schweiz.

**Bild 3** (Quelle: APA Publications)

Der große Saal der Bibliothek des Klosters von St. Gallen in der Schweiz.

### Interview zum Bild.

Stellen Sie einem Partner/einer Partnerin die folgenden Fragen, und berichten Sie dann dem Kurs über Ihre Ergebnisse.

1. Wie finden Sie die Bibliothek im Bild? Was für ein Buch würden Sie dort gern lesen?
2. Welche Bibliothek besuchen Sie oft? Warum?
3. Was für Bücher lesen Sie gern?

4. Was für ein Buch haben Sie zuletzt gelesen? Worum ging es in diesem Buch?

## Text 2 Barbara Honigmann, *Bonsoir, Madame Benhamou*

**Zur Autorin:** Barbara Honigmann wuchs als Tochter deutsch-jüdischer Emigranten° in Ost-Berlin (DDR) auf. Nach dem Studium heiratete sie und brachte zwei Kinder zur Welt. Über die Malerei° kam sie zum Schreiben. Märchen, Erzählungen und Theaterstücke gehören zu Honigmanns Repertoire. 1986 emigrierte sie mit ihrer Familie aus der DDR in die BRD, dann weiter nach Frankreich, um mit ihren Kindern in Straßburg, dem „Jerusalem des Westens", den Anschluß zum orthodoxen Judentum zu finden.

*returned exiles*
*painting, art*

**Zum Text:** *Bonsoir* (Guten Abend) berichtet von den Gedanken und Gefühlen einer deutschen Jüdin in ihrer neuen Heimat Frankreich. Der autobiographische Text beschreibt einen Besuch bei Madame Benhamou, die Honigmann beim Studium der Thora (jüdisches Religionsbuch) hilft. Die Eindrücke°, Hoffnungen und Erwartungen der jungen Frau in der deutsch-französischen Grenzstadt am Rhein stehen im Mittelpunkt der Geschichte.

*impressions*

## Vorarbeit zum Lesen

### A. Wörterraten.
Wie heißt das englische Wort?

1. das Viertel, die Stunde: die Viertelstunde
2. das Münster, der Turm: der Münsterturm
3. neben, das Zimmer: das Nebenzimmer
4. der Tod, der Sprung: der Todessprung
5. zeigen, der Finger: der Zeigefinger

### B. Vokabelübung mit Verben.
Was paßt wohin?

1. auf das Fahrrad _____
2. um die Ecke _____
3. eine Frage _____
4. vom Todessprung _____
5. ein Buch _____
6. einen Satz _____
7. die Frauen wollen _____

a. aufschlagen
b. landen
c. sich versammeln
d. abbiegen
e. steigen
f. stellen
g. erläutern

## C. Schriftliche Übung mit Wortfeldern.

Gruppen von Wörtern, die zu einem Thema passen, heißen Wortfelder.
Schauen Sie sich die folgenden Wortfelder an, und schreiben Sie dann einen
zusammenhängenden Text, in dem Sie möglichst alle Wörter verwenden.

1. das Fahrrad, das Schloß°, der Weg, die Fahrt, eine      *lock*
   Viertelstunde, aufsteigen, fahren, abbiegen, ankommen
2. die Stadt, die Brücke, der Fluß, sehen, leben, wohnen, die
   Häuser, die Giebel°      *gables*
3. die Altstadt, ein Durcheinander von Häusern, das Münster°, der      *cathedral*
   Turm, wie ein Zeigefinger Gottes, die Altstadt, stehen, ragen°,      *to rise (up, above)*
   überragen, es gibt
4. der Autor, die Emigration, die Ausreise, der Todessprung, vom
   Osten, in den Westen, von der Assimilation, ins orthodoxe
   Judentum hinein, beschreiben, erklären, berichten
5. bei Madame Benhamou, sich treffen, versammeln, im
   Wohnzimmer sitzen, die Thora studieren, erläutern,
   kommentieren, diskutieren, sich streiten, übersetzen

## Barbara Honigmann, *Bonsoir, Madame Benhamou*

Es ist Montagabend, und ich gehe auf den Hof° und nehme      *yard*
das Schloß von meinem Fahrrad, steige auf und biege zweimal
um die Ecke, dann bin ich schon auf der großen Allee, der
AVENUE. Sie heißt AVENUE DE LA FORET NOIRE. Ich fahre
eine Viertelstunde, und immerzu denke ich dabei, wo ich bin,
was tue ich hier, und denke an die Frage, die man mir unun-
terbrochen° stellt: So weit weg, warum?      *always, constantly*

Das hier ist die AVENUE DE LA FORET NOIRE, also hier
bin ich, auf der AVENUE DE LA FORET NOIRE. Hier bin ich
gelandet vom dreifachen Todessprung° ohne Netz: vom Osten      *here: daredevil jump*
in den Westen, von Deutschland nach Frankreich und aus der
Assimilation mitten in das Thora-Judentum° hinein.      *Judaism*

Warum: weil ich es wollte. Warum wollte ich es: wegen der
Auferstehung° der Toten.      *resurrection (of the dead)*

Und weil Thora Lehre und Talmud lernen heißt, fahre ich
jetzt auf der AVENUE DE LA FORET NOIRE auf meinem
Fahrrad zum „Lernen" bei Madame Benhamou. Wir treffen uns
da, vier, fünf Frauen, und weil wir alle Kinder haben, können
wir uns erst versammeln°, wenn es so spät ist und wir alle schon      *meet*

müde sind. Wir setzen uns in das unaufgemachte° Wohnzim-  *messy*
mer, schieben° den Berg Unordnung auf dem Tisch nach hinten,  *shove*
daß er noch höher wird, und dann schlägt jede ihr Buch auf und
wir lesen die Thora mit Kommentare°, Wort für Wort, Satz für  *Torah commentaries*
Satz, und Madame Benhamou erläutert und kommentiert noch
aus anderen Quellen°, dann diskutieren wir. Wort für Wort und  *sources*
Satz für Satz, und wir streiten uns über Moses und Aaron, als ob
es heute in der Zeitung gestanden hätte. Manchmal liest Madame leise etwas nach, um es dann zu übersetzen, und wenn sie
leise liest, hört man nebenan ihren Mann. Er sitzt im Nebenzimmer mit einem anderen, und sie „lernen“, das heißt, sie lesen
und diskutieren auch, so wie wir. ...

Als ich noch in Berlin war, bin ich nie auf dem Fahrrad
gefahren, aber hier ist nun alles anders, sogar das. Auf meinem
Weg zu Madam Benhamou fahre ich über die PONT D'AN-
VERS und ich sehe über die Brücke und über den Fluß. Da liegt
die Altstadt von Strasbourg, und weil es schon dunkel ist, sehe
ich sie als Silhouette, die alten Häuser auf dem Quai° und  *riverbank*
dahinter dieses Durcheinander° von Häusern und Dächern und  *chaotic mixture*
Giebeln und Balkons und Treppen, so viele Formen einer
chaotischen Ordnung. Aus der ragt der Münsterturm wie ein
Zeigefinger Gottes, wahrhaftig°, gegen den aufgerissenen Him-  *veritable*
mel, denn der Himmel ist hier über dem Rheintal immer
aufgerissen°. Bis auf den heutigen Tag gibt es in dieser Stadt kein  *torn up*
Gebäude, das den Münster überragt oder nur annähernd an ihn
herankommt, kein Hochhaus und kein Schornstein°. So sieht  *smokestack*
man ihn überall, von welcher Seite auch immer man kommt,
weithin als erstes Zeichen der Stadt. Und immer, wenn ich das
sehe – es ist ja nur ein kurzer Blick über die Brücke, denn ich bin
auf dem Fahrrad, und vor und hinter mir und an beiden Seiten
bedrängen° mich die Autos –, immer wenn ich das sehe, läuft es  *vex, harass*
mir kalt den Rücken runter, und ich muß heulen°, weil es so  *cry*
schön ist, und ich denke, hier werde ich bleiben.

Quelle: Barbara Honigmann, *Roman von einem Kinde. Sechs Erzählungen*. Darmstadt: Luchterhand, 1987.

## Übungen zum Text

### A. Synopse nach Nummern.

In welcher Reihenfolge erscheinen die Sätze im Text?

1. _____     a. Frau Benhamou erläutert und kommentiert zusammen mit den Frauen den Text.

2. _____     b. Manchmal liest Frau Benhamou noch leise etwas nach und übersetzt es dann.

3. _____     c. Nach der Ankunft sagt sie: „Bonsoir, Madame Benhamou."

4. _____     d. Die Fahrt auf dem Fahrrad dauert etwa eine Viertelstunde.

5. _____     e. Im Haus der Frau Benhamou trifft Honigmann ein paar Frauen zum Studium.

6. _____     f. An einem Montagnachmittag fährt Frau Honigmann zu Frau Benhamou.

7. _____     g. Sie fährt mit dem Fahrrad auf der Avenue de la Forêt Noire.

### B. Fragen.

1. Wo lesen die Frauen die Thora?
2. Was schreibt Honigmann über das Wohnzimmer und den Tisch?
3. Wen können die Frauen manchmal im Nebenzimmer hören?
4. Fuhr Honigmann in Berlin oft mit dem Fahrrad?
5. Über welche Brücke fährt Honigmann in Straßburg?
6. Was sagt Honigmann über den Verkehr in der Stadt?
7. Womit vergleicht Honigmann den Münsterturm in der Altstadt?
8. Warum muß Honigmann heulen, wenn sie die Kathedrale und die Altstadt sieht?
9. Womit vergleicht Honigmann ihre Emigration von Berlin nach Straßburg?
10. Beschreiben Sie Ihre Reaktion auf diesen Text. Was denken Sie über Honigmanns Erzählung? Was gefällt Ihnen, was finden Sie weniger gut? Warum?

### C. Gespräch in der Gruppe.

Sind Sie stolz auf Ihre Stadt/Ihr Land? Bilden Sie Gruppen mit vier oder fünf Mitgliedern. Wählen Sie einen Sprecher/eine Sprecherin, der/die die Antworten notiert. Besprechen Sie die folgenden Fragen, und lassen Sie jeden/jede zu Wort kommen.

1. Sind Sie stolz auf Ihre Stadt/Ihr Land? Warum?

2. Was finden Sie dort besonders gut? Warum?
3. Was finden Sie dort weniger gut? Warum?

Am Ende berichtet der Sprecher/die Sprecherin über das Gespräch in der Gruppe.

## Bild 4 Steirische Spezialitäten

**Bild 4** (Quelle: APA Publications)

Eine Grazerin in Landestracht° bringt zur „Jause"° drei Spezialitäten aus der Steiermark, Österreich. Auf dem Tablett links steht eine Karaffe mit Most, einem leichten Apfelwein. Rechts daneben steht eine Flasche „Obstler", ein sehr starker Schnaps, der aus den Früchten der Gegend gebrannt° wird. In

*folkloric dress / term for an afternoon food delight*

*distilled*

der linken Hand trägt die Wirtin einen frischen Laib Landbrot, ein sehr schmackhaftes und festes Schwarzbrot. Milch, Most oder Obstler mit Brot, Butter und Käse gehören zur typischen Jause in der Steiermark.

## A. Redemittel zur Bildbeschreibung.

1. Die Frau auf dem Foto trägt ...
2. In der Mitte sehe ich ...
3. Ich finde es sehenswert / schön / interessant / überraschend / typisch, daß ...
4. Wenn ich mir das Foto anschaue, ...
5. Mir gefällt/gefällt nicht, daß ...
6. Wenn ich dort wäre, würde ich ...

# KULTUR DER NEUEN INNERLICHKEIT
## 1974–1982

### Einführung

Die „Neue Innerlichkeit"° bezeichnet eine kulturelle Bewegung° der späten siebziger Jahre. Darunter verstand man die bewußte Hinwendung° zu subjektiven, persönlichen, privaten und ökologischen Bereichen°. Dieser Trend bildet den Rahmen der drei folgenden Kapitel. Die Rolle des ökologischen Denkens steht im Mittelpunkt von Kapitel 7. Texte aus der Frauenbewegung unter dem damals populären Motto „das Persönliche ist das Politische" werden in Kapitel 8 vorgestellt. Die zwei Texte vermitteln° die Problematik patriarchalischer Gesellschaftsordnungen° anhand von autobiographischen Berichten und kritischen Analysen. Kapitel 9 behandelt die magische Welt der Phantasie an einem Beispiel aus der postmodernen Märchenliteratur. Das historische Mosaik der Texte und Bilder in Teil III zeigt die Mentalität der Neuen Innerlichkeit aus verschiedenen Perspektiven, die den Leser zum Nachdenken einladen.

*new subjectivity*
*movement*
*turn*
*realms*

*convey*

*social orders*

**TEIL III**

## Zeittafel

**1974**    Neue „Alternativszene" in der Jugendkultur des Westens. Die letzten 5 000 Privatfirmen in der DDR werden sozialisiert°. BRD-Kanzler Willy Brandt tritt zurück. Helmut Schmidt wird neuer Kanzler.

*socialized, state-owned*

**1975**    Trend zur „Neuen Innerlichkeit" in der Literatur. Anti-Atomkraftwerk-Proteste in Wyhl und Brokdorf (BRD). Einführung von Digital-Uhren und Micro-Computern.

**1976**    Die BRD wird Mitglied des UNO-Sicherheitsrats°.

*security council*

**1978**    Geburt des ersten Retorten-Babys in Europa. Erster Deutscher (DDR) im Kosmos.

**1979**    Erster Smog-Alarm in der BRD für das westliche Ruhrgebiet. Erste Telefax-Maschinen erscheinen in westdeutschen Postämtern.

**1980**    Gründung der ökologischen Partei „Die Grünen" in der BRD.

**1981**    Premiere von Wolfgang Petersens Film „Das Boot". Neue Attentate von Terroristen der Roten Armee Fraktion. Punks und „Autonome" protestieren in West-Berlin.

**1982**    Krieg in den Falkland-Inseln zwischen Großbritannien und Argentinien.

## KAPITEL 7

# Stadtflucht und Natursehnsucht

Bild 1: **Bäuerin in der Schweiz** (Fotografie)
Text 1: **Nina Hagen, *Zurück zur Natur*** (Autobiographie)
Bild 2: **Klaus Staeck, 225 Jahre Goethe** (Fotomontage)
Text 2: **Lothar von Versen, *Lied von der kleinen blauen Blume*** (Lied)
Bild 3: **Klaus Staeck, Ölpest** (Fotomontage)

## Social Context

In the wake of the fierce political conflicts of the late sixties and early seventies, Germany's cultural affairs entered a period of convalescence. The political spectrum began to branch out to include feminist, sociological, and ecological concerns. Behind these "alternative" movements was the belief that personal lifestyles form an integral component of politics. It seemed inconsistent to demonstrate publicly against the abuse of state power while engaging privately in chauvinist relationships. It seemed equally contradictory to complain about industrial pollution and acid rain while side-stepping public transportation and wasting energy at home. A new consciousness emerged that stressed alternative lifestyles, energy conservation, recycling, and a more enlightened treatment of the environment. This turn towards nature was especially popular among the younger generation in both East and West Germany, where 45% of young Germans (15–30 years old) sympathized with the movement, and some 15,000 "alternative" or "green" projects were launched by the early eighties. Among the hallmarks of these new trends were national parks, trails for fitness, bicycling, and nature walks, organic farming communities, environmental rescue campaigns, and macrobiotic food stores.

## Übersicht

„Stadtflucht" und „Natursehnsucht°" beschreiben zwei wichtige Aspekte der deutschen Kultur der 70er Jahren: Die Alternativbewegung° und die Sehnsucht nach einer gesünderen Umwelt°, wo der Mensch kein Sklave des Großstadtlebens und Verkehrs° mehr ist, sondern ein Mitbewohner der Natur. Besonders die jüngere Generation begann Mitte der 70er Jahre ein alternatives Leben in kleinen Städten und Landkommunen außerhalb der Metropolen zu suchen. Autonomie, chemiefreie Lebensmittel, streßfreie Arbeit und ein harmonisches Zusammenleben waren die Ideale dieser neuen Naturbewegung. Bild 1 zeigt eine idyllische Szene aus dem schweizer Landleben. Text 1, von Nina Hagen, beschreibt die Gedanken einer jungen Rock-Sängerin aus der DDR, die auf ein gesünderes Zusammenleben mit der Natur hofft. Text 2 ist ein Lied aus dem Jahr 1974, das in der BRD populär war. Der Sänger fühlt Mitleid° mit einer kleinen Blume, die versucht,

*longing for nature*
*alternative movement*
*environment*
*traffic*

*compassion*

trotz Technik, Verkehr und Schmutz zu überleben°. Zwei Fotomontagen von     *survive*
Klaus Staeck zeigen satirisch die Umweltprobleme dieser Welt.

## Bild 1 Bäuerin in der Schweiz

**Bild 1**  (Quelle: APA Publications)

Eine Bäuerin aus dem Aargau in der Schweiz. Die Frau auf dem Pferde-
gespann fährt mit frischer Milch vom Bauernhof zur Molkerei°. Frische Milch,     *dairy*
Butter und chemiefreie Lebensmittel kann man auch oft direkt bei den
Bauern selbst kaufen. Frisch gebackenes Brot ist besonders beliebt.

### A. Redemittel zur Bildbeschreibung.

1. In der Mitte des Fotos sehe ich …
2. Im Hintergrund sieht man …
3. Mir gefällt/gefällt nicht, daß …
4. Wenn ich mir die Fotografie anschaue, denke/fühle ich …
5. Glaubst du, daß …?

### B. Interview.
Stellen Sie einem Partner/einer Partnerin die folgenden Fragen, und berichten Sie dann dem Kurs über die Antworten.

1. Aus welcher Stadt oder welchem Dorf kommen Sie?
2. Wie groß ist Ihre Heimatstadt? Wie viele Menschen wohnen heute dort?
3. Gibt es dort einen Bauernmarkt, wo man frische Blumen oder frisches Brot oder Obst kaufen kann? Wenn nicht, wo kann man diese Lebensmittel einkaufen?
4. Kaufen Sie lieber in einem großen Supermarkt oder in einem kleinen Lebensmittelgeschäft ein?
5. Warum? Was ist dort besser?

# Text 1 Nina Hagen, *Zurück zur Natur*

**Zur Autorin:** Nina Hagen wurde 1955 in Ost-Berlin (DDR) geboren. Ihre Mutter war Schauspielerin°, ihr Vater starb jung. Wolf Biermann, der bekannte Liedermacher, wurde Ninas Stiefvater und Mentor. Sie begann schon früh, Theater zu spielen und als Punksängerin in Berlin zu arbeiten. 1976 emigrierte Hagen aus der DDR, weil es ihr dort zu „streng und eng" geworden war. Sie setzte ihre Karriere im Westen fort. In ihrer Autobiographie schreibt sie über sich selbst: „Nina Hagen, internationale Punkgröße, UFO-Spezialistin, passionierte Mutter, engagierte Tierschützerin°, Wohnsitz: Berlin, Hamburg, Ibiza und der Rest der Welt."    *actress*    *protector of animals*

**Zum Text:** „Zurück zur Natur" entstammt Nina Hagens Autobiographie. Darin beschreibt sie ihre Entwicklung von der DDR-Rocksängerin bis zum Punkstar im Westen. Hagen sah sich als Teil der Alternativbewegung in Ost und West, und ihre Autobiographie beschreibt die Sehnsucht nach einer neuen Sinnlichkeit.° Sie kritisiert die Verschmutzung der Großstädte, das lieblose Umgehen mit der Natur, und die Isolation der Menschen in der modernen Industriegesellschaft.    *sensuality*

## Vorarbeit zum Lesen

### A. Vokabelübungen.
Suchen Sie weitere Kognaten (*cognates*) im Text.

1. die Natur
2. _____
3. _____
4. _____
5. _____

6. _____
7. _____
8. _____
9. _____
10. _____

## B. Komposita.

Nennen Sie die Komponenten der folgenden zusammengesetzten Substantive und geben Sie die englische Bedeutung an.

> *Beispiel:* das **Kollektiv** + der **Besitz** = der Kollektivbesitz: *collective property*

1. die \_\_\_\_ + die \_\_\_\_ = die Sardinenbüchse: \_\_\_\_
2. der \_\_\_\_ + das \_\_\_\_ = das Satellitenfernsehen: \_\_\_\_
3. das \_\_\_\_ + der \_\_\_\_ = der Atommüll: \_\_\_\_
4. die \_\_\_\_ + der \_\_\_\_ = der Chemieunfall: \_\_\_\_
5. der \_\_\_\_ + das \_\_\_\_ = das Krankenhaus: \_\_\_\_
6. die \_\_\_\_ + die \_\_\_\_ = die Fabrikhalle: \_\_\_\_
7. der \_\_\_\_ + die \_\_\_\_ = die Computerzentrale: \_\_\_\_
8. der \_\_\_\_ + der \_\_\_\_ = der Kristallpalast: \_\_\_\_

## Nina Hagen, *Zurück zur Natur*

*(a)* Zurück zur Natur. Es ist höchste Zeit! (5 vor 12, schau auf die Uhr!) So viele Menschen sind in der Großstadt zu Haus, die Computerzentrale ist ihr Garten, der Bürowolkenkratzer° ihr Kristall-Palast, ihre Wohnung eine teure kleine Sardinenbüchse zum Satellitenfernsehn-Kieken° und TV-Dinner-Verzehren°. — *office tower / watching (coll.) / consuming*

*(b)* So finden sie ihre Welt normal und in Ordnung, und verachten° die Natur und vernachlässigen° sie. Ich, als typischer Fisch°, bevorzuge Kollektivbesitz und liebe es, die Grenzen der Besitztümer° zu verwischen. Ein gottgläubiger Urkommunist° ... — *despise / neglect / Pisces [astrological sign] / properties / early communist*

*(c)* Denn was ist mit all den Besitztümern geschehen? Sie werden von uns mißhandelt°. Atom-Müll°, Verantwortungslosigkeit°, die Natur durch Beton vergewaltigt°, überall Chemieunfälle, Öl und Gifte° im Meer!!! Ich hoffe, wir werden durch unser MITLEIDEN° bald eine gute Portion Mitleid für unseren Erdenbesitz aufbringen. Alles, was wir besitzen, ist Kollektivbesitz. Die Erde ist ein lebendes Wesen, und wir zerreißen° es in Stücke° und sagen: „Dieses Stück gehört mir, und ich kann damit machen, was ich will, zum Beispiel Atom-Müll deponieren oder sonst was!" [...] — *abused / waste, garbage / irresponsibility / raped / toxins / suffering together / tear / pieces*

*(d)* Außerdem wird der Heilende° der Zukunft auf die
Natur vertrauen° und nicht auf Technik und Chemie! Er wird
im Haus des Kranken heilen und nicht in der Fabrikhalle eines
Krankenhauses. Fernheilen°, durch Denken an den Kranken
und Beten für ihn, wird zum Alltag werden. Gesund sein heißt,
geborgen° zu sein in der Liebe seiner Mitmenschen.

*healer*
*trust*

*long-distance healing*

*sheltered*

Quelle: Nina Hagen, *Ich bin ein Berliner. Mein sinnliches und übersinnliches Leben.*
München: Goldmann Verlag, 1988, S. 122–123.

## Übungen zum Text

### A. Überschriften.
Welche Überschriften passen am besten zu den Textabschnitten (a), (b), (c)
oder (d)? Erklären Sie kurz Ihre Antworten.

1. Krankenheilung in der Zukunft
2. Leben in der Großstadt
3. Die Erde als Kollektivbesitz
4. Mitleid mit der vergewaltigten Natur

### B. Diskussion.

1. Was findet Hagen schlecht am Leben in den Großstädten?
2. Was findet Hagen schlecht an den Krankenhäusern der
   Gegenwart? Was ist ihr Ideal?
3. Hagen schreibt darüber, daß sie die Grenzen der Besitztümer
   ändern und verwischen will? Was glauben Sie, meint Hagen
   damit?
4. Hat Hagen recht, wenn sie sagt, daß die Erde der
   Kollektivbesitz aller Menschen ist? Warum? Warum nicht?
5. Glauben Sie, daß es der Umwelt heute besser oder schlechter
   geht? Sehen Sie der Zukunft optimistisch oder pessimistisch
   entgegen? Warum?
6. Was für Probleme gibt es heute in den Großstädten in Ihrem
   Land?
7. Was meint Hagen mit dem Ausdruck „Zurück zur Natur"?
   Warum nicht: „Vorwärts mit der Technologie"? Wie denken Sie
   über die Frage Natur versus Technologie?

### C. Schriftliche Übungen.
Wählen Sie ein Thema.

1. **Aufsatz:** Mehr Natur, statt Technik und Chemie!

2. **Autobiographischer Aufsatz:** Erinnerungen° an mein
   Ferienlager° auf dem Land. (Wer? Was? Wann? Wo?)

3. **Autobiographischer Aufsatz:** Erinnerungen an meinen
   Aufenthalt° im Krankenhaus.

*memories*
*summer camp*

*stay*

**Bild 2 Klaus Staeck, 225 Jahre Goethe**

**Bild 2** (Quelle: Klaus Staeck)

„225 Jahre Goethe, 111 Jahre Farbwerke Hoechst". Fotomontage von
Klaus Staeck, 1974. Das Bild zeigt Frankfurt am Main, die Geburtsstadt von
Deutschlands berühmtesten Dichter Johann Wolfgang von Goethe (1749–
1832). Hoechst ist der Name einer 111 Jahre alten Farben- und Chemiefa-
brik in Frankfurt, deren Müll° viele Jahre lang in den Main floß und dort zum    *waste*
Tod vieler Fische führte.

**Fragen zum Bild.**

1. Wie viele verschiedene Fotografien sehen Sie in dieser
   Fotomontage?

2. Was sehen Sie oben/unten/links/rechts in der Fotomontage?

3. Wer oder was, glauben Sie, symbolisiert die „gute alte Zeit" in diesem Bild? Was symbolisiert die kranke Welt der Gegenwart?
4. Wie interpretieren Sie den Titel der Fotomontage „225 Jahre Goethe, 111 Jahre Hoechst"?
5. Wo liegt die Satire? Was, glauben Sie, will Klaus Staeck mit dieser Fotomontage zeigen?

## Text 2 Lothar von Versen, *Lied von der kleinen blauen Blume*

**Zum Liedermacher:** Lothar von Versen, ein Student der Romanistik, gehörte Mitte der siebziger Jahre zur jungen Garde der Liedermacher in der BRD. Wie viele andere seiner Generation begann er nach dem Scheitern° *foundering* der Studentenrebellion (1968–69), sich für die Natur und das Leben in der Alternativszene zu engagieren. Seine Lieder erinnern an französische Chansons, sehr melodisch und elegisch, wobei das Naturmotiv oft im Zentrum steht.

**Zum Text:** Das „Lied von der kleinen blauen Blume" wurde 1974 komponiert. Es beklagt den Umweltschmutz° der industrialisierten Welt. Die blaue *pollution* Blume, poetisches Symbol der deutschen Romantik aus dem frühen 19. Jahrhundert, kann nur noch versteckt° blühen. Sie ist von Lärm und Schmutz *hidden* bedroht°. Sie bleibt auch unerkannt von den „engagierten Musenjüngern" – *threatened* von Versen meint hier einige seiner Sängerkollegen – die viel lieber politische Protestlieder schreiben.

## Vorarbeit zum Lesen

### A. Schnelles Lesen.
Finden Sie die Antworten ohne langes Suchen im Text.

1. Was ist der Refrain des Liedes? Lesen Sie den Text schnell durch.
2. Wie viele Zeilen hat der Refrain?
3. Zu wem spricht der Sänger in diesem Refrain?
4. Reimen sich die Zeilen dieses Liedes? Wenn ja, geben Sie zwei Beispiele.
5. In welcher Strophe singt von Versen über eine Fahrt am Wochenende?

## B. Was paßt zusammen?

Finden Sie die richtigen Übersetzungen, und ergänzen Sie die Liste mit den richtigen Wörtern!

1. _____ die Lust am Spott
2. _____ dein zarter Zauber
3. _____ ich schleiche mich hin zu dir
4. _____ ich vergesse den Unsinn
5. _____ ein verwunschenes Waldidyll
6. _____ deine Kelche

a. *I forget the nonsense*
b. *your flower cups*
c. *the pleasure of mocking*
d. *an enchanted forest idyll*
e. *I sneak up to you*
f. *your tender magic*

*idyll* = das
*ridicule* = der
*to sneak* =
*cup* = der
*magic* = der
*nonsense* = der

---

# Lothar von Versen, *Lied von der kleinen blauen Blume*

| | |
|---|---|
| Die Straßen sind dir eng° geworden, | narrow, tight |
| der Smog, er hat dich fast erstickt°, | suffocated |
| du sahst sie rennen, hasten, morden, | |
| du hast dich nicht mehr umgeblickt°. | looked back |
| Du sahst die toten Fische treiben°, | float |
| die Flüsse träg° von schmutz'gem Brei°, | sluggish / broth |
| die Musenjünger sich zerreiben, | |
| was ihr Engagement° denn sei. | (political) commitment |
| Versteck dich, kleine blaue Blume, | |
| eh man dich ganz zu Staub° zertritt°. | dust / crushes |
| Ich sing' dies Lied zu deinem Ruhme°, | glory |
| ich leide° manchmal mit dir mit. | suffer |
| | |
| Fall'n heute Blätter von den Bäumen, | |
| so nennt man das schon Poesie. | |
| Du hast hier nicht viel zu versäumen°, | miss |
| versteck dich und verlache sie. | |
| Sehnsüchtig quäkt es aus den Röhren°, | here: loudspeakers |
| und alte Platten° knirschen° süß. | (music) records / grind |
| Laß dich durch das Geplärr° nicht stören, | bawling, screaming |
| mal singt man schlecht mal singt man mies°. | badly |

Versteck dich, kleine blaue Blume,
eh man dich ganz zu Staub zertritt.
Ich sing' dies Lied zu deinem Ruhme
ich leide manchmal mit dir mit.

Ist mir die Lust am Spott vergangen,
dann schleiche ich mich hin zu dir.
Dein Zauber wird mich zart umfangen°,                    *surround*
und ich vergeß' den Unsinn hier.
Welch seltene Fahrt am Wochenende
in ein verwunschenes Waldidyll,
und deine Kelche sprechen Bände°,                        *volumes*
ich hör schon zu und bin ganz still.
Versteck dich, kleine blaue Blume,
eh man dich ganz zu Staub zertritt.
Ich sing' dies Lied zu deinem Ruhme
ich leide manchmal mit dir mit.

Quelle: Max Nyffeler, *Liedermacher in der Bundesrepublik Deutschland*. Bonn 1991,
S. 85–86.

## Übungen zum Text

### A. Fragen zum Inhalt.

1. Über welche Umweltprobleme singt von Versen? Machen Sie eine Liste.
2. Was hat die kleine blaue Blume fast erstickt?
3. Wen sah die Blume in den Straßen rennen, hasten, morden?
4. Wer leidet manchmal mit der Blume mit?
5. Wo kann der Sänger den Unsinn des Stadtlebens vergessen?
6. Wie beschreibt der Sänger die moderne Musik, die man im Radio und auf Platten hören kann?
7. Wie beschreibt der Autor Natur, Wald und Blume? Was für Gefühle reflektiert der Text?
8. Was, glauben Sie, symbolisiert die „kleine blaue Blume" in diesem Lied?
9. Was für Musik, glauben Sie, paßt zu diesem Liedertext? Lustig, romantisch, traurig, sentimental, hart, laut, leise, melancholisch, klassisch? Warum?

## B. Gespräch in Gruppen.

Was für Musik hören Sie gern? Bilden Sie Gruppen von drei bis fünf Personen. Wählen Sie einen Sprecher/eine Sprecherin, der/die später der Klasse über das Gespräch berichtet. Alle Gruppenmitglieder sprechen über ihren Geschmack°, indem sie die folgenden Fragen beantworten.      *taste*

1. Was für Musik hören Sie gern? Klassische Musik, Rock 'n' Roll, alternative Musik, Volkslieder, Jazz, Pop, Punk, Rap, Blues, Chansons, Opern, Reggae, Discomusik, Country usw?
2. Was für CD's oder Kassetten haben Sie zu Hause?
3. Wann hören Sie gern Musik? Beim Lesen, beim Kochen, beim Essen, beim Autofahren, beim Spazierengehen, beim Einschlafen, beim Arbeiten usw?

Anschließend berichtet der Sprecher/die Sprecherin dem Kurs über den Musikgeschmack der Gruppenmitglieder.

## C. Schriftliche Übungen.

Wählen Sie ein Thema.

1. **Beschreibung:** Jede der drei Strophen hat ein eigenes Thema, einen speziellen Charakter und Ton. Beschreiben Sie jede Strophe genau. Geben Sie jeder Strophe einen Titel.
2. **Beschreibung:** Beschreiben Sie einen Baum, einen Fluß, eine Blume oder einen anderen Gegenstand der Natur, den Sie gern sehen.

# Bild 3 Klaus Staeck, Ölpest

## A. Fragen zum Bild.

1. Wen kritisiert Klaus Staeck mit dieser Fotomontage?
2. Glauben Sie, daß der Titel „Ölpest" zu dieser Fotomontage paßt? Wer oder was ist die Pest?
3. „Werbewochen" heißt: *advertising weeks*. An wen, glauben Sie, richtet sich diese Werbung satirisch?
4. Erinnern Sie sich an Unfälle mit Öltankern? Wo und wann passierten sie?

**Shell Werbewochen**
**Die Küstenbewohner können ihre Ölheizung jetzt direkt ans Meer anschließen**

**Bild 3** (Quelle: Klaus Staeck)

„Ölpest"°. Fotomontage von Klaus Staeck, 1978. Die satirische Montage zeigt die Umweltverschmutzung nach dem Unfall eines Öltankers im Meer. Weil das Öl nun vor der Küste schwimmt, können die Bewohner ihre Heizungen° direkt ans Meer anschließen°.

*oil plague*

*heaters / connect, plug in*

## KAPITEL 8

# Die neue Frauenbewegung

Bild 1: **Die Feder einer Elster ...** (Zeichnung)
Text 1: **Maxie Wander, *Guten Morgen, du Schöne!*** (Protokoll)
Bild 2: **Mein lieber Mann ...** (Plakat)
Text 2: **Alice Schwarzer, *Der kleine Unterschied*** (Analyse)
Bild 3: **Marianne Pitzen, Die Alibifrau träumt** (Gemälde)

## *Social Context*

The history of German feminism goes back to the French Revolution. Encouraged by the social changes that swept across Europe after 1789, a generation of women writers emerged with emancipatory goals and revolutionary ideals of their own. Among the most notable in Germany were Bettina von Arnim, Rahel von Varnhagen, and Louise Otto-Peters. The legacy of their struggles, courage, and defiance provided the historical context for the emergence of the new women's movement in the German-speaking countries during the sixties. Influenced by writers such as Betty Friedan (*The Feminine Mystique*, 1963), Simone de Beauvoir (*The Second Sex*, 1948), and Virginia Woolf (*A Room of One's Own*, 1928), women joined feminist networks to advocate self-determination, liberation, and political participation. With the struggle against sexism and the exploitation of women came a new sense of political empowerment that manifested itself in feminist forms of literature, music, dance, art, and film. By 1970 a generation of young women artists and activists had come to the fore whose works debunked the myths of male superiority.

## Übersicht

Die neue Frauenbewegung entstand im Zusammenhang° mit der europä- — *connection*
ischen Studentenbewegung, der amerikanischen Bürgerrechtsbewegung, und der Friedensbewegung°. Selbstbestimmung° und Mitsprache von — *peace movement / self-determination*
Frauen in der Politik gehörten zu den wichtigsten Zielen des Feminismus Mitte der 70er Jahre. Waren es im Westen oft bürgerliche Frauen und Studentinnen, die sich mit dem Feminismus identifizierten, so waren es in der DDR meist Arbeiterinnen und Aktivistinnen. Die Texte in Kapitel 8 reflektieren diese Perspektiven. Bild 1 ist eine feministische Illustration aus dem 19. Jahrhundert über zeitgenössische Frauenliteratur. Text 1 entstammt einem Tonbandprotokoll°, das die Erfahrungen einer ledigen° jungen Frau in der — *tape transcript / single*
DDR vorstellt. Bild 2, ein Plakat in der Mitte des Kapitels zeigt einen feministischen Appell aus der BRD Ende der 80er Jahre. Text 2 analysiert

die doppelte Belastung° vieler Frauen durch Beruf und Haushalt. Das Kapitel burden
endet mit Bild 3, einem Gemälde von Marianne Pitzen über den Traum einer
„Alibifrau"°.                                                                    token woman

## Bild 1  Die Feder einer Elster ...

**Bild 1**  (Quelle: Silvia Bovenschen, *Die imaginierte Weiblichkeit*)

Illustration zum Thema Frauenliteratur, die 1842 in Paris in einem Buch von
J. Grandville mit dem Titel *Bilder aus dem Staats- und Familienleben der Tiere*
erschien. Unter dem Bild steht der Text: „Ich hoffe, daß einst die Feder einer
Elster° so viel Wert habe, als die eines Löwen oder Fuchses." Das Bild zeigt    magpie
eine Schriftstellerin als Elster mit Feder, Dolch° und weggeworfenem            dagger
Strickzeug°.                                                                     knitting

## A. Redemittel zur Bildbeschreibung.

1. Im Vordergrund sieht man ...
2. In der Mitte sehe ich ...
3. Im Hintergrund ist ...
4. Mir gefällt/gefällt nicht, daß ...
5. Ich finde es interessant/schlecht/überraschend/unklar, daß ...
6. Wenn ich mir das Bild anschaue, ...
7. Glaubst du, daß ... ?

## B. Schriftliche Übung.

Wählen Sie ein Zitat°. Interpretieren Sie es, und erläutern Sie Ihre persönliche Meinung dazu.

*quotation*

1. „Ich hoffe, daß einst die Feder einer Elster so viel Wert habe,
   als die eines Löwen oder Fuchses." (Paris 1842. Siehe Bild 1.)
2. „Als eine Frau lesen lernte, trat die Frauenfrage in die Welt."
   (Marie von Ebner-Eschenbach: *Aphorismen*, Wien 1904)
3. „Soweit man auch in der Zeit zurückblickt: immer ist die Frau
   dem Mann Dienerin° oder Heilige° gewesen. Zuweilen beides
   zugleich. Niemals aber war sie ihm eine gleichberechtigte°
   Partnerin." (Karl Scheffler: *Die Frau und die Kunst*, Berlin
   1908)

   *servant / saint*
   *emancipated, with equal rights*

4. „Die Hauptaufgabe der Frauen liegt nicht in dem Erreichen von
   vermeintlichen Rechten°, in denen sie es den Männern
   gleichtun° können, sondern in der stillen Arbeit im Hause und
   in der Familie. Sie sollen die junge Generation erziehen, vor
   allen Dingen zum Gehorsam° und zum Respekt vor dem Alter.
   (Kaiser Wilhelm II., Berlin 1910)

   *rights*
   *match*

   *obedience*

5. „Mit Frauen kann ich besser reden als mit Männern." (Verena
   Stefan: *Häutungen*, München 1975)

# Maxie Wander, *Guten Morgen, du Schöne!*

## Vorarbeit zum Lesen

### A. Zeittafel: Stationen der deutschen Frauenrechtsbewegung 1849–1991.

| | | |
|---|---|---|
| 1849 | Louise Otto-Peters gründet die erste „Frauen-Zeitung" in Deutschland. | |
| 1874 | Erste Frauen bei der Eisenbahn und beim Telegraphen- und Postdienst. | |
| 1889 | Erste Realschule (später Gymnasium) für Mädchen in Berlin. | |
| 1908 | Öffnung aller deutschen Universitäten für Frauen zum Studium. | |
| 1918 | Erstes freies Wahlrecht für Frauen in Deutschland und Österreich. | |
| 1922 | Zulassung von Frauen als Geschworene und Schöffen° bei Gericht. | *jurors* |
| 1926 | Lise Meitner wird als erste Frau der Welt Professorin für Physik. | |
| 1933–45 | Auflösung° aller Frauenvereine durch die Nationalsozialisten. Unterdrückung der Frauenrechtsbewegung. | *dissolution, elimination* |
| 1949 | Gleichstellung von Mann und Frau in der BRD und in der DDR. Kostenlose Abtreibung° in der DDR. | *abortion* |
| 1958 | Reform des Eherechts in der BRD. Frauen werden gleichberechtigte Partner. | |
| 1968 | Beginn der neuen deutschen Frauenbewegung. Einfluß der amerikanischen Bürgerrechtsbewegung° und der westeuropäischen Studentenbewegung. Entstehung neuer Frauenliteratur in allen deutschsprachigen Ländern. | *Civil Rights movement* |
| 1976 | Abtreibung aus medizinischer, eugenischer, ethischer oder sozialer Not wird in der BRD straffrei (legal). | |
| 1977 | Maxie Wander veröffentlicht die Anthologie „Guten Morgen, du Schöne!" in der DDR. Alice Schwarzer gründet die BRD-Frauenzeitschrift „Emma". Gründung der politischen Frauenzeitschrift „Courage" in West-Berlin. | |

| 1980–82 | Neue Initiativen der zweiten Welle der deutschen Frauenbewegung, Betonung der Verschiedenartigkeit und der freien individuellen Entfaltung. Gründung von Frauenarchiven, Frauenhäusern, Frauenzeitschriften, Frauenverlagen, Frauenzentren und Lesben-Gruppen. Frauenstudien werden an BRD-Universitäten (Dortmund, Berlin, München) angeboten°. Mitarbeit der Frauenbewegung an der internationalen Ökologie- und Friedensbewegung. | offered |
| 1985 | Die BRD ratifiziert das UN-Dokument zur „Beseitigung° jeder Form von Diskriminierung der Frau". | elimination |
| 1990 | Die Europäische Gemeinschaft (EG) beschließt das „Program zur Förderung der Chancengleichheit für Frauen und Männer". | |
| 1991 | Das neue deutsche Bundesministerium für Frauen und Jugend wird geschaffen°. | created |

## B. Fragen zur Zeittafel.

1. Seit wann können Frauen an deutschen Universitäten studieren? Wie ist das in Ihrem Land?
2. Seit wann gibt es das Wahlrecht für Frauen in Deutschland? Wie ist das in Ihrem Land?
3. Was geschah mit den Frauenvereinen im Hitler-Deutschland?
4. Wann begann die neue deutsche Frauenbewegung?
5. Seit wann gibt es ein eigenes deutsches Bundesministerium für Frauen und Jugend?

## C. Vokabelübung mit Verben.

Ordnen Sie jedem Satz das passende Verb zu. Die Sätze stammen aus dem Text.

1. Man kann immer ein Buch _____ .
   a. lesen      b. abhauen°      c. legen      *run off, split*
2. Wenn ich will, kann ich einen Film _____ .
   a. gehen      b. sehen      c. schimpfen°      *scold*
3. Ich konnte nie alleine in die Kneipe (Bar) _____ .
   a. sein      b. gehen      c. tun
4. Einem Mädchen _____ man einfach nicht, daß es nur sein Bier trinken will.
   a. jammert°      b. glaubt      c. redet      *whine*
5. Mein größter Wunsch wäre, eine Arbeit zu _____ .
   a. kriegen      b. schreien°      c. erlauben      *scream*
6. Ich denke: Wenn ich einen Mann richtig gut _____ , muß ich ihn gleich heiraten°.
   a. verderbe°      b. komme      c. kennenlerne      *marry*
   *spoil*

7. Ich verstehe Claudia nicht mehr, seit sie _____ ist.
   a. verheiratet      b. gerichtet°      c. gewußt

   *directed, pointed (toward)*

8. Wenn ein Mädchen öfter den Partner _____ , bekommt sie einen schlechten Ruf°.
   a. empfindet°      b. versteht      c. wechselt

   *reputation*
   *perceive, feel*

9. Viele Frauen _____ keine eigene Meinung und ordnen sich immer unter°.
   a. beschäftigen°      b. heiraten      c. haben

   **unterordnen:** *to subordinate / occupy*

**Zur Autorin:** Maxie Wander, 1933 in Wien geboren, lebte seit 1958 mit ihrem Mann, dem österreichischen Schriftsteller Fred Wander, in der DDR, zuletzt in Kleinmachnow bei Berlin. Sie war als Fotografin, Journalistin und Schriftstellerin tätig und schrieb Drehbücher° und Kurzgeschichten. Maxie Wander starb 1977 an Krebs°.

*film scripts*

*cancer*

**Zum Text:** Wenige Monate vor ihrem Tod veröffentlichte° Maxie Wander die Anthologie *Guten Morgen, du Schöne!*, ein Lesebuch mit Protokollen von Frauen aus der DDR. Wanders Buch wurde ein großer Erfolg° für die neue Frauenliteratur in Ost und West. Der folgende Text stammt aus dieser Sammlung°. Darin erzählt eine Arbeiterin namens Petra über ihr Leben und ihre Erfahrungen als zwanzigjährige Frau in der DDR in den 70er Jahren.

*published*

*success*

*collection*

## Maxie Wander, *Guten Morgen, du Schöne!*

PETRA: Mein größter Wunsch wäre, eine Arbeit zu kriegen, die mich wahnsinnig° beschäftigt. Genaue Vorstellungen° habe ich nicht. Ein Mann ist nicht so wichtig, den kriegt man immer noch. Ich hab' sowieso diesen Tick. Ich kann einen Film sehen, ein Buch lesen!

here: *totally / ideas*

Immer denke ich: Die Frau kommt zu kurz° gegenüber dem Mann. Ich sehe immer alles gegen die Frau gerichtet. Ich denke: Wenn ich einen [Mann] richtig gut kennenlerne, muß ich ihn gleich heiraten. Die Ehe empfinde ich als Versicherungsinstitut° als Pension oder als Friedhof°, je nachdem.

**kommt zu kurz:** *gets the short end of the stick*

*insurance agency*
*graveyard*

Ich fühle mich zufriedener, wenn ich weiß, ich bin allein und muß stark sein. In dem Moment, wo ich einen Mann habe, werde ich bequem°. Dann komme ich in den Trott° wie alle

*lazy / routine*

anderen, dann bin ich geliefert°. Ich sehe es an meiner älteren *have had it (coll.)*
Schwester. Ich verstehe Claudia nicht mehr, seit sie verheiratet° *married*
ist. Wenn sie die kleinsten Schwierigkeiten° hat, schreit sie nach *troubles*
ihrem Mann. Einmal habe ich zu ihr gesagt: Komm, wir hauen
ab, wir legen die Kinder hin und gehen schwimmen oder tanzen
oder sonstwas. Und das hat ihr solchen Spaß gemacht! Bis ihr
Mann zu mir gesagt hat: „Du verdirbst mir meine Frau!" Is 'n° *Ist ein*
Ding, nicht? Claudia hat schon Komplexe, daß keiner mit ihr
tanzen will. Jetzt wird es ihr genauso gehen wie den anderen
Frauen, die jammern, wenn sie alt sind: „Hätte ich doch nur ...,
und warum habe ich denn nicht ... ?"

Ich wollte immer ein Junge sein. Die können doch machen,
was sie wollen, kein Mensch redet ihnen drein°. Wenn ein *redet drein: interferes*
Mädchen öfter den Partner wechselt, gleich hat sie einen
schlechten Ruf, vor allem bei den Mädchen. Die haben keine
eigene Meinung, die sind so wahnsinnig anpassungsfähig°, die *adaptable*
ordnen sich immer unter. Zu Hause konnte ich nie alleine in die
Kneipe gehen. Meine Schwester Susanne hat sich das erlaubt,
aber bei ihrem Aussehen° kann man sich alles erlauben. Einem *looks*
Mädchen glaubt man einfach nicht, daß es sich nur so hinsetzt
und sein Bier trinken will. Das legt man ihr so aus°: Na, kommt *legt aus: interprets*
denn keiner?

Ich habe eigentlich keine Lust, allein in die Kneipe zu gehen,
es geht mir nur darum, daß ich es tun kann, wenn ich dazu Lust
hätte. Für mich sind diese Freiheiten, die man im Prinzip hat
oder nicht hat, sehr wichtig. [ ... ]

Ich sehe überall, daß wir Frauen zu kurz kommen. Unsere
Mama hat vorhin ein paar Schoten° losgelassen. Ein Fremder *cusswords*
muß denken, eine toll emanzipierte Frau! Aber sie redet nur so,
sie schimpft und macht einen Spektakel, und dann tut sie wieder
das, was Papa will. Unser Papa ist eigentlich kein Herrschertyp°, *tyrannical type*
er möchte es nur gerne sein. Dabei ist er so komisch. Aber
Mama ist auch selber schuld°. Sie hätte mehr aus ihrem Leben *guilty*
machen können. Papa hat sie gar nicht so gedrückt°. Er hat sich *oppressed*
eben auch angepaßt, und das wurde eine Schraube° ohne *screw, spiral*
Ende. ...

Quelle: Maxie Wander, *Guten Morgen, du Schöne! Protokolle nach Tonband*. Berlin:
Buchverlag Der Morgen, 1977, S. 66 ff.

## Übungen zum Text

### A. Richtig oder falsch?

Bestimmen Sie, welche Aussagen richtig oder falsch sind. Korrigieren Sie die falschen Sätze.

1. _____ Petra hatte genaue Vorstellungen, was für Arbeit sie machen oder nicht machen wollte.
2. _____ Petra fühlte sich glücklicher, wenn sie in einer Partnerschaft mit einem Mann war.
3. _____ Petra hatte zwei Schwestern: Susanne und Claudia.
4. _____ Claudias Mann sagte zu Petra, daß sie ihm seine Frau verdirbt.
5. _____ Petra sagt über andere Mädchen, daß sie nicht anpassungsfähig sind.
6. _____ Petra hatte keine Lust, allein in Kneipen zu gehen.
7. _____ Fremde mußten denken, daß Petras Mutter eine emanzipierte Frau war.

### B. Diskussion.

Interpretieren Sie diese Zitate, und erläutern Sie Ihre Meinung dazu.

1. „Ich sehe immer alles gegen die Frauen gerichtet."
2. „Die Ehe empfinde ich als Versicherungsinstitut, als Pension oder als Friedhof, je nachdem."
3. „Ich wollte immer ein Junge sein. Die können doch machen, was sie wollen, kein Mensch redet ihnen drein."
4. „Einem Mädchen glaubt man einfach nicht, daß es sich [in der Kneipe] nur so hinsetzt und sein Bier trinken will. Das legt man ihr so aus: Na, kommt denn keiner?"
5. „Unser Papa ist eigentlich kein Herrschertyp, er möchte es nur gerne sein. Dabei ist er so komisch. Aber Mama ist auch selber schuld. Sie hätte mehr aus ihrem Leben machen können. Papa hat sie gar nicht so gedrückt."

### C. Allgemeine Fragen zum Text.

1. Was sind die populärsten Studiengebiete für Frauen an Ihrer Universität? In welchen Kursen, die Sie belegt haben, gibt es die meisten Studentinnen, wo die wenigsten?
2. Gibt es auf Ihrem Campus Kurse zum Thema Frauenliteratur, Frauengeschichte oder Frauenpolitik? Welche?
3. Was denken Studenten/Studentinnen Ihrer Universität über den Feminismus und die Frauenbewegung?

4. Was für Zeitschriften kennen Sie, die über das Leben oder die Interessen von Frauen schreiben? Wie heißen sie? Kennen Sie einige davon?

5. Was für Frauenliteratur haben Sie schon gelesen? Kennen Sie interessante Essays, Autobiographien, Romane oder Gedichte von weiblichen Autoren? Was zum Beispiel?

## D. Schriftliche Übungen.
Wählen Sie ein Thema.

1. **Brief:** Schreiben Sie einen Brief an Petra. Beginnen Sie mit „Liebe Petra, ich las heute deinen Text und … ".
2. **Aufsatz:** Mein größter Wunsch wäre, … .
3. **Aufsatz:** Meine Mutter/Schwester/Kusine/Tante/Großmutter und der Feminismus.

# Bild 2 Mein lieber Mann ...

Feministisches Plakat der westdeutschen Regierung° aus dem Jahr 1989. Der Text zitiert Artikel 3, Absatz° 2 des Grundgesetzes°: „Männer und Frauen sind gleichberechtigt."

*government*
*paragraph / "Basic Law" (Germany's constitution)*

## A. Fragen zum Bild.

1. Was zeigt das Plakat? Beschreiben Sie die Szene.
2. Finden Sie den Text des Plakats ironisch? Warum? Warum nicht?
3. Was finden Sie gut/schlecht/interessant/provokativ an diesem Plakat? Warum?

## B. Debatte.
Bilden Sie Gruppen mit sechs Studenten/Studentinnen (S1–S6), und diskutieren Sie auf deutsch das Thema: Ist der Feminismus heute noch notwendig? Warum? Warum nicht?

### Diskussionsleiter/Diskussionsleiterin (S1)
Vorstellung° der Teilnehmer/Teilnehmerinnen an der Debatte. Berichtet nach der Debatte dem Kurs.

*introduction*

### Sprecher/Sprecherin *für* die Frauenbewegung (S2, S3)
Position: Der Feminismus ist eine wichtige Bewegung°. Die Frauenbewegung ist eine politische Selbsthilfe gegen den Sexismus der modernen Gesellschaft usw.

*movement*

**Mein lieber Mann,**

**bist Du stark genug für die Gleichberechtigung?**

Als Partner kann Man(n) nur gewinnen.

Die Bundesfrauenministerin: „Männer und Frauen sind gleichberechtigt" (Art. 3 Abs. 2 Grundgesetz).

**Bild 2** (Quelle: Bundesministerium für Frauen und Jugend)

**Sprecher/Sprecherin *gegen* die Frauenbewegung (S4, S5)**
Position: Der Feminismus ist eine unwichtige Bewegung. Gegen
Frauen wird in der Gesellschaft heute nicht mehr viel diskriminiert
usw.

**Schiedsrichter°/Schiedsrichterin (S6)**
Er/Sie entscheidet nach der Debatte, wer die besseren Argumente
brachte und sagt dem Diskussionsleiter/der Diskussionsleiterin und
den Teilnehmern/Teilnehmerinnen was er/sie an der Debatte gut
fand.

here: *judge*

## Text 2 Alice Schwarzer, *Der kleine Unterschied*

**Zur Autorin:** Alice Schwarzer (geboren 1942 in Wuppertal), deutsche
Journalistin und Feministin, wurde mit ihren Büchern *Der kleine Unterschied
und seine großen Folgen* (*The Little Difference and Its Big Consequences*,
1975), *Zehn Jahre Frauenbewegung* (1982) und *Simone de Beauvoir heute*
(1983) bekannt. Seit 1977 gibt sie die Zeitschrift „Emma" heraus.

**Zum Text:** Der folgende Aufsatz wurde 1975 in Alice Schwarzers Buch *Der kleine Unterschied und seine großen Folgen. Frauen über sich, Beginn einer Befreiung* veröffentlicht. In diesem Buch beschreiben Frauen ihr Leben und ihre Arbeiten, Träume und Partnerschaften. Außer den Reportagen bietet das Buch auch feministische Analysen, die den Frauen helfen sollen, über Sexualität und Geschlechterrollen° nachzudenken. Der Text analysiert den Wert der Frauenarbeit in der westlichen Industriegesellschaft.

*gender roles*

## Vorarbeit zum Lesen

### A. Vokabelübung.

Ergänzen Sie die folgenden Sätze.

1. Frauen haben noch _____ *(never)* so viel gearbeitet wie heute.
2. Ein Heimchen ist eine Frau, die immer _____ _____ *(at home)* arbeitet.
3. Viele Frauen arbeiten als Sekretärinnen, Assistentinnen, _____ *(female workers)* oder Alibifrauen, immer aber als untere Chargen°.

   *untere Chargen: lower-level appointments*
4. Alice Schwarzer schreibt, daß das Leben vieler Frauen vier Phasen hat: Beruf, _____ *(love)*, Ehe, Mutterschaft.
5. Frauen in der BRD arbeiten _____ *(twice)* so viel wie Männer.
6. Frauen wollen ein Zipfelchen _____ *(emancipation)* erhaschen.

### B. Wortdefinitionen.

Ordnen Sie den elf Definitionen die richtigen Wörter aus der folgenden Liste zu.

a. Eine Sackgasse
b. Berufswelt
c. Eine Spielregel
d. Eine Männerclique
e. Eine Fließbandarbeiterin
f. Eine Alibifrau
g. Ein Heimchen
h. Eine Feierabendhausfrau°
i. Gratisarbeit
j. Ein Nachbarland
k. Lohnarbeit

*after-work (spare time) housewife*

1. _____ ist eine Frau, die den ganzen Tag zu Hause arbeitet.
2. _____ ist eine Gruppe, die nur für Männer existiert.
3. _____ ist eine Frau, die in der Fabrik am Fließband° arbeitet.

   *conveyor belt*
4. _____ ist eine Arbeit, für die man kein Geld bekommt.
5. _____ ist eine Frau, die nur am Abend im eigenen Haushalt arbeitet.
6. _____ ist eine Frau, die nur als Pfand° und Symbol für die Emanzipation dient.

   *token*
7. _____ ist ein Staat, der an einen anderen Staat grenzt.

8. _____ ist eine Straße oder Gasse, die plötzlich endet.

9. _____ nennt man das, wo man arbeitet und Geld verdient.

10. _____ ist Arbeit, für die man bezahlt wird.

11. _____ ist ein Gesetz, eine Vorschrift° oder Anweisung° für    *regulation / instruction*
etwas.

## C. Interview.

Fragen Sie einen Mitstudenten/eine Mitstudentin und berichten Sie über Ihre Ergebnisse.

1. Was denken die Frauen in Ihrer Familie über die Frauenbewegung?

2. Wer macht die Hausarbeit in Ihrer Familie? Wer macht was?

3. Was für Hausarbeit mußten Sie als Kind oft machen?

# Alice Schwarzer, *Der kleine Unterschied*

(1) Das Heimchen am Herd ist nicht mehr gefragt. Es ist unökonomisch geworden. Heute dürfen Frauen nicht nur berufstätig° sein, sie sollen es sogar sein. Zum Nutzen° der Unternehmer° und Ehemänner.    *employed / benefit*
*employer*

(2) Das sieht dann so aus: In der ersten Phase ein wenig Beruf ohne rechte Perspektive; in der zweiten Liebe, Ehe, Mutterschaft; in der dritten wieder ein wenig Beruf, zusätzlich zum Haushalt. ...

(3) Wie wir es auch drehen° und wenden: Frauen haben    *turn*
die Qual der Wahl° zwischen drei Übeln°. Entweder wir gehen    ***die Qual der Wahl:** the agonizing choice / evils / walls*
den Weg, der glatt in die Sackgasse der Ehefrau Mitte dreißig
führt, die nun in der Isolation ihrer vier Wände° ein Leben
voller Arbeit, Leere und Abhängigkeit° führt. Oder wir gehen    *dependency*
den zunächst steinigeren Weg° in die Berufswelt, deren Spiel-    *path*
regeln und Gratifikationen von Männercliquen ausgekunkelt°    *invented, dreamed up*
werden und in denen wir dann als Sekretärinnen, Assistentin-
nen, Fließbandarbeiterinnen oder Alibifrauen, immer aber als
untere Chargen fungieren. Oder aber – und das ist meist der
Fall – wir entscheiden° uns für beides, wollen hier das    *decide*
„Frauenglück" nicht missen und da ein Zipfelchen° Emanzipa-    *tiny piece*
tion erhaschen°. Resultat: Wir haben noch nie so viel gearbeitet    *grab*
wie heute. ...

*(4)*    Allein in der BRD kommen Vollhausfrauen und Feier-
abendhausfrauen auf 45 bis 58 Milliarden Stunden Gratisarbeit
im Jahr. Das errechnete die Deutsche Gesellschaft für Ernäh-
rung° in Frankfurt. Die Zahlen aus europäischen Nachbarlän-    *nutrition*
dern lauten ähnlich°. Das heißt, die Gratisarbeit ist fast genauso    *similar*
umfangreich° wie die gesamte Lohnarbeit (52 Milliarden    *extensive*
Stunden in der BRD).

*(5)*    Bedenkt man (frau), daß diese eine Hälfte der gesamtgesellschaftlichen Arbeit°, die Hausarbeit, fast ausschließlich°    ***der gesamtgesellschaft-***
von Frauen gemacht wird, und daß Frauen außerdem ein Drittel    ***lichen Arbeit:*** *of all*
der Berufsarbeit leisten°, so bedeutet° das: In der BRD leisten    *the work that is*
Frauen zwei Drittel der gesamtgesellschaftlichen Arbeit, Män-    *performed in society /*
ner nur ein Drittel. Frauen arbeiten also doppelt soviel wie    *exclusively / perform /*
Männer!    *indicates*

Quelle: Alice Schwarzer, *Der kleine Unterschied und seine großen Folgen. Frauen über
sich. Beginn einer Befreiung.* Frankfurt/M: Fischer, 1975, S. 212–13.

## Übungen zum Text

### A. Was steht nicht im Text?
Identifizieren Sie die Aspekte, die Alice Schwarzer in Ihrem Text nicht
anspricht.

1. Schwarzer nennt drei Möglichkeiten für Frauen in der BRD von
   1974. Welche Möglichkeiten beschreibt sie nicht?
   a. Ehefrauen mit unbezahlter Arbeit im Haushalt
   b. Ledige Frauen mit Beruf in der Männerwelt
   c. Ehefrauen mit Haushaltsarbeit und Beruf
   d. Ledige Frauen mit Kindern und Beruf

2. Für Schwarzer gibt es ein typisches Drei-Phasenmodell für
   Frauen in der BRD. Welche Möglichkeit beschreibt Schwarzer
   im Text nicht?
   a. das Studium
   b. der Beruf
   c. die Liebe, Ehe, Mutterschaft
   d. der Haushalt und Beruf

3. Die Arbeit im Haushalt machte 1974 in der BRD fast
   ausschließlich eine bestimmte Gruppe. Wer gehört nicht dazu?
   a. Ehemänner
   b. Ehefrauen
   c. Dienstmädchen

## B. Kreisdiagramm°.

*pie chart*

Wer arbeitet wo, und wieviel? Lesen sie den vierten und fünften Abschnitt noch einmal durch, und erstellen Sie ein Kreisdiagramm, das die Information visuell darstellt.

## C. Diskussion.

1. Warum, glauben Sie, nennt Alice Schwarzer das Leben der Ehefrau ohne Beruf eine Sackgasse?
2. Schwarzer schreibt, daß einige Frauen in der Männerwelt als Alibifrauen arbeiten. Was meint sie mit „Alibifrauen"?
3. Glauben Sie, daß Frauen in Ihrem Land auch doppelt so viel arbeiten wie Männer?
4. Was denken Sie über die Argumente in Schwarzers Text? Hat sie recht oder nicht? Warum?

## D. Schriftliche Übung.

Wählen Sie ein Thema, und schreiben Sie für einen kurzen **Aufsatz** (150–200 Wörter).

1. Mein idealer Partner / Meine ideale Partnerin
2. Die Ehe: Glück oder Sackgasse?
3. Kinder, Küche, Kirche? Gedanken zum Thema Hausfrau.

## Bild 3 Marianne Pitzen, Die Alibifrau träumt

Marianne Pitzen's *Die Alibifrau träumt*. Tempera und Papier, 1975. Pitzen wurde 1948 in Stuttgart geboren. Sie ist Künstlerin und Direktorin des Frauenmuseums in Bonn, wo dieses Bild heute hängt. Die „Alibifrau" zeigt den politischen Traum einer Studentin während einer Vorlesung voller Männer. Ihre Gedanken erträumen eine bessere Welt, in der Frauen nicht mehr isoliert und benachteiligt° arbeiten, leben und studieren, sondern solidarisch miteinander zusammenarbeiten.

*disadvantaged*

### Fragen zum Bild (nächste Seite).

1. Was für eine Vorlesung hört die Studentin in diesem Bild?
2. Warum nennt die Künstlerin das Bild „Alibifrau"? Was glauben Sie?
3. Wie werden die Männer dargestellt°?

*portrayed*

4. Was denken oder worüber träumen die männlichen Studenten in diesem Bild?

**Bild 3** *Die Alibifrau träumt* (Quelle: Michael Fehr und Annette Kuhn [Hrsg.],
*Marianne Pitzen's Schneckenhaus. Matriarchale Gesellschafts- und
Museumsentwürfe.*)

5. Worüber träumt die Studentin? Beschreiben Sie einige
   Gedanken.
6. Unter dem Bild steht: „Die Alibifrau träumt einen politischen
   Traum." Was ist an diesem Traum politisch, kritisch, satirisch,
   ironisch, oder feministisch?

## KAPITEL 9

# Spiel mit der Phantasie

Bild 1: **Zeit sparen!** (Buchillustration)
Text:   **Michael Ende, *Das Rätsel des Meisters Hora*** (Prosa)
Bild 2: **Rudolf Hausner, Selbstportrait** (Gemälde)
Bild 3: **Wolfgang Hutter, Narzißistische Tätowierung** (Gemälde)

## Literary Context

German literature of the seventies is marked by a distinct turn toward subjective and private concerns. Rather than confronting and provoking their readers with polemical exposés and political documentaries—key elements of the literature of the sixties—the new movement centered on poetic projects filled with precious emotions, subtle sensations, reflections, myths, and fantasies. "New Sensitivity" or *Neue Innerlichkeit* (New Subjectivity) as the movement became known in the German-speaking countries, hoped to restore the romantic, subjective and utopian dimensions of life. In literature this led to a renewed interest in German Romanticism (1800–1830). Beginning in the seventies, writers like Helga Königsdorf, Peter Handke, Ulrich Plenzdorf, Christa Wolf, Thomas Bernhard, and others often projected imaginary worlds in their works. Metaphors and allegories, signs and symbols, myths and fantasies figure prominently in this literature. This chapter presents such a fictional text, full of poetic fantasies and riddles, Michael Ende's novel Momo (1973). Using the genre of a romantic fairy tale, Ende exposes the unromantic pace of life in our mass media society.

## Übersicht

In Kapitel 9 geht es um ein Beispiel aus der Prosa der Neuen Innerlichkeit. Während in der Literatur der 60er Jahre oft politische Themen und dokumentarischer Stil dominierten, kam es Mitte der 70er Jahre zu einer Umorientierung und Verinnerlichung°. Statt revolutionärer Lyrik und Dokumentardramen las man lieber intime Tagebücher, Reiseberichte°, Phantasiegeschichten oder Märchenromane. Die Suche nach einer besseren Welt trug aber oft melancholische Züge°: Einsamkeit, Trauer und Nostalgie findet man genauso oft wie Ironie, Skepsis und Schweigen°. Der Text dieses Kapitels stammt aus Michael Endes Märchenroman Momo (1973). Das Buch beschreibt die Reise eines zwölfjährigen Mädchens durch eine postmoderne Phantasiewelt irgendwo in Südeuropa. Bild 1, eine Illustration aus dem Roman, steht als Einführung zum Text. Das Kapitel endet mit Bild 2 und 3, Gemälden aus der „Wiener Schule des Phantastischen Realismus", die repräsentativ für die Kunst dieser Jahre stehen.

*introspection*
*travelogues*

*characteristics*
*silence*

ZEIT SPAHREN? ABER FÜR WEHN?

? WARUM ?
? HAPT IHR KEINE ZEIT?
WIR KINDER
SAGEN EUCH BESCHEIT!
KOMT BITTE ALLE ZUR GROSEN
FERSAMMLUNG
NECHSTEN SONNTAG UM
IM ALTEN ANFITEATHER

SONTAG –
UM SECHS

! ACHTUNG !
SEHR WICHTICH !
GEHT UM EURE
→ ZEIT ←
UND WO SIE BLEIBD
EIN GROSES GEHEIMNIS!
ABER
WIR SAGENS EUCH !

KOMM
AM SO
IM AMPFITEATER

·EURE KINDER
RUFEN LAUT:·
·EURE ZEIT WIRT
EUCH GEKLAUT!

**Bild 1** (Quelle: Michael Ende, Momo)

*Zeit spahren°? Aber für wehn?* Illustration aus Michael Endes sehr erfolgreichem Buch *Momo*. Der Roman erzählt die Geschichte von Momo, einem kleinen Mädchen, das versucht, die moderne Gesellschaft° von ihrem Streß und ihrer Hektik zu heilen. Momo möchte den Menschen die „gestohlene Zeit" zurückbringen. Auf dem Bild sieht man die Transparente und Plakate, mit denen Momo und ihre Freunde gegen die Zeitdiebe° demonstrieren wollen.

*save*

*society*

*thieves of time*

### A. Partnerarbeit mit dem Bild.
Finden Sie mit einem Partner/einer Partnerin die falsch geschriebenen Wörter, und korrigieren Sie sie.

1. Auf dem Transparent „ZEIT SPAHREN? ABER FÜR WEHN?"
   ganz oben im Bild gibt es zwei falsch geschriebene Wörter.
   Welche? Wie schreibt man sie richtig?
2. Auf dem Transparent „?WARUM?" in der Mitte des Bildes gibt
   es sieben Wörter mit Fehlern. Wie viele können Sie finden und
   korrigieren?
3. Welche Fehler können Sie auf dem Plakat „ACHTUNG!" unten
   rechts finden? Wie schreibt man die Wörter richtig?
4. Wo sind die Fehler in den drei anderen Plakaten? Wie heißt es
   richtig? links hinten: IM AMPFITEATER
   ganz unten: EURE KINDER ...
   rechts hinten: SONTAG UM SECHS

## B. Diktat.

Hören und schreiben Sie das folgende Gedicht, das in Michael Endes Buch
*Momo* unter der vorhergehenden Illustration steht.

> Hört, ihr Leute, und laßt euch sagen:
> Fünf vor zwölf hat es geschlagen.
> Drum wacht auf und seid gescheit,
> denn man stiehlt euch eure Zeit.
>
> Hört, ihr Leute, laßt euch sagen
> Laßt euch nicht mehr länger plagen!
> Kommt am Sonntag so um drei,
> hört uns zu, dann seid ihr frei!

## Text 1 Michael Ende, *Das Rätsel des Meisters Hora*

**Zum Autor:** Michael Ende gehört zu den deutschen Erfolgsautoren° der
70er Jahre. Seine Bücher, darunter *Momo*, die *Unendliche Geschichte* und
*Der Drache Fabian* spielen in der Sphäre der Sagen, Märchen° und Mythen.
So wie der Engländer J. R. R. Tolkien mit seiner Trilogie *Herr der Ringe* oder
die Amerikaner George Lucas und Steven Spielberg mit ihren Filmen „Indiana Jones" und „Krieg der Sterne", versetzt auch Ende seine Leser in eine
utopische Welt, in der die Phantasie regiert, und die Jugend siegt°.

  *success authors*

  *fairy tales*

  *triumphs*

**Zum Text:** Der folgende Text stammt aus Michael Endes Roman mit dem
langen Titel *Momo, oder die seltsame Geschichte von den Zeit-Dieben und
von dem Kind, das den Menschen die gestohlene Zeit zurückbrachte. Ein
Märchenroman.* Momo ist ein zwölfjähriges Mädchen, das mit Gutmütigkeit
und Naivität die Hektik der modernen Welt besiegt. Auf ihrer Suche nach der

verlorenen Zeit findet Momo die intelligente Schildkröte° Kassiopeia, die mit ihrem Rückenpanzer° die Zukunft° voraussagen° kann. Momo trifft auch den alten Uhrensammler° Meister Hora, der ihr ein interessantes Rätsel° aufgibt. Das Exzerpt präsentiert dieses Rätsel.

*turtle*
*back shield / future / predict / watch collector / riddle*

## Vorarbeit zum Lesen

### A. Wortfelder.

Gruppen von Wörtern, die zu einem Thema gehören, heißen Wortfelder. Schauen Sie sich die folgenden Wortfelder an, und schreiben Sie einen zusammenhängenden Text oder Dialog, der jeweils möglichst viele dieser Wörter beinhaltet.

1. das Rätsel, lösen°, Lösung, ein Rätsel aufgeben°, ein Rätsel raten°, „Rate mal!" „Ich habe keine Ahnung", herauskriegen°, das Kreuzworträtsel, „Das ergibt keinen Sinn."

   *solve / assign guess / crack, solve*

2. die Kerze°, die Flamme, das Wachs, das Licht, brennen, leuchten, hell, erlöschen°

   *candle extinguish*

3. die Zeit, vergehen°, die Zukunft, die Vergangenheit°, die Gegenwart, der Augenblick/der Moment, momentan, die Uhr, die Zukunft voraussagen/prophezeien

   *pass / past*

4. die Blüte°, die Frucht, das Samenkorn, wachsen, reifen°, der Boden/die Erde, die Sonne, der Regen

   *blossom / ripen*

5. der Herrscher°, das Reich, herrschen, mächtig, regieren, die Untertanen°

   *ruler subjects*

## Michael Ende, *Das Rätsel des Meisters Hora*

Meister Hora nahm Momo bei der Hand und führte sie in einen großen Saal°. Dort zeigte er ihr diese und jene Uhr, ließ Spielwerke° laufen, führte ihr die Planetarien vor° und wurde angesichts der Freude°, die sein kleiner Gast an all den wunderlichen Dingen hatte, sehr glücklich.

*hall*
*clockworks / **führte vor:** showed / joy*

„Löst du eigentlich gern Rätsel?" fragte er beiläufig°, während sie weitergingen.

*casually*

„O ja, sehr gern!" antwortete Momo. „Weißt du eines?"

„Ja", sagte Meister Hora und blickte Momo lächelnd an°, „aber es ist sehr schwer. Die Wenigsten können es lösen."

***blickte an:** looked at*

„Das ist gut", meinte Momo, „dann werde ich es mir merken und später meinen Freunden aufgeben."

„Ich bin gespannt°", erwiderte Meister Hora, „ob du es *curious*
herauskriegen wirst. Hör' gut zu:

Drei Brüder wohnen in einem Haus,
die sehen wahrhaftig verschieden° aus, *different*
doch willst du sie unterscheiden°, *differentiate*
gleicht° jeder den anderen beiden. *resembles*
Der erste ist *nicht* da, er kommt erst° nach Haus. *here: later*
Der zweite ist *nicht* da, er ging schon hinaus.
Nur der dritte ist da, der Kleinste der drei,
denn ohne ihn gäb's nicht die anderen zwei.
Und doch gibt's den dritten, um den es sich
  handelt°, *um ... handelt: the one*
nur weil sich der erste in den zweiten *whom this is about*
  verwandelt°. *turns into*
Denn willst du ihn anschauen°, so siehst du nur *look at*
  wieder
immer einen der anderen Brüder!
Nun sage mir: Sind die drei vielleicht einer?
Oder sind es nur zwei? Oder ist es gar – keiner°? *no one*
Und kannst du, mein Kind, ihre Namen mir nennen,
so wirst du drei mächtige Herrscher erkennen.
Sie regieren gemeinsam ein großes Reich –
und sind es auch selbst! Darin sind sie gleich."

Meister Hora schaute Momo an und nickte aufmunternd°. *encouragingly*
Sie hatte gespannt zugehört. Da sie ein ausgezeichnetes Ge-
dächtnis° hatte, wiederholte sie nun das Rätsel langsam Wort *memory*
für Wort.

„Hui!" seufzte° sie dann, „das ist aber wirklich schwer. Ich *sighed*
habe keine Ahnung, was es sein könnte. Ich weiß überhaupt
nicht, wo ich anfangen soll."

„Versuch es nur", sagte Meister Hora.

Momo murmelte noch einmal das ganze Rätsel vor sich hin.
Dann schüttelte° sie den Kopf. *shook*

„Ich kann es nicht", gab sie zu.

Inzwischen war die Schildkröte nachgekommen. Sie saß
neben Meister Hora und guckte Momo aufmerksam° an°. *attentively / guckte an:*
*looked at*
„Nun, Kassiopeia", sagte Meister Hora, „du weißt doch alles
eine halbe Stunde voraus. Wird Momo das Rätsel lösen?"

„SIE WIRD!" erschien° auf Kassiopeias Rückenpanzer.  appeared

„Siehst du!" meinte Meister Hora, zu Momo gewandt, „du wirst es lösen. Kassiopeia irrt° sich nie."  errs

Momo zog ihre Stirn kraus° und begann wieder angestrengt  zog ... kraus: frowned
nachzudenken. Was für drei Brüder gab es überhaupt, die
zusammen in einem Haus wohnten? Daß es sich dabei nicht um
Menschen handelte, war klar. In Rätseln waren Brüder immer
Apfelkerne oder Zähne oder so etwas, jedenfalls Sachen von der
gleichen Art°. Aber hier waren es drei Brüder, die sich irgendwie  type, kind
ineinander verwandelten. Was gab es denn, was sich ineinander
verwandelte? Momo schaute sich um°. Da standen zum Beispiel  schaute sich um: looked
die Kerzen mit den reglosen Flammen. Da verwandelte sich das  around
Wachs durch die Flamme in Licht. Ja, das waren drei Brüder.
Aber es ging doch nicht, denn sie waren ja alle drei da. Und zwei
davon sollten ja *nicht* da sein. Also war es vielleicht so etwas wie
Blüte, Frucht und Samenkorn. Ja, tatsächlich, da stimmte°  was correct
schon vieles. Das Samenkorn war das kleinste von den dreien.
Und wenn es da war, waren die beiden anderen *nicht* da. Und
ohne es gäbe es nicht die anderen zwei. Aber es ging doch nicht!
Denn ein Samenkorn konnte man doch sehr gut anschauen.
Und es hieß doch, daß man immer einen der anderen Brüder
sieht, wenn man den kleinsten der drei anschauen will.

Momos Gedanken irrten umher. Sie konnte und konnte
einfach keine Spur° finden, die sie weitergeführt hätte. ... Sie  track, clue
begann also noch einmal von vorn und murmelte die Worte des
Rätsels langsam vor sich hin.

Als sie zu der Stelle° kam: „Der erste ist *nicht* da, er kommt  spot
erst nach Haus ... ", sah sie, daß die Schildkröte ihr zuzwin-
kerte°. Auf ihrem Rücken erschienen die Worte: „DAS, WAS  winked at
ICH WEISS!" und erloschen gleich wieder.

„Still, Kassiopeia!" sagte Meister Hora schmunzelnd, ohne
daß er hingeguckt hatte, „nicht einsagen°! Momo kann es ganz  cheat
allein."

Momo hatte die Worte auf dem Panzer der Schildkröte
natürlich gesehen und begann nun nachzudenken, was gemeint
sein könnte. Was war es denn, was Kassiopeia wußte? Sie
wußte, daß Momo das Rätsel lösen würde. Aber das ergab
keinen Sinn.

Was wußte sie noch? Sie wußte immer alles, was geschehen°  happen
würde. Sie wußte ...

„Die Zukunft!" rief Momo laut. „Der erste ist *nicht* da, er kommt erst nach Haus – das ist die Zukunft!"

Meister Hora nickte°. °nodded

„Und der zweite", fuhr Momo fort, „ist *nicht* da, er ging schon hinaus – das ist dann die Vergangenheit!"

Wieder nickte Meister Hora und lächelte erfreut.

„Aber jetzt", meinte Momo nachdenklich°, „jetzt wird es °thoughtfully schwierig. Was ist denn der dritte? Er ist der kleinste der drei, aber ohne ihn gäbe es nicht die anderen zwei, heißt es. Und er ist der einzige, der da ist."

Sie überlegte° und rief plötzlich: „Das ist jetzt! Dieser Au- °pondered genblick! Die Vergangenheit sind ja die gewesenen Augenblicke und die Zukunft sind die, die kommen! Also gäbe es beide nicht, wenn es die Gegenwart nicht gäbe. Das ist ja richtig!"

Momos Backen° begannen vor Eifer zu glühen°. Sie fuhr °cheeks / glow fort: „Aber was bedeutet das, was jetzt kommt?

‚Und doch gibt's den Dritten, um den es sich handelt, nur weil sich der erste in den zweiten verwandelt …'

Das heißt also, daß es die Gegenwart nur gibt, weil sich die Zukunft in Vergangenheit verwandelt!"

Sie schaute Meister Hora überrascht° an. „Das stimmt ja! °surprised Daran habe ich noch nie gedacht. Aber dann gibt es ja den Augenblick eigentlich gar nicht, sondern bloß Vergangenheit und Zukunft? Denn jetzt zum Beispiel, dieser Augenblick – wenn ich darüber rede, ist er ja schon wieder Vergangenheit! Ach, jetzt verstehe ich, was das heißt: ‚Denn willst du ihn anschauen, so siehst du nur wieder immer einen der anderen Brüder!'

Und jetzt verstehe ich auch das übrige°, weil man meinen °rest kann, daß es überhaupt nur einen von den drei Brüdern gibt: nämlich die Gegenwart, oder nur Vergangenheit oder Zukunft. Oder eben gar keinen, weil es ja jeden bloß gibt, wenn es die anderen auch gibt! Da dreht sich ja einem alles im Kopf!"

„Aber das Rätsel ist noch nicht zu Ende", sagte Meister Hora. „Was ist denn das große Reich, das die drei gemeinsam regieren und das sie zugleich selber sind?"

Momo schaute ihn ratlos° an. Was könnte das wohl sein? °clueless Was war denn Vergangenheit, Gegenwart und Zukunft, alles zusammen?

Sie schaute in dem riesigen Saal umher. Ihr Blick wanderte über die tausend und abertausend Uhren, und plötzlich blitzte es in ihren Augen.

„Die Zeit!" rief sie und klatschte° in die Hände, „ja, das ist die Zeit! Die Zeit ist es!" Und sie hüpfte° vor Vergnügen° ein paar Mal.

*clapped*

*jumped / joy*

„Und nun sag mir auch noch, was das Haus ist, in dem die drei Brüder wohnen!" forderte Meister Hora sie auf.

„Das ist die Welt", antwortete Momo.

„Bravo!" rief nun Meister Hora und klatschte ebenfalls in die Hände. „Meinen Respekt, Momo! Du verstehst dich aufs Rätsellösen! Das hat mir wirklich Freude gemacht!"

Quelle: Michael Ende, *Momo, oder die seltsame Geschichte von den Zeit-Dieben und von dem Kind, das den Menschen die gestohlene Zeit zurückbrachte. Ein Märchen-Roman.* Stuttgart: Thienemanns Verlag, 1973, S. 153–158.

## Übungen zum Text

### A. Ergänzen Sie die Sätze.

Setzen Sie die richtigen nebenordnenden (**und, oder, aber, sondern, denn**) oder unterordnenden (**daß, weil, wenn, während, ob, da** usw.) Konjunktionen ein.

1. „Löst du gern Rätsel?" fragte er, _____ sie weitergingen. *(while)*
2. Er war gespannt, _____ Momo es lösen konnte. *(if, whether)*
3. Nur der kleinste Bruder ist im Haus, _____ ohne ihn können die zwei anderen Brüder nicht leben. *(because, since)*
4. *(since, because)* _____ Momo ein gutes Gedächtnis hatte, wiederholte sie das Rätsel.
5. Momo dachte über das Beispiel mit den Kerzen und Blumen, _____ es ging nicht. *(but)*
6. _____ man ein Samenkorn sehen kann, gibt es noch keine Blume. *(whenever)*
7. Momo sah, _____ die Schildkröte ihr zuzwinkerte. *(that)*
8. Es gibt den dritten Bruder, _____ sich der erste in den zweiten verwandelt. *(because)*

### B. Fragen.

1. Wer hilft Momo in der Geschichte bei der Lösung des Rätsels?
   a. der jüngste Bruder    b. die Kerze    c. das Planetarium
   d. Kassiopeia

2. Was bezeichnet der Name der Schildkröte, „Kassiopeia"?
   a. ein bekanntes Raviolirestaurant in Neapel
   b. eine Konstellation von Sternen in der Milchstraße
   c. eine germanische Göttin
   d. ein Buch von Sigmund Freud
3. Wie heißen die drei Brüder, die im Rätsel in einem Haus wohnen?
4. Was symbolisiert das Haus, in dem die Brüder wohnen?
5. Was ist das große Reich, das die drei Brüder gemeinsam regieren?
6. An welche anderen Lösungsmöglichkeiten des Rätsels dachte Momo, bevor sie die richtige Antwort fand?
7. Wie fanden Sie Meister Horas Rätsel? War es zu leicht, zu schwer, oder gerade richtig?
8. Lösen Sie gern Rätsel, Denkaufgaben, Kreuzworträtsel, oder Bilderrätsel?
9. Können Sie dieses Rätsel lösen? Hier ist eine sogenannte Rätselpyramide:

   <u>e</u> __ __ __          a. nicht unser
   __ __ __ __ __          b. nicht billig
   __ __ __ __ __ __       c. Lenkrad°                    *steering wheel*

## C. Schriftliche Übung.
Wählen Sie ein Thema.

1. Erfinden Sie ein Märchen oder eine Phantasiegeschichte.
2. Beschreiben Sie einen Traum, den Sie nicht vergessen können.
3. Beschreiben Sie ein anderes Rätsel, das Sie kennen.
4. Beschreiben Sie einen Phantasie- oder Science-Fiction-Film, der Ihnen gefiel.

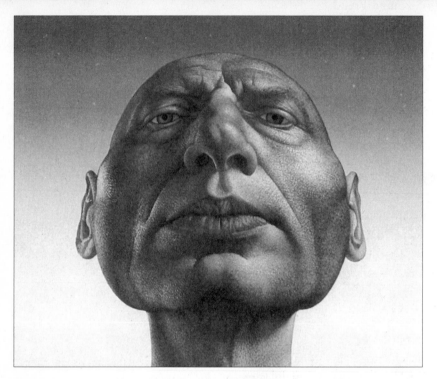

**Bild 2**  (Quelle: *Rudolf Hausner*)

*Selbstportrait* von Rudolf Hausner, 1973. Der Maler° unterrichtete an der    *painter*
Akademie der Darstellenden Künste in Wien, wo er in den 70er Jahren
zusammen mit Ernst Fuchs, Arik Brauer, Fritz Stern und Wolfgang Hutter die
„Wiener Schule des Phantastischen Realismus" bekannt machte.

**Bild 3** (Quelle: Wolfgang Hutter)

Wolfgang Hutter, *Narzißtische Tätowierung°*, Wien 1974. Die Bilder Wolfgang Hutters und seiner Wiener Künstlerkollegen zeigen eine märchen-
hafte° Welt mit traumhaften, mythenhaften und psychodelischen Figuren.
Hutters und Hausners Bilder zeigen deutlich den Einfluß surrealistischer und
psychoanalytischer Traditionen auf die österreichische Kunst der 70er Jahre.

*narcissistic tattoo*

*fairy-tale-like*

## Vokabelübung zu den Bildern 2 und 3.

1. Ergänzen Sie die Liste mit den Antonymen.

   Beispiel *häßlich* schön

   a. freundlich _____
   b. nervös _____
   c. introvertiert _____
   d. ernst _____
   e. gesund _____

2. Beschreiben Sie Rudolf Hausner's „Selbstportrait" mit passenden Adjektiven. Welche Adjektive passen Ihrer Meinung nach nicht?

3. Der folgende Abschnitt beschreibt Hutters Bild. Setzen Sie die passenden Substantive aus der Liste ein.

   Gesicht    Haut    Haar    Armen
   Beinen     Hals    Körper

   Die Frau trägt Federn im _____ (*hair*). Am _____ (*neck*), an den _____ (*arms*), an den _____ (*legs*) und am ganzen _____ (*body*) zeigt ihre _____ (*skin*) kunstvolle Tätowierungen. Ihr _____ (*face*) ist enigmatisch, wie das einer Sphinx.

# POP, PROTEST UND PROVOKATION
## 1965–1974

### Einführung

Die Texte und Bilder in Teil IV behandeln ein Jahrzehnt radikaler kultureller Veränderungen°. Im Zentrum steht die junge Generation, die in der Zeit des Kalten Krieges und der Teilung Europas aufgewachsen° war. Kapitel 10 konzentriert sich auf die Entwicklungen im Bereich der Jugendkultur mit ihrer Beat- und Popmusik und ihrem provokativen Lebensstil. Kapitel 11 stellt zwei literarische Texte vor, die sich direkt mit den politischen Protesten gegen das Establishment beschäftigen und Einblick geben in die anarchische Grundstimmung° dieser Ära. Kapitel 12 behandelt das Thema Vergangenheitsbewältigung°, wobei sowohl ein Opfer° des Faschismus als auch ein Politiker der BRD zu Wort kommen. Die Bilder der drei Kapitel vermitteln einen Einblick in das aktivistische Klima der damaligen Jugendszene.

*changes*

*grew up*

*basic tenor, mood*

*coming to terms with the (fascist) past / victim*

## Zeittafel

**1965** Israel und die BRD nehmen diplomatische Beziehungen° *relations*
auf. Der „Auschwitz-Prozeß°" endet in Frankfurt/Main. *trial*

**1966** Erstes Atomkraftwerk in der DDR.

**1967** Erstes Farbfernsehen in der BRD.

**1968** Studentenunruhen in ganz Europa. Demonstrationen
gegen den Vietnamkrieg. Invasion der
Tschechoslowakei durch die Warschauer Pakt Staaten.
*Pop Art* dominiert.

**1969** Edward Hoff erfindet den Microchip für Computer.
Astronauten landen auf dem Mond. Willy Brandt wird
Bundeskanzler der BRD.

**1970** Eskalation des Krieges in Südostasien. Proteste an der
Kent State University (USA).

**1971** Erich Honecker wird Staatschef der DDR. Eröffnung
erster Frauenbuchläden in Westdeutschland, Österreich
und in der Schweiz.

**1972** Die DDR und Österreich nehmen diplomatische
Beziehungen auf. Olympische Spiele in München.
Beitritt Großbritanniens, Irlands und Dänemarks zur
Europäischen Gemeinschaft. Der *Club of Rome*
veröffentlicht den Ökologiebericht „Die Grenzen des
Wachstums" (*Limits of Growth*).

**1973** Die DDR und BRD werden Mitglied der UNO.
Arabisches Ölembargo.

**1974** Einführung der Fristenlösung° in der BRD. *law under which most*
*abortions became*
*legal*

**KAPITEL 10**

# Die Beat-Ära

## Social Context

"Beat" is a cultural label that was coined in the fifties by the American novelist and poet Jack Kerouac (1922–1969) to describe himself and other cultural critics. Whereas he meant the term to convey the sense of beatific, bohemian, and independent, the establishment identified Kerouac and his comrades as the "Beat Generation." This was reflected by the insistent "beat" of bongo-drum music favored by beatniks, which often accompanied their poetry readings. In Europe, the young rebels adopted the causes of these American nonconformists a few years later. In the German-speaking countries young bohemians (*Gammler*) demonstrated their discontent with traditional values by developing a counter-culture of their own. Instead of committing to work and career, they preferred more anarchic and romantic lifestyles. Slogans such as *Die Phantasie an die Macht!*, *Sozialismus mit einem menschlichen Gesicht!* and *Je mehr ich Liebe mache, desto mehr mache ich die Revolution!* emphasized provocative and revolutionary agendas. Free love, civil disobedience, antiauthoritarian utopias, and beat music provided the fertilizers. By 1965, the post-war baby boom rebellion had spread across all social boundaries, creating its own counter-culture and forming its own market trends. According to a survey conducted in 1968 by the news magazine *Der Spiegel*, 67% of young Germans sympathized with the movement and its message.

## Übersicht

Kapitel 10 behandelt die Ära zwischen 1965 und 1968. Es war die Zeit der Anti-Vietnamkrieg-Proteste, der amerikanischen Bürgerrechtsbewegung°, der Jugendrevolten und Studentendemonstrationen in den USA und in Europa. „Träume im Kopf, Sturm auf den Straßen" hieß eine beliebte Parole der Demonstranten in der BRD. Die turbulente Geschichte des Jahres 1968 kann man kurz so zusammenfassen°: Pariser Mai, französische Jugend auf den Barrikaden, Prager Frühling, sowjetischer Einmarsch in der Tschechoslowakei, Ermordung Martin Luther Kings und Robert Kennedys in den USA, Attentat auf den Studentenführer Rudi Dutschke in Berlin, Straßenschlachten° zwischen Polizei und Jugendlichen in fast allen Großstädten der BRD, der Schweiz und Österreichs. Die Botschaft° der Rebellion wurde durch

*civil rights movement*

*summarize*

*street fights*
*message*

die Pop-Musik dieser Zeit bestens zum Ausdruck gebracht°. Dabei stammten die Idole der deutschsprachigen Jugend meist aus England und Amerika, wie Bild 1 und Bild 2 zeigen. Die Texte reflektieren das kulturelle Klima jener Zeit. In Text 1 beschreibt Helga Novak in einem Gedicht aus dem Jahr 1967 die rebellische Jugend in der DDR. Wolfgang Kraushaar untersucht in Text 2 das erotisierte und anarchische Lebensgefühl der westdeutschen Jugendbewegung.

*wurde zum Ausdruck gebracht: was expressed*

## Bild 1 Sgt. Pepper's Lonely Hearts Club Band

Titelseite der Beatles-Langspielplatte „Sgt. Pepper's Lonely Hearts Club Band" aus dem Jahr 1967. Die Plattenhülle zeigt die Beatles umrahmt° von anderen Persönlichkeiten aus der internationalen Pop-Szene des 20. Jahrhunderts. Die Beatles selber gibt es in zweifacher Kopie: am Rand als rebellische „Pilzköpfe"° von 1963 mit Anzug, Krawatte und Pullover und in der Mitte als Phantasie-Kapelle mit noch längeren Haaren und Operetten-Uniformen. Auf dieser LP wurden durch das Medium der Pop-Musik viele Probleme, Ängste und Wünsche der damaligen Jugend behandelt.

*framed (by)*

*mushroom heads*

### A. Redemittel zur Bildbeschreibung.

1. Im Vordergrund sieht man ...

2. In der Mitte sehe ich ...

3. Im Hintergrund ist ...

4. Mir gefällt/gefällt nicht, daß ...

5. Ich finde es interessant/schlecht/lustig/unklar/faszinierend, daß ...

6. Glaubst du, daß ... ?

### B. Gespräch über die Plattenhülle.

1. Warum, glauben Sie, tragen die Beatles eine Phantasie-Soldatenuniform?

2. Was soll wohl mit dem Titel „Sergeant Pepper's Lonely Hearts Club Band" ausgedrückt werden?

3. Was ist Ihrer Meinung nach die Bedeutung der Blumen? Denken Sie dabei an einen Garten, an ein Grab, an eine Reklame?

4. Was suggerieren die vielen historischen Figuren und Anspielungen? Wen erkennen Sie?

**Bild 1** (Quelle: Apple Corp., Ltd.)

5. Was halten Sie von der Pop-Musik dieser Ära? Finden Sie die Musik von den Beatles, den Rolling Stones oder von Jimmy Hendrix, Bob Dylan oder Janis Joplin interessant? Warum? Warum nicht?

## Text 1 Helga Novak, *Gammler von Leipzig*

**Zur Autorin:** Helga Novak wurde 1935 in Berlin geboren. Nach dem Krieg studierte sie in Leipzig, DDR, Philosophie und Journalistik. Außer als Schriftstellerin arbeitete sie auch als Teppichweberin, Laborantin, Monteurin und Buchhändlerin. 1961 emigrierte Novak aus der DDR zuerst nach England, dann nach Island, wo sie auch heute lebt und arbeitet. Für ihre Gedichte, Prosa und Erzählungen erhielt sie 1966 den Literaturpreis der Stadt Bremen.

**Zum Text:** „Gammler° von Leipzig" stammt aus einem Gedichtbuch aus dem Jahr 1967 mit dem Titel *Colloquium mit vier Häuten. Gedichte und Balladen*[1]. Wie viele ihrer lyrischen Arbeiten beschreibt das Gedicht mit wenigen Worten sehr präzis und prägnant eine Episode aus dem kulturellen

*hippie, bohemian*

Leben ihrer Umwelt°. Das Thema des Außenseiters in der Gesellschaft beschäftigte° Novak nicht nur in diesem Gedicht über den Gammler, sondern auch in anderen Kurzgeschichten und Erzählungen.

*environment*
*occupied (one's interest)*

## Vorarbeit zum Lesen

### A. Geographische Informationen.

1. Das Gedicht beschreibt einen Gammler in Leipzig. In welchem deutschen Bundesland liegt die Stadt Leipzig ? (Siehe Landkarte im Buchdeckel hinten.)
   a. Bayern        b. Sachsen        c. Brandenburg
2. Was für eine Stadt ist Leipzig?
   a. eine Kleinstadt        b. eine Großstadt        c. ein Dorf
   d. eine Hauptstadt
3. Helga Novak, die Verfasserin des Gedichts, lebt heute in Island. Wie heißt die Hauptstadt dieses Landes?
   a. Oslo        b. Aberdeen        c. Reykjavik

### B. Form und Wortschatz.

1. Sehen Sie sich das Gedicht kurz an. Reimen sich die Zeilen?
2. Wie heißt der Refrain?
3. Wie oft kommt der Refrain vor?
4. „Zwanzigfach" bedeutet soviel wie zwanzig mal (20×). Was bedeutet „einfach" außerhalb der Mathematik?
5. Auf deutsch sagt man „in den sauren Apfel beißen", wenn man etwas Unangenehmes machen muß. Welche Variationen über „Äpfel" finden Sie im Gedicht?

## Helga Novak, *Gammler von Leipzig*

du ißt die sauren Äpfel deines Landes

schöner Knabe° mit den langen Haaren
mit den verglasten° Blicken°
mit dem laschen° Mund
schöner Knabe mit den langen Nägeln°
gräbst° du Höhlen
in den zwanzigfach gesiebten° Sand
und ißt die sauren Äpfel deines Landes

*boy*
*glazed / glances*
*limp, soft*
*fingernails*
*dig*
*sifted*

schöner Knabe mit den langen Bändern
die verflochten° mit den Saiten°
Schrei° aus Liedern machen
schöner Knabe sitzt in stummen° Rudeln°
auf den Treppen auf den Mauern
und kandiert° mit Lethargie

ißt du die sauren Äpfel deines Landes

*intertwined, woven / strings / scream*

*silent, mute / packs, groups*

*sugar-coated*

Quelle: Helga M. Novak, *Colloquium mit vier Häuten. Gedichte und Balladen.*
Neuwied am Rhein: Luchterhand, 1967.

## Übungen zum Text

### A. Fragen.

1. Die erste Strophe beschreibt einen jungen Gammler. Was für Körperteile beschreibt das Gedicht?
2. Wie beschreibt Novak den Gammler? Wie sieht er aus? Was macht er?
3. Die zweite Strophe beschreibt die Szene und das Musikmilieu des Gammlers. Wo singt der Gammler seine Lieder?
4. Was für Gefühle hat er?

### B. Diskussion.

1. Ist die Größe von Leipzig von Bedeutung für das Gedicht? Warum ist ein Rebell in einem Dorf nicht sehr wirksam?
2. Was für Musik macht der Knabe mit den Saiten seiner Gitarre?
3. Was könnte Novak meinen, wenn sie fragt: „Ißt du die sauren Äpfel deines Landes." Was könnten diese sauren Äpfel sein?
4. Interpretieren Sie die Zeile: „Mit den langen Nägeln gräbst du Höhlen in den zwanzigfach gesiebten Sand."
5. Was für Musik war in diesen Jahren (1965–1967) populär? Kennen Sie einige Titel oder Sänger aus der Beatmusik-Ära?
6. Kennen Sie einen Schlager aus den 60er Jahren, der einen ähnlichen Menschentyp beschreibt?

### C. Schriftliche Übungen.
Wählen Sie ein Thema.

1. **Gedicht:** Schreiben Sie eine Parodie des Gedichts mit dem Titel „Deutschstudent/Deutschstudentin von ... (Ihre Stadt)".
   Benutzen Sie die Form und Syntax des Gedichts, aber wählen

Sie neue, passende Wörter. Beginnen Sie mit: Du lernst die
Sprache jenes Landes ...

2. **Interpretation**: Sprache, Form und Inhalt des Gedichts
3. **Forschungsbericht**: Das Musikfest in Woodstock 1969 (USA)
4. **Forschungsbericht**: Der Prager Frühling 1968 (CSSR)

## Bild 2 Politiker als Popstars

Die Karikatur erschien als satirische Wahlhilfe° zur Bundestagswahl° 1969 in der BRD-Zeitschrift „Twen". Der Text unter den Bildern lautete: „2 439 000 Erstwähler° und 4 159 000 Jungwähler zwischen 25 und 30 sind auch eine ganz schöne Stimmenzahl°. Für sie leisten wir auf den folgenden Seiten praktische Wahlhilfe: wir haben die stärksten Pferde der Parteien neu frisiert°, als wenn sie nochmal 20 wären." Ganz oben mit Wuschelkopf: Der Kandidat der Sozialdemokratischen Partei Deutschlands und spätere Bundeskanzler Willy Brandt, der von 1969 bis 1974 regierte. Brandt bekam 1971 den Friedensnobelpreis für seine Ostpolitik. Darunter links: Georg Kiesinger, der Kandidat der Christlich-Demokratischen Union und Brandts Vorgänger als Bundeskanzler von 1966 bis 1969. Rechts daneben Walter Scheel, Kandidat der Freien Demokratischen Partei, der später von 1974 bis 1979 als Bundespräsident regierte. Scheel war 1968 noch Außenminister der BRD.

*election help / parliamentary elections / first-time voters / number of votes*

*coiffed*

### A. Fragen zu den Bildern.

1. Erkennen Sie bestimmte Popstars, die hier als Modell dienen?
2. Warum hat das lange Haar hier einen humoristischen Effekt?
3. Sind diese Bilder irreverent oder respektlos? Warum? Warum nicht?
4. Man hat Humor als eine Diskrepanz zwischen Erwartung und Realität definiert. Können Sie diese Diskrepanz in diesen Bildern beschreiben?

### B. Gespräch über die 60er Jahre.

1. Kennen Sie die Namen von drei oder vier bekannten amerikanischen Politikern aus der Zeit von 1965–1968? Namen aus der Bürgerrechtsbewegung, der Frauenbewegung, der Anti-Vietnamkrieg-Bewegung? Wer war Präsident?
2. Welche Musicals, Filme oder Bücher kennen Sie aus der Beat-Ära? Machen Sie eine kurze Liste mit Frauen- und Männernamen.

**Bild 2** (Quelle: „Twen" Magazin)

3. Wie finden Sie die Haarmode der 60er Jahre (1964–1968)? Was gefällt Ihnen daran, was nicht?

4. Was denken Sie über die Jugendbewegung dieser Zeit? Was halten Sie von den Idealen, der Moral und Politik der Woodstock-Generation?

5. Hätten Sie die Studentenproteste dieser Ära gern mitgemacht, oder sind Sie froh, daß Sie das Chaos dieser Jahre nicht selbst erlebten?

# Wolfgang Kraushaar, *Beat, Uni-Sex und Uni-Look*

**Zum Autor:** Wolfgang Kraushaar wurde 1948 in Hessen geboren. Nach dem Besuch des Gymnasiums studierte er Geschichte und Politische Wissenschaften an mehreren deutschen Universitäten. Kraushaar lebt und arbeitet heute als Politologe in Frankfurt/Main. Den Schwerpunkt° seiner Arbeit bildet das Studium von postmodernen Jugendkulturen und Protestbewegungen. — *emphasis*

**Zum Text:** Der Aufsatz beschreibt die jugendliche Teilkultur der Beat-Ära in der BRD zwischen 1965 und 1968. Dem anarchischen Lebensgefühl der Beat-Generation entsprach° nicht nur eine antiautoritäre Sturm und Drang°-Politik, sondern auch ein neues, freizügiges Körpergefühl. Junge Mädchen trugen oft farbige, enge Hosen mit breiten Plastikgürteln, oder kurze Miniröcke mit hohen Stiefeln. Die Jungen ließen sich die Haare am liebsten lang zu einem englischen „Pilzkopf" wachsen. Deutsche Lehrer und Eltern reagierten auf diese sexbewußten Modetrends mit einer Mischung aus Schock, Neid°, Wut°, Verachtung° und Verboten. Der langhaarige Typ des „Beatle" wurde als Gammler und Dandy attackiert. Der folgende Aufsatz beschreibt die jugendliche Rebellion gegen diese Tabus. — *corresponded / storm and stress* / *anger / disdain*

## Vorarbeit zum Lesen

### A. Synonyme.
Verbinden Sie die passenden Synonyme.

| | | | |
|---|---|---|---|
| 1. antreten | a. die Wirkung |
| 2. auftreten | b. beginnen |
| 3. herankommen | c. respektabel |
| 4. wirksam | d. teuflisch |
| 5. wohnzimmerfähig | e. aufmachen |
| 6. rar | f. erreichen |
| 7. tonangebend | g. selten |
| 8. öffnen | h. effektvoll |
| 9. die Resonanz | i. dominierend |
| 10. höllisch | j. stimulieren |
| 11. anregen | k. vorführen |

## B. Vokabelübung.

Schreiben Sie je einen einfachen Satz mit den Vokabeln aus der vorhergehenden Übung.

## C. Gruppendiskussion zum Thema „Beat, Uni-Sex und Uni-Look".

1. Was wissen Sie über die Mode der Beat-Ära? Was für Röcke, Hosen, Schuhe, Hemden usw. waren damals bei der Jugend populär?
2. Was meinte man damals mit dem Modewort „Uni-Look"?
3. Was verstehen Sie unter den Begriffen „Beat", „Beat-Generation" und „Freak"? Was meint man heute damit?
4. Der folgende Text spricht über die freie Erotik und Sexualität der Jugendbewegung um 1968. Welche Sex-Idole aus dieser Zeit kennen Sie von den Postern und Filmen dieser Ära? Was meinte man wohl mit „Uni-Sex"?

## Wolfgang Kraushaar, *Beat, Uni-Sex und Uni-Look*

Im Herbst 1965 traten zum ersten Mal die Rolling Stones zu einer Deutschland-Tournee an, das effektvolle Gegenbild° zu den Beatles. Die „bad-boys" des Beats, die von Anfang an auftraten, als seien sie die Inkarnation des Bösen°, Schmutzigen und sexuell Freizügigen°, hatten mit *Good Times, Bad Times, Time is on my Side* und *The Last Time* große Erfolge verzeichnet, kamen jedoch nicht an die massenwirksame Suggestionskraft der Beatles heran.

*counter-image*

*evil*

*permissive*

Die große Resonanz, die die Stones-Tournee fand, brachte aber noch einen anderen Effekt. Zum ersten Mal hatte sich mit dem ZDF (Zweites Deutsches Fernsehen) das Medium Fernsehen für den Beat geöffnet. Damit war der umstrittene° Sound weiter wohnzimmerfähig° geworden.

*controversial*

*acceptable*

1965 entschloß° sich auch eine kleine Sendeanstalt°, diese Musikrichtung zu einem festen, wenn auch raren Bestandteil° des Programms zu machen. Radio Bremen richtete für die ARD (Allgemeine Rundfunkgesellschaft in der BRD) den *Beat-Club* ein und schuf mit dieser Pioniersendung eine Art Brückenkopf° im publikumswirksamsten Medium. In einem Studio, das zugleich die düstere° Atmosphäre vom Cavern-Club in Liverpool,

*decided / radio station*

*component*

*bridgehead*

*dusky*

England, und das dröhnende Getriebe° einer U-Bahnstation in London vermitteln° sollte, traten nun die bereits etablierten britischen Bands auf, aber auch die neuen Trendsetter aus den USA. Damit brach in die bundesdeutschen Wohnzimmer nicht nur das von der Presse als „höllisch" apostrophierte° Soundgewitter herein°, sondern auch ein optisches Spektakel, das schon vor der Einführung des Farbfernsehens durch ein ganzes Arsenal elektronischer Verfremdungstricks erzielt° wurde.

Die auftretenden Gruppen präsentierten sich in den neuesten modischen Trends von London. Demgegenüber° wirkte die vom deutschen Publikum bevorzugte° Mode immer noch wie von gestern. Auf der Insel war inzwischen nicht mehr das Schwarz-Weiß aus der Liverpooler Pionierzeit tonangebend, sondern eine als „shocking" verkaufte Farbexplosion aus der Carnaby Street. Die Frauen trugen zitronengelbe, locker° herunterhängende Minikleider über giftgrünen Strumpfhosen und rosa lackierten Schnallenschuhen°. Die *boys* trugen braunrot längsgestreifte° Jacketts auf buntgeblümten Hemden° mit überdimensionierten Kragen°, und blaugrüne, weit ausgestellte, eng über den Hüften° sitzende Hosen mit einem superbreiten Skai°-Gürtel. Jede(r) sah so chemiesüß wie ein aufgeblähtes° *marshmallow* aus.

Es begann die Zeit, in der – von Pop- und Op-Art angeregt° – grelle° und plakative Plastikfarben mit Signalwirkung° dominierten. Den Vogel im Modeklima Londons schoß 1965 Mary Quant mit ihrer Kreation des Mini-Rocks ab°, der überall für große Aufregung° sorgte. Der Mini-Rock kannte keine sozialen Schichten und Klassen mehr. Er wurde von vorstädtisch° proletarisierten Kleinbürgern° ebenso wie von der *High-Society* getragen. Hatten sich mit den langen Haaren die Geschlechterrollen° visuell angeglichen°, kam nun mit der poppigen Mini-Mode eine Einebnung° der Schichtenunterschiede° in Gang. Auf den Uni-Sex folgte der Uni-Look.

Quelle: Wolfgang Kraushaar, „Time Is on My Side", in: Willi Bucher und Klaus Pohl (Hrsg.), *Schock und Schöpfung. Jugendästhetik im 20. Jahrhundert.* Ausstellungskatalog des Deutschen Werkbunds und des Württembergischen Kunstvereins Stuttgart. Darmstadt: Luchterhand, 1986.

*hustle and bustle*
*convey*

*characterized*
**brach herein:** *inundated*

*achieved*

here: *in comparison*
*preferred*

*loose*

*buckle shoes*
*vertically striped /* **buntgeblühmte Hemden:** *colorful floral shirts / collars / hips / plastic / bloated*

*inspired*
*flashy, loud / stimulating effect*

**den Vogel schoß Mary Quant ab:** *Mary Quant surpassed everyone / excitement*
*suburban /* **proletarisierten Kleinbürgern:** *blue-collar workers, petit bourgeoisie / gender roles / became alike / leveling / class distinctions*

# Übungen zum Text

## A. Fragen zum Inhalt.

1. Wer galt in Deutschland um 1965 als die schmutzigste und vulgärste Rockband aus England?
2. Wann begann im deutschen Fernsehen die erste Sendung mit moderner Beatmusik?
3. Wie beschrieb die deutsche Presse oft die Beatbands aus dem Ausland?
4. Wie wirkte die Mode der deutschen Jugend im Vergleich mit der englischen oder amerikanischen?
5. Was für Modefarben dominierten in der Op- und Pop-Art?
6. Bei welchen sozialen Schichten war der Mini-Rock beliebt?

## B. Richtig oder falsch?

Bestimmen Sie, welche Aussagen richtig oder falsch sind. Korrigieren Sie die falschen Sätze.

1. _____ Die Beatles und Rolling Stones waren in Deutschland gleich beliebt.
2. _____ Schwarz-weiß dominierte die Mode der frühen Beat-Ära.
3. _____ Der Mini-Rock kam aus den USA.
4. _____ ARD und ZDF sind die Namen von zwei schweizer Radio- und Fernsehanstalten.
5. _____ Die erste Welle der englischen Beatmusik kam aus Liverpool.
6. _____ Mit der langen Haarmode glichen sich die Geschlechterrollen visuell an.

## C. Schriftliche Übungen.

Wählen Sie ein Thema.

1. Fassen Sie den Inhalt der fünf Abschnitte in jeweils ein bis zwei Sätzen zusammen. Schreiben Sie dann für jeden Abschnitt eine Überschrift.
2. Beschreiben Sie den Gegensatz zwischen der Mode der 60er Jahre und dem späteren Punk- oder Grunge-Look. Machen Sie zuerst mit einem Partner/mit einer Partnerin zwei Listen.

   *Hippie-Mode     Punk- oder Grunge-Mode*

   Schreiben Sie dann einen Text, der die beiden Moden kontrastiert und interpretiert.

## D. Diskussion.

1. Der Autor beschreibt einige Fernsehprogramme in der BRD zwischen 1965 und 1968. Was für Sendungen waren in Ihrem Land populär zu dieser Zeit? Kennen Sie diese Programme? Wenn ja, woher?

2. In Deutschland identifizierten sich etwa 67 Prozent aller Jugendlichen in der BRD mit der Jugend- und Protestbewegung um 1968. Gab es in Ihrem Land auch so viele Sympathisanten mit der Bewegung oder nicht? Was glauben Sie?

3. Was, glauben Sie, dachte die ältere Generation um 1968 über die Jugend und ihre Ideale?

4. Wer, glauben Sie, waren die größten Gegner der Studentenbewegung? Was für Ideale hatte die konservative Jugend?

5. Was dachten Ihre Eltern oder ältere Kontaktfiguren über die Beat-Ära? Erzählen sie gern darüber oder nicht? Was erzählen sie?

6. Kennen Sie die Filme „Zornige junge Männer"°, „Das gelbe Unterseeboot"° oder „Woodstock"? Wie finden Sie diese Filme?   *Easy Rider*
*Yellow Submarine*

**KAPITEL 11**

# Liebe, Anarchie und Rebellion

Bild 1: **Revolutionsapostel** (Fotomontage)
Text 1: **Peter Handke, *Lebensbeschreibung*** (Kurzbiographie)
Bild 2: **Bereit, auf die Straße zu gehen** (Statistik)
Text 2: **Reiner Kunze, *Die wunderbaren Jahre*** (Skizzen)

## *Cultural Context*

Love, anarchy, and a utopian search for a "new consciousness" formed the cornerstones of a youth-based ideology that shaped central Europe's political climate between 1965 and 1974. These dates frame one of the most far-reaching transformations in German art and politics of the postwar period. The epoch saw the emergence of many new artistic and political movements that were sharply critical of free-market capitalism in the west and Stalinist style socialism in the east. The commitment to critical and nonconformist thinking created its own counter-culture which seemed determined to master alternative uses of the mass media and discover new approaches to artistic expression and ways of bringing art to the public. In literature, music, and the visual arts this vision took many forms—from "concrete poetry" to pacifist manifestos, from documentary dramas to public "happenings," from conceptual art to environmental sculptures, and from multi-media concerts to electronic music.

## Übersicht

Kapitel 11 konzentriert sich auf die literarische Szene von 1967 bis 1973. Die Lesetexte und Bilder reflektieren den Zeitgeist° der Jugend- und Protestbewegung, die 1968 ihren Höhepunkt erreichte. Text 1 stammt vom literarischen Wunderkind der Bewegung, dem österreichischen Autor Peter Handke. Seine Lesung dieses Prosatextes erregte 1967 eine Sensation. Text 2 stellt kurze literarische Skizzen des DDR-Autors Reiner Kunze vor, der die antiautoritäre Stimmung° der Jugend in den sozialistischen Staaten Anfang der 70er Jahre beschreibt. Während die Demonstranten im Westen ihre Rebellion gegen den Normen- und Systemzwang° chaotisch und anarchisch zur Schau stellten°, verlief der Protest gegen die Obrigkeit° im Osten viel vorsichtiger°. Auf beiden Seiten fand man jedoch kritische Abwehrgesten° gegen überholte Traditionen und Weltbilder. Dieses rebellische und prophetische Selbstimage der Jugendbewegung bringt Bild 1 zum Ausdruck. Bild 2, eine Statistik, gibt Einblick in die klare Bereitschaft° der deutschen Jugend zum politischen Aktionismus.

*spirit of the age*

*mood*

*pressures to conform to the system* / **zur Schau stellten:** *demonstrated* / *authorities* / *more cautious* / *gestures of refusal*
*readiness*

**Bild 1** (Quelle: *Spiegel Spezial: Die wilden 68er*)

In einer Fotomontage nach Leonardo da Vincis Gemälde *Abendmahl°* sitzen die Führer des Sozialistischen Deutschen Studentenbundes (SDS) mit dem lateinamerikanischen Revolutionär Che Guevara (Mitte) und dem chinesischen Revolutionsführer Mao Tse-tung (rechts außen) an einem Tisch. Die Studenten des SDS sahen sich selbst als Propheten und Aktionisten gegen die Autorität der Politiker, der Lehrer, der Eltern, der Chefs und des Staates. Die Revolutionsapostel von links nach rechts: Wolfgang Lefèvre, Rudi Dutschke, Gaston Salvatore, Fritz Teufel, Horst Mahler, Rainer Langhans, Karl-Heinz Roth, Bernd Rabehl, Daniel Cohn-Bendit, Christian Semler, Hans-Jürgen Krahl.

*The Last Supper*

**Fragen zum Bild.**

1. Che Guevara sitzt wie Jesus Christus in der Mitte seiner Apostel. Wer war Che?

2. Warum, glauben Sie, wurde er als Jesus-Figur dargestellt?

3. Wer weiß etwas über den Politiker Mao Tse-tung? Wer war er? Was machte er?

4. Was sagt das Bild über das Selbstimage der „Revolutionsapostel" aus?

5. Wie finden Sie diese Fotomontage? Wo liegt der Humor?

6. Kennen Sie den Renaissance-Künstler Leonardo da Vinci? Wer war er? Wo lebte er?

## Text 1 Peter Handke, *Lebensbeschreibung*

**Zum Autor:** Peter Handke wurde 1942 im österreichischen Bundesland Kärnten geboren. Nach dem Besuch des Gymnasiums studierte er Jura (Rechtswissenschaft) an der Universität Graz und begann seine schriftstellerische Arbeit. Handke wurde in den 60er Jahren durch sein provokatives Theaterstück „Publikumsbeschimpfung" (*Insulting the Audience*, 1966) bekannt. Er gehört heute zu den erfolgreichsten Autoren der Nachkriegsgeneration. Handke erhielt 1967 den Gerhart-Hauptmann-Preis für Literatur und 1973 den Georg-Büchner-Preis.

**Zum Text:** Die erste Lesung des folgenden Textes wurde 1967 zur Sensation. Das sprachliche Format der Christus-Kurzbiographie erregte durch seine nüchterne° und ironische Behandlung des Themas einen Skandal. Doch gerade das wollte Handke mit seiner Arbeit erreichen: „Ich erwarte von der Literatur ein Zerbrechen° aller endgültig erscheinenden Weltbilder° ..."

*sober*

*shattering / conceptions of the world*

## Vorarbeit zum Lesen

### A. Vokabelübung.
Finden Sie die richtigen englischen Übersetzungen, und verwenden oder definieren Sie dann die deutschen Vokabeln in einem vollständigen Satz.

| | |
|---|---|
| 1. verjähren | a. *defense* |
| 2. der geregelte Geldverkehr | b. *prohibition* |
| 3. die Versammlungsfreiheit | c. *charge, accusation* |
| 4. das Verbot | d. *organized exchange of money* |
| 5. die Anklage | e. *freedom of assembly* |
| 6. die Verteidigung | f. *to come under the statute of limitations* |
| 7. das Verfahren (der Prozeß) | g. *to incite the people (to rebel)* |
| 8. das Gericht | h. *property damage* |
| 9. das Volk aufwiegeln | i. *trial* |
| 10. harmlos | j. *statement* |

11. kurzen Prozeß machen
12. zur Sache sprechen
13. die Aussage
14. der Sachschaden

k. *to address the case*
l. *to make short work of something/someone*
m. *harmless*
n. *court*

## B. Fragen vor dem Lesen.

1. Wie alt war der Autor, als er diesen Text schrieb? Errechnen Sie die Antwort aus den Informationen zum Autor und zum Text.
2. Der Text beschreibt das Leben von Jesus Christus. Was wissen Sie über sein Leben? Wo wurde er geboren? Wie hießen seine Eltern? Was für Arbeit machte sein Vater? Was für einen Beruf hatte Christus? Wie alt war Christus, als er ans Kreuz geschlagen wurde?
3. Wissen Sie, warum Christus von der römischen Regierung in Jerusalem gekreuzigt wurde?
4. War Christus ein sozialer, religiöser oder politischer Rebell? Was denken Sie?

## Peter Handke, *Lebensbeschreibung*

Was nützt es dem Menschen,
wenn er an der Seele gewinnt,
an der Welt aber Schaden leidet[1]?

Gott erblickte° das Licht der Welt in der Nacht vom vier-undzwanzigsten zum fünfundzwanzigsten Dezember.　　　　*saw*

Die Mutter Gottes wickelte Gott in Windeln°. Auf einem　　*diapers*
Esel° flüchtete er sodann nach Ägypten. Als seine Taten verjährt　*donkey*
waren, kehrte er in sein Geburtsland zurück, weil er fand, daß
dort der Ort sei, an welchem ein jeder am besten gedeihen°　　*prosper*
könnte. Er wuchs im stillen und nahm zu an Alter und Wohlge-
fallen ... Er wurde die Freude seiner Eltern, die alles daransetz-
ten°, aus ihm einen ordentlichen Menschen zu machen.　　　*attempted*

---

[1]This quote is a reinterpretation of Matthew 16:26, which says: "For what is a man profited, if he shall gain the whole world, and lose his own soul?

So erlernte er nach einer kurzen Schulzeit das Zimmermannshandwerk°. Dann, als seine Zeit gekommen war, legte er, sehr zum Verdruß seines Vaters, die Hände in den Schoß°.

Er trat aus der Verborgenheit°. Es hielt ihn nicht mehr in Nazareth. Er brach auf und verkündete°, daß das Reich Gottes nahe sei.

Er wirkte auch Wunder.

Er sorgte für Unterhaltung° bei Hochzeiten°. Er trieb Teufel aus°. Einen Schweinezüchter brachte er auf solche Art um sein Eigentum°. In Jerusalem verhinderte er eines Tages im Tempel den geregelten Geldverkehr. Ohne das Versammlungsverbot zu beachten, sprach er unter freiem Himmel. Aus der Langeweile der Massen gewann er einigen Zulauf°. Indes predigte° er meist tauben Ohren.

Wie später die Anklage sagte, versuchte er das Volk gegen die Obrigkeit aufzuwiegeln, indem er ihm vorspiegelte°, er sei der ersehnte Erlöser°. Anderseits war Gott kein Unmensch. Er tat keiner Fliege° etwas zuleide°. Niemandem vermochte er auch nur ein Haar zu krümmen.

Er war nicht menschenscheu°. Unbeschadet° seines ein wenig großsprecherischen Wesens° war er im Grunde harmlos.

Immerhin° hielten einige Gott für besser als gar nichts°. Die meisten jedoch erachteten° ihn für so gut wie nichts.

Deshalb wurde ihm ein kurzer Prozeß gemacht. Er hatte zu seiner Verteidigung wenig vorzubringen. Wenn er sprach, sprach er nicht zur Sache. Im übrigen blieb er bei seiner Aussage, daß er der sei, der er sei. Meist aber schwieg er.

Am Karfreitag des Jahres dreißig oder neununddreißig nach der Zeitwende wurde er, in einem nicht ganz einwandfreien° Verfahren, ans Kreuz° gehenkt.

Er sagte noch sieben Worte.

Um drei Uhr am Nachmittag, bei sonnigem Wetter, gab er den Geist auf.

Zur gleichen Zeit wurde in Jerusalem ein Erdbeben° von mittlerer Stärke verzeichnet. Es ereignete sich geringer Sachschaden.

Quelle: Peter Handke, *Begrüßung des Aufsichtsrats*. Salzburg: Residenz Verlag, 1967.

---

**Glossary (margin):**

carpenter's trade

**legte die Hände in den Schoß:** sat idle / seclusion announced, made the prophecy

entertainment / weddings / **trieb aus:** exorcised / **Einen Schweinezüchter brachte er ... um sein Eigentum:** He deprived a pigbreeder ... of his property / **gewann Zulauf:** drew crowds / preached

feigned

savior

fly / **tat zuleide:** harmed

shy / regardless

**großsprecherischen Wesens:** boasting manner / nevertheless / nothing at all / considered

unobjectionable

cross

earthquake

## Übungen zum Text

### A. Richtig oder falsch?

Bestimmen Sie, welche Aussagen richtig oder falsch sind. Korrigieren Sie die falschen Sätze.

1. _____ Jesus kehrte aus Ägypten nach Nazareth zurück, weil er glaubte, daß er dort am besten leben und arbeiten könnte.

2. _____ Jesus ging lange zur Schule in Nazareth.

3. _____ Als Jesus aus der Verborgenheit trat und verkündete, daß das Reich Gottes nahe sei, freute sich sein Vater Josef.

4. _____ Die Polizei sagte in der Anklage gegen Jesus, daß er versucht hatte, das Volk gegen die Autorität des Imperiums rebellisch zu machen.

5. _____ Jesus sprach während des Prozesses viel zu seiner Verteidigung.

6. _____ Jesus Christus starb an einem regnerischen Tag in Jerusalem.

7. _____ Am Tag der Kreuzigung gab es in Jerusalem ein Erdbeben.

### B. Diskussion.

1. Wie beschreibt Handke das Verhältnis von Jesus zu seinen Eltern
   a. während seiner Jugendzeit?
   b. nach der Schul- und Lehrzeit?

2. Wie charakterisiert Handke Jesus in seiner Lebensbeschreibung? Was beschreibt Handke als
   a. menschlich und gewöhnlich?
   b. ungewöhnlich und exotisch?
   c. politisch und rebellisch?
   d. göttlich und märtyrerhaft?

3. Sehen Sie Unterschiede zwischen der Jesus-Biographie von Peter Handke und den Berichten über das Leben Jesu in der Bibel? Wenn ja, was für Unterschiede?

4. Wie finden Sie Handkes Text? Unterhaltsam, provokativ, religiös, skandalös, objektiv? Warum? Warum nicht?

5. Was glauben Sie? Ist der Ton dieser Biographie passend für das Thema?

6. Was, glauben Sie, wollte Handke mit diesem Text sagen?

## C. Schriftliche Übungen.

Wählen Sie ein Thema, und schreiben Sie etwa 150–200 Wörter.

1. Handkes „Lebensbeschreibung" ist trocken und objektiv im Ton, mit sehr kurzen Sätzen. Wählen Sie eine dramatische Figur aus der Geschichte oder der Unterhaltungsindustrie (Martin Luther, Bismarck, Marlene Dietrich, Martin Luther King usw.), und suchen Sie in einer Enzyklopädie wichtige Fakten und Daten über diese Person zusammen. Schreiben Sie dann eine kurze, trockene, irreverent-ironische Lebensbeschreibung.

2. Schreiben Sie einen kurzen Aufsatz über das Thema: „War Jesus ein Rebell?"

## Bild 2 Bereit, auf die Straße zu gehen

**Bild 2** (Quelle: *Der Spiegel*, Nr. 7/1968)

In der Bundesrepublik erschien 1968 diese Statistik über die Straßendemonstrationen jugendlicher Bürger gegen die Politik des Staates. Auf die Frage: „In vielen deutschen Städten protestieren und demonstrieren Jugendliche: Finden Sie das gut?" antworteten 67 Prozent der Jugendlichen in der BRD mit „ja". Je höher der Bildungsgrad° der Befragten, desto höher war die Bereitschaft°, selber zu protestieren. Auch in der DDR gab es viele

*level of education*
*readiness*

Sympathisanten mit der antiautoritären Bewegung, besonders aber mit dem „Prager Frühling" in der Tschechoslowakei. Während die Studenten im Westen gern ihren Slogan „Die Phantasie an die Macht!" riefen, hörte man von Dissidenten im Osten die Forderung nach einem „Sozialismus mit menschlichem Gesicht!"

## A. Gespräch über das Bild.

1. 65 Prozent aller Berufsschüler identifizierten sich in der BRD 1968 mit der Protestbewegung. Gibt es auch Berufsschulen° in Ihrem Land? Wie heißen diese Schulen und was kann man dort studieren? *vocational schools*

2. Mittel- und Oberschüler sind in Deutschland etwa vierzehn bis achtzehn Jahre alt und gehen in eine Realschule oder aufs Gymnasium. Was für öffentliche oder private Schulen gibt es in Ihrem Heimatland für Mittel- und Oberschüler? Was besuchten Sie selbst?

3. 1968 unterstützten 67 Prozent aller Jugendlichen in der BRD die Jugend- und Protestbewegung. War diese Studentenbewegung in Ihrem Land auch so populär bei der Jugend?

4. Wofür engagieren sich junge Menschen in Ihrem Land heute? Bürgerrechte, Abtreibung, Schutz° des ungeborenen Lebens, Religion, Kinderschutz, Tierschutz, Umwelt, AIDS usw.? Wer? Wo? Warum? *protection*

## B. Meinungsumfrage im Kurs.

Wählen Sie ein Thema aus A.4. Finden Sie heraus, wie viele Ihrer Mitstudenten/Mitstudentinnen Demonstrationen zu diesen Themen gut fänden, und wie viele selber demonstrieren würden. Sind Frauen und Männer der gleichen Meinung? Stellen sie das Ergebnis Ihrer Umfrage graphisch dar.

# Text 2 Reiner Kunze, *Die wunderbaren Jahre*

**Zum Autor:** Reiner Kunze (geboren 1933) lebte bis 1977 in der DDR. Er wurde dort als junger Lyriker und Autor von Kinderbüchern und Erzählungen bekannt. Als jedoch 1976 sein Prosaband *Die wunderbaren Jahre* im westlichen Ausland erschien, wurde Kunze in der DDR zum „Staatsfeind°" erklärt. Man warf ihm vor°, gegen den Staat Propaganda zu betreiben. Bei der Stasi° wurde 1990, nach dem Sturz° der DDR, eine große Akte gefunden, in der Reiner Kunze als Rebell und „subversives Element" kritisiert wird. Kunze

*enemy of the state*
**warf vor:** *accused / East German secret police / collapse*

veröffentlichte diese Stasi-Materialien in dem Buch *Deckname „Lyrik": Eine Dokumentation von Reiner Kunze.*

**Zum Text:** Die folgenden literarischen Skizzen stammen aus dem Buch *Die wunderbaren Jahre.* Der Autor beschreibt einige Schulerlebnisse seiner Tochter und anderer junger Menschen in der DDR Anfang der 70er Jahre. Reiner Kunzes Skizzen zeigen jedoch keine Wunderwelt der Jugend, sondern beschreiben die Konfrontationen junger Leute mit dem DDR-Staat und dessen Autoritätspersonen.

## Vorarbeit zum Lesen

### A. Fragen vor dem Lesen.

1. Haben Sie Bücher gelesen, die das Thema Jugend oder Schulleben behandeln? Welche?

2. Was für Schulen besuchten Sie, und wie gefiel Ihnen das Schulleben dort?

3. Gab es Schüler und Schülerinnen in ihrer Schule, die provokative Frisuren oder Modekleidung *(punk, grunge)* trugen? Wie reagierten die Lehrer darauf?

4. Kennen Sie das Buch *Der Fänger im Roggen* von J. D. Salinger? Was denkt der Held, Holden Caulfield, über seine Lehrer? Über seine Mitschüler?

5. Wie porträtieren modernere Fernsehserien wie etwa „Beverly Hills 90210" das Schulleben?

### B. Vokabelübung.

1. Was für internationale Wörter und Kognaten finden Sie im Text? Machen Sie eine Liste.

   *Beispiel:* der Dialog

2. Welche Vokabeln finden Sie im Text, die das Thema Schule behandeln?

   *Beispiel:* die Mitschüler

3. Was für Vokabeln finden Sie im Text, die Kleidungsstücke beschreiben?

   *Beispiel:* der Ärmel°                                    sleeve

4. Wie kann man „Menschenbild" (der Mensch + das Bild, *image*) am besten übersetzen?

# Reiner Kunze, *Die wunderbaren Jahre*

### Mitschüler

Sie fand die Massen, also ihre Freunde, müßten unbedingt° die farbige Ansichtskarte sehen, die sie aus Japan bekommen hatte: Tokioter Geschäftsstraße am Abend. Sie nahm die Karte mit in die Schule, und die Massen ließen beim Anblick° des Exoten kleine Kaugummiblasen° zwischen den Zähnen zerplatzen°.

In der Pause erteilte ihr der Klassenlehrer einen Verweis°. Einer ihrer Mitschüler hatte ihm hinterbracht°, sie betreibe° innerhalb des Schulgeländes Propaganda für das kapitalistische System.

*by all means*

*sight*
*chewing-gum bubbles*
*burst*
**erteilte einen Verweis:** *reprimanded / informed / conducted*

### Menschenbild (I)

Lehrer: Sie kommen immer in so schmutzigen Pullovern zur Schule.

Schülerin: Entschuldigen Sie, aber Sie beleidigen° meine Mutter.

Lehrer: Ich meine doch nicht, daß die Pullover nicht gewaschen sind. Aber Sie tragen so dunkle Farben.

Schülerin: Ich bin blond.

Lehrer: Ich wünsche, daß die Schüler meiner Klasse optimistische Farben tragen. Außerdem° sehen Ihre langen Haare unordentlich aus.

Schülerin: Ich kämme mich mehrmals am Tag.

Lehrer: Aber der Mittelscheitel° ist nicht gerade°.

*Ort des Dialogs: Erweiterte Oberschule° in G.*

*Zeit: Zweihundertdreißig Jahre nach Hinscheiden° Friedrich Wilhelms° des Ersten, König von Preußen.*

*insult*

*besides*

*center part (hair) / straight /* **Erweiterte Oberschule:** *college preparatory school / death, demise / Prussian king (1688–1740) who founded a military force based on order, discipline, and loyalty / corduroy pants / agreed*

### Menschenbild (II)

„Na gut", sagte der Direktor, „es waren keine ausgewaschenen Jeans, es waren hellblaue Cordhosen°, einverstanden°. Aber müssen es überhaupt Hosen sein? Wenn die Mädel so angetreten° sind, alle in ihren kurzen Röcken, das gibt doch ein ganz anderes Bild". Dabei schnalzte° er mit der Zunge.

*lined up*

*clicked*

## Ordnung

Die Mädchen und Jungen, die sich auf die Eckbank° der leeren Bahnhofshalle setzten, kamen aus einem Jazz-Konzert. Ihr Gespräch verstummte° rasch. Einer nach dem andern legten sie den Kopf auf die Schulter ihres Nebenmanns. Der erste Zug fuhr 4.46 Uhr. Zwei Transportpolizisten, einen Schäferhund° an der Leine°, erschienen in der Tür, wandten sich der Bank zu und zupften° die Schlafenden am Ärmel. „Entweder Sie setzen sich gerade hin, oder Sie verlassen den Bahnhof, Ordnung muß sein!" „Wieso Ordnung?" fragte einer der Jungen, nachdem er sich aufgerichtet° hatte. „Sie sehen doch, daß jeder seinen Kopf gleich wiedergefunden hat." „Wenn Sie frech° werden, verschwinden° Sie sofort, verstanden?" Die Polizisten gingen weiter. Die jungen Leute lehnten sich nach der anderen Seite. Zehn Minuten später kehrte die Streife° zurück und verwies° sie des Bahnhofs. Draußen ging ein feiner Regen nieder. Der Zeiger der großen Uhr wippte° auf die Eins wie ein Gummiknüppel.°

*corner bench*

*fell silent*

*shepherd dog*
*leash*
*tugged*

*sat up*
*impudent*
*disappear*

*patrol / expelled*

*bounced / billy club*

Quelle: Reiner Kunze, *Die wunderbaren Jahre*. Frankfurt/M: Fischer, 1976.

## Übungen zum Text

### A. Synopsen nach Nummern.
Bringen Sie die folgenden Sätze in die richtige Reihenfolge.

**Mitschüler**

_____ Ein Mitschüler hinterbrachte dem Lehrer, daß eine Schülerin mit der Postkarte kapitalistische Propaganda betreibe.

_____ Die meisten Mitschüler fanden die japanische Postkarte exotisch.

_____ Der Lehrer erteilte der Schülerin später einen Verweis.

__1__ Eine Schülerin brachte eine japanische Ansichtskarte in die Schule mit.

**Menschenbild (I)**

_____ Der Lehrer kritisierte die unordentliche Frisur der Schülerin.

_____ Der Lehrer sagte, daß dunkle Farben pessimistisch wirken.

_____ Die Schülerin erklärte, warum sie gern dunkle Pullover trägt.

_____ Der Lehrer kritisierte die Kleidung einer Schülerin.

Ordnung

_____ Zwei Polizisten kritisierten die Haltung der Jugendlichen
und verwiesen sie des Bahnhofs.

_____ Sie warteten schlafend auf der Bank auf den Zug nach
Hause.

_____ Nach einem Jazz-Konzert gingen einige Jugendliche zum
Bahnhof.

_____ Die Zeiger der Uhr erinnerten an die Gummiknüppel der
Polizisten.

_____ Der Zug fuhr erst am frühen Morgen.

## B. Fragen zum Text.

1. Warum bringt die Schülerin ihre Postkarte in die Schule mit?
   Wie reagieren die Mitschüler darauf?
2. Warum meinen ein Mitschüler und ein Lehrer, daß sie mit der
   Postkarte aus Tokio kapitalistische Propaganda macht? Was
   glauben Sie?
3. Sollen Lehrer in der Schule ihren Schülern sagen, was sie über
   ihre Kleidung oder ihre Haare denken? Warum, warum nicht?
4. Mit wem identifiziert man sich als Leser in den ersten drei
   Skizzen? Mit dem Lehrer, dem Direktor, oder den Schülern?
   Warum?
5. Wie beschreibt der Autor die Polizei in der letzten Skizze?
6. Wie interpretieren Sie den Titel „Ordnung"? Was für eine
   Ordnung herrscht in diesem Staat (DDR 1973)?

## C. Schriftliche Übung.

Der Text „Menschenbild (I)" ist in Dialogform geschrieben. Denken Sie an
eine unangenehme Unterhaltung, die Sie selber mit einer Autoritätsfigur
(Lehrer/Lehrerinnen, Trainer, Eltern, Chefs, Polizisten usw.) gehabt haben.
Schreiben Sie den Dialog nieder, und vergessen Sie nicht, Ort und Zeit
anzugeben.

**KAPITEL 12**

# Fragen, Zweifel und Erkenntnisse

Bild 1, Bild 2: **Minderheiten und die „Deutsche Frage"** (Fotografie, Karikatur)
Text 1: **Rosemarie Silbermann, *Denk' ich an Deutschland*** (Erinnerungen)
Bild 3: **Willy Brandt vor dem Getto-Denkmal** (Fotografie)
Text 2: **Willy Brandt, *Der Kniefall von Warschau*** (Bericht)

## Historical Context

The youth rebellion and its demands for educational reforms, egalitarian democracy, and social activism introduced critical questions concerning Germany's Nazi history. By questioning their parents' roles in Hitler's Reich, young West Germans began to reassess their country's identity. The 1961 trial in Jerusalem of Adolf Eichmann, the SS-officer who oversaw the deportations to the death camps, and the Auschwitz trial in Frankfurt in 1965 opened many painful wounds from the Holocaust. For the first time in postwar history, West German society had to deal openly with the shadows of its shocking past. The critical discourse extended to the country's domestic and foreign policy as well. Willy Brandt, West Germany's chancellor after 1969, pursued far-reaching domestic reforms as well as a policy of reconciliation toward Poland and other socialist republics in Eastern Europe. As a result, West Germany gained respect and recognition as a responsible player in international politics during the seventies.

## Übersicht

In Kapitel 12 geht es um die deutsche Vergangenheitsbewältigung° Anfang der 70er Jahre. Als 1969 der SPD-Politiker Willy Brandt zum Bundeskanzler gewählt wurde, begann eine neue Phase der westdeutschen Innen- und Außenpolitik. Mit der Wahl Brandts verknüpften viele die Hoffnung auf eine liberalere Politik gegenüber der Jugend, den Minderheiten und den sozialistischen Nachbarstaaten in Osteuropa. Die Texte des Kapitels beleuchten die westdeutschen Beziehungen° zum Ausland aus zweifacher Perspektive. In Text 1 berichtet eine Israelin aus Tel-Aviv über ihre Erfahrungen mit westdeutschen Jugendlichen aus der Studentenbewegung. In Text 2 berichtet Willy Brandt über seinen Staatsbesuch in Polen, wo er 1970 der Opfer des deutschen Nationalsozialismus gedachte°. Bild 3, eine Fotografie, illustriert seinen Besuch des Denkmals in Warschau. Bild 1 und Bild 2 zeigen einen Angeklagten° im Frankfurter Auschwitz-Prozeß° 1965 und eine Karikatur zum Thema Minderheiten in der Bundesrepublik.

*coming to terms with the (Nazi) past*

*relationships*

*commemorated*

*accused / trial*

# Minderheiten und die „Deutsche Frage"

**Bild 1** (Quelle: Norbert Albrecht, *Deutschland. Die illustrierte Chronik der Bundesrepublik.*)

Die Fotografie zeigt einen der 20 angeklagten SS-Offiziere im Gerichtssaal° des Frankfurter Auschwitz-Prozesses, der 1965 zu Ende ging. Der Prozeß dokumentierte die Nazi-Verbrechen° im Konzentrationslager Auschwitz, wo im Holocaust mehr als drei Millionen Menschen von der SS ermordet wurden. Sechs Angeklagte wurden zu lebenslänglichen Freiheitsstrafen° verurteilt, elf zu kürzeren Strafen, und drei wurden freigesprochen. Die Themen Holocaust (1933–45) und „Vergangenheitsbewältigung" beherrschten 1965 die Diskussion in den westdeutschen Medien. Über die schockierenden Verbrechen in Auschwitz schrieb der deutsch-schwedische Dramatiker Peter Weiss 1965 ein viel gespieltes Theaterstück mit dem Titel *Die Ermittlung°*.

*court room*

*crimes*

***lebenslänglichen Freiheitsstrafen:** life sentences*

*investigation*

## A. Redemittel zur Bildbeschreibung.

1. Im Bild sieht man ...
2. Wenn ich das Bild des Mannes betrachte, denke ich ...
3. Glaubst du, daß ... ?

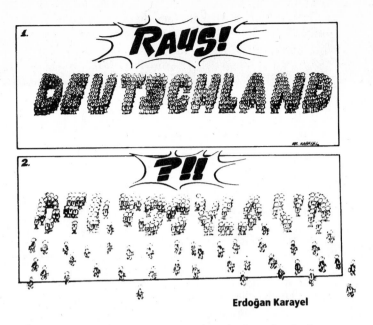

**Erdoğan Karayel**

**Bild 2** (Quelle: Erdogan Karayel, Exile Kulturkoordination)

*Deutschland?!!*, Karikatur von Erdogan Karayel, 1985. Die Geschichte des Nazi-Genozids am europäischen Judentum und die deutsche Ausländer-feindlichkeit° bestimmte noch 1985 die Diskussion über die Deutschen und deren Identität als Nation. Die „Deutsche Frage" der Integration von Min-derheiten, Ausländern und Flüchtlingen° in der Bundesrepublik ist das Thema dieser Karikatur eines türkisch-deutschen Künstlers.

*xenophobia*

*refugees*

## B. Redemittel zur Bildbeschreibung.

1. Oben in der Karikatur sieht man ...
2. Unten ...
3. Mir gefällt/gefällt nicht, daß ...
4. Ich finde es interessant/intelligent/ironisch, daß ...

## C. Mündliche oder schriftliche Übungen.
Wählen Sie ein Thema.

1. **Dialog:** Sie sind in einer deutschen Bibliothek und möchten das Video „Holocaust" ausleihen. Welche Fragen stellen Sie? Was antwortet der Bibliothekar/die Bibliothekarin? Erfinden Sie einen Dialog.

2. **Dialog:** Sie suchen Informationen in der Bibliothek über den Frankfurter Auschwitz-Prozeß 1965. Was fragen Sie, und was antwortet der Bibliothekar/die Bibliothekarin? Erfinden Sie einen Dialog.

3. **Dialog:** Sie suchen biographische Informationen in der Bibliothek über den Autor Peter Weiss. Erfinden Sie einen Dialog.

4. **Interpretation:** Erklären Sie den Sinn der Karikatur von Erdogan Karayel.

---

## Text 1 Rosemarie Silbermann, *Denk' ich an Deutschland*

**Zur Autorin:** Silbermann wurde 1922 in Berlin geboren. Die Jugend verbrachte° sie im Haus ihrer Eltern. Nach dem Beginn von Hitlers Herrschaft° emigrierte die Familie 1934 nach Palästina. Silbermann über-lebte dort den Zweiten Weltkrieg, heiratete und brachte 1948 eine Tochter zur Welt. 1949 kam Silbermann mit ihrer Familie nach Ost-Berlin zurück, um am Aufbau° der DDR mitzuarbeiten. Doch schon kurz nach ihrer Ankunft wurde Silbermann von einer antisemitischen Kampagne erfaßt°, die von Stalin ausging und 1953 auch in der DDR begann. Man beschuldigte° sie, Spionage für Israel zu betreiben. Zutiefst entsetzt° emigrierte Silbermann 1954 zum zweitenmal aus Deutschland. Sie lebt heute mit ihrer Familie in Tel Aviv.

*spent*
*rule*

*construction*
*caught*
*accused*
*horrified*

**Zum Text:** Der folgende Beitrag° reflektiert den kritischen Wandel° in Rosemarie Silbermanns Gedanken und Gefühlen über Deutschland nach Willy Brandts Wahlsieg° 1969 in der BRD. Silbermanns Erinnerungen ent-standen im Herbst 1972, nach einem Besuch junger deutscher Freunde bei ihr in Tel Aviv und dem Gegenbesuch der Autorin in München. Silbermanns Erinnerungen erschienen 1981 in einer deutschen Anthologie mit dem Titel *Blick zurück ohne Haß. Juden aus Israel erinnern sich an Deutschland.*

*contribution / change*

*election victory*

## Vorarbeit zum Lesen

### A. Antonyme.
Verbinden Sie die passenden Antonyme.

| | |
|---|---|
| 1. die Freiheit | a. mißtrauen |
| 2. schrecklich | b. der Zweifel |
| 3. weggehen | c. der Rückfall, der Rückschritt |
| 4. ausziehen | d. die Gefangenschaft, die Unterdrückung |
| 5. vertrauen | e. die Angst |
| 6. der Haß | f. ankommen, zurückkommen |
| 7. der Feind | g. die Liebe |
| 8. der Fortschritt | h. schön, wunderbar |
| 9. die Rückkehr | i. der Friede |
| 10. der Anfang | j. anziehen |
| 11. der Sieg | k. die Niederlage |
| 12. der Krieg | l. die Abreise, die Abfahrt |
| 13. der Mut | m. der Freund |
| 14. die Gewißheit | n. das Ende |

### B. Geographische Fragen.

1. In welchem Teil Europas liegt Griechenland? Wie heißt die Hauptstadt?
2. Auf welchem Kontinent liegt Israel? Wie heißt die Hauptstadt?
3. Wo liegt Tel Aviv?
4. Das Nazi-Konzentrationslager Mauthausen lag bei Linz. In welchem europäischen Land befindet sich Linz? Wie heißt die Hauptstadt?

## Rosemarie Silbermann, *Denk' ich an Deutschland*

Einen Monat zuvor war Mikis Theodorakis°, der griechische Freiheitskämpfer, in Israel gewesen und brachte unter anderem die Ballade von Mauthausen° mit, die ich auf deutsch gekauft hatte. Ich spielte die Ballade meinen jungen Freunden aus Deutschland vor. Es war schwer, etwas darauf zu erwidern°. Sie sagten, das war schrecklich, aber es ist vorbei°. Wir werden es nicht mehr zulassen°. Ich blieb skeptisch. Ich versuchte zu erklären, warum ich skeptisch war.

*Greek musician and freedom fighter*

***die Ballade von Mauthausen:*** *ballad written by inmates of Nazi concentration camp in Mauthausen / reply, respond / over, past / allow*

Und dann hatte eine von ihnen ein Erlebnis° am Strand von Tel Aviv. Ein junger Bursche° sprach sie an, wie junge Burschen es auf der ganzen Welt tun. „Woher bist du?" —„*From Germany.*" Er drehte sich um und ging. Sie war getroffen°, wütend°, traurig. Dann setzte sich eine Frau neben sie. Die Frau zog sich aus. Sie hatte eine Nummer° im Arm eingraviert. Da verstand die junge Deutsche plötzlich, was ich die ganze Zeit zu erklären versuchte. Sie sagte mir: „Solange es noch Menschen mit Nummern im Arm gibt, die von Deutschen in den Arm gebrannt wurden, wird es schwer sein, daß man Deutschen vertraut°." Sie sagte, daß sie etwas gegen den Haß tun wolle, daß der gegenseitige Haß und das gegenseitige Mißtrauen die größten Feinde der Menschheit und des Fortschritts° seien. Aber was kann man gegen Haß und Mißtrauen tun? Um Verständnis° werben? Versuchen, selbst zu verstehen? Ich hatte das Gefühl, daß meine jungen Freunde aus Deutschland es ernst meinten. Aber ich blieb skeptisch.

[Rosemarie Silbermann fuhr im Sommer 1972 in die BRD, um sich ihre alte Heimat Berlin neu anzusehen, und um Verwandte und Freunde in München zu besuchen.]

Nach meiner Rückkehr am Ende des Sommers nach Israel nahm die Unterhaltung° ihre Fortsetzung. Am 20. November 1972 bekam ich eine Bestätigung°, daß etwas anders geworden war [in der BRD]. Der große Wahlsieg Willy Brandts bezeugte das ganz offensichtlich. Es gab vielleicht doch noch einen Weg, meinen Frieden° mit der Heimat zu schließen, aber der Weg dorthin war nicht das Vertuschen° oder Verkleistern° der Tatsachen°, sondern das offene Gespräch°, so wie ich es geführt hatte. Der Wunsch zu diesem offenen Gespräch war der Anlaß°, der mich zum Schreiben bewegte° und mir den Mut° gab, mich direkt an Deutschland zu wenden, mit meinen Fragen, Zweifeln° und Erkenntnissen.°

Quelle: Andreas Lixl-Purcell (Hrsg.), *Erinnerungen deutsch-jüdischer Frauen 1900–1990.* Leipzig 1993, S. 415, S. 421.

| | |
|---|---|
| | *experience* |
| | *lad* |
| | *hurt / angry* |
| | *a tattoo of a Nazi concentration camp number* |
| | *trusts* |
| | *progress* |
| | *understanding* |
| | *conversation* |
| | *confirmation* |
| | *peace* |
| | *hush-up / cover-up* |
| | *facts (about the Nazi past) / talk, conversation / motive / moved / courage* |
| | *doubts / insights* |

# Übungen zum Text

## A. Richtig oder falsch?

Bestimmen Sie welche Aussagen richtig oder falsch sind. Korrigieren Sie die falschen Sätze.

1. _____ Ein junger Israeli zog sich am Strand von Tel Aviv aus.
2. _____ Mikis Theodorakis sagte, daß Rassenhaß der größte Feind der Menschheit ist.
3. _____ Silbermann spielte ihren deutschen Freunden die Ballade von Mauthausen vor.
4. _____ Das Vertuschen und Verkleistern der Nazi-Geschichte war für Silbermann wichtig, wenn sie an Deutschland dachte.
5. _____ Der Text beschrieb das Jahr 1972.

## B. Fragen zum Text.

1. Welche Personen kamen im Text vor, und aus welchen Ländern kamen sie?
2. Woher kannte Rosemarie Silbermann die Ballade von Mauthausen?
3. Was sagten die jungen Deutschen, als sie die Ballade hörten?
4. Wo sah die junge Deutsche eine Frau, die früher in einem Konzentrationslager war?
5. Welche Gefühle und Emotionen beschrieb der Text?
6. Was für Gefühle hatte die Autorin über die junge Generation in Deutschland?
7. Wann dachte Silbermann, daß sie vielleicht doch noch mit der alten Heimat Frieden schließen könnte?

## C. Diskussion.

1. Warum drehte sich der junge Israeli um und ging, als er hörte, daß die junge Frau am Strand von Tel Aviv aus Deutschland kam?
2. Warum war die junge Deutsche so schockiert und wütend? Verstehen Sie diese Reaktion?
3. Was glauben Sie, war die Intention Silbermanns, als sie diesen Text schrieb? Was motivierte sie?
4. Finden Sie Silbermanns Text traurig, bitter, optimistisch, didaktisch, uninteressant, pessimistisch? Warum?

## D. Schriftliche Übung: Leserbrief.

Schreiben Sie einen Brief an Rosemarie Silbermann, und erklären Sie Ihre Gedanken und Gefühle, die Sie beim Lesen ihres Textes hatten.

**Bild 3**  (Quelle: Bundesbildstelle Bonn)

BRD-Bundeskanzler Willy Brandt beim Besuch des Getto-Denkmals in Warschau am 7. Dezember 1970. Der Kniefall des westdeutschen Politikers vor dem Denkmal für die jüdischen Opfer des Nazi-Terrors in Polen hatte eine tiefe symbolische Bedeutung. Die Geste wurde im In- und Ausland als Zeichen des deutschen Schuldbewußtseins vor den Opfern des Hitler-Regimes interpretiert. Ein Jahr später erhielt Brandt für seine Ostpolitik den Friedensnobelpreis.

## A. Übung zum Bild: Gespräch über Deutschland und seine Nachbarn.

1. Sehen Sie sich das Bild genau an. Wie sehen die Gesichter der Menschen aus? Was für eine Stimmung° herrscht unter den Menschen?   *mood*

2. Was wissen Sie über den Aufstand der Widerstandskämpfer° 1943 im Warschauer Getto gegen die Nazis?   *resistance fighters*

3. Warschau, die polnische Hauptstadt, wurde sehr oft in der Geschichte von ausländischen Truppen besetzt°. 1655 von Schweden, 1795 von Preußen, 1806 von Frankreich, 1809 von Österreich, 1813 von Rußland, 1939 von Nazi-Deutschland. Was, glauben Sie, wollte Brandt mit seinem Kniefall in Warschau den Polen zeigen?   *occupied*

## Text 2 Willy Brandt, *Der Kniefall von Warschau*

**Zum Autor:** Der sozialdemokratische Politiker Willy Brandt wurde 1913 in Lübeck geboren. 1933 emigrierte Brandt nach Skandinavien. Nach dem Exil in Norwegen und Schweden (1933–1945, seit 1938 als norwegischer Staatsbürger) war Brandt von 1957 bis 1966 Bürgermeister von West-Berlin. 1966 wurde er Außenminister und 1969 Bundeskanzler der BRD. Für seine versöhnliche Außenpolitik mit Polen und anderen Staaten in Osteuropa bekam Brandt 1971 den Friedensnobelpreis. Brandt wurde zu einem der populärsten deutschen Politiker der Gegenwart. Er starb 1992, zwei Jahre nach der deutschen Vereinigung.

**Zum Text:** Bundeskanzler Willy Brandt flog am 6. Dezember 1970 nach Warschau, um einen deutsch-polnischen Vertrag° zu unterschreiben, der die Aussöhnung° mit Polen zum Ziel° hatte. Damit verzichtete° die Bundesrepublik auf die ehemaligen deutschen Gebiete in Ostpreußen, die bis 1945 zu Deutschland gehörten. Im Text beschreibt er seine Reise in die polnische Hauptstadt und den Besuch im Warschauer Getto, wo zionistische Widerstandskämpfer einen heroischen Aufstand gegen die Nazis geleitet hatten.

*treaty*
*reconciliation / goal / relinquished*

## Vorarbeit zum Lesen

### A. Zur Geographie und Geschichte Osteuropas.

1. Nennen Sie vier Länder Osteuropas und deren Hauptstädte.

2. Wie heißen Österreichs östliche Nachbarn und deren Hauptstädte?

3. Nennen Sie vier Länder, die bis 1918 zur Habsburger Donaumonarchie gehörten.

4. Bis 1918 lag Auschwitz in der österreichisch-ungarischen Monarchie. In welchem Land liegt die Stadt Auschwitz heute?
   a. die Tschechische Republik    b. Polen    c. die Slovakische Republik    d. Ungarn

5. Wann begann der Zweite Weltkrieg? Wann endete er?

## B. Mündliche Referate.

Informieren Sie sich in einem Lexikon (*Brockhaus, Duden, Herders Handlexikon* usw.), und berichten Sie über eins der folgenden Themen.

- Willy Brandt. Deutscher Politiker (1913–1992).
- Warschau. Polnische Hauptstadt.
- Jüdische Getto-Revolte 1943 in Warschau.
- Oder-Neiße Linie (Flußgrenze).

## C. Übersetzung.

Übersetzen Sie diesen Zeitungskommentar in druckreifes Englisch.

Erstmals betrat ein Regierungschef der Bundesrepublik polnischen Boden. Die zu seiner Begrüßung angetretene Militärkapelle spielte die beiden Nationalhymnen. Die Gesichter der zum Empfang anwesenden Polen, von denen viele langjährige KZ-Häftlinge waren, verrieten während des „Deutschlandliedes" heftige Erregung[1] ... Nach einer langen Kette von feindseligen Handlungen haben Deutsche und Polen einen Vertrag geschlossen, der den Teufelskreis von Rachsucht und Haß durchbrechen soll.

Quelle: *Die Tat*, Zürich, 8. Dezember 1970.

## D. Genitiv in Berichten und Sachtexten.

Deutsche Berichte und Sachtexte verwenden häufig den Genitiv. Ergänzen Sie die Genitivkonstruktionen aus Willy Brandts Text, und übersetzen Sie sie.

*Beispiel:* ein Prüfstand <u>der Geschichte</u> (die Geschichte)
*a touchstone of history*

1. die Bewegungen ＿＿＿ ＿＿＿ (das Gefühl)
2. ein Abschnitt ＿＿＿ ＿＿＿ (unsere Vertragspolitik)
3. das Gebot ＿＿＿ ＿＿＿ (die Vernunft )
4. das Ende ＿＿＿ ＿＿＿ (der Schrecken)
5. die Vernichtung ＿＿＿ ＿＿＿ (jüdische Kinder)
6. der Aufstand ＿＿＿ ＿＿＿ ＿＿＿ (die polnische Hauptstadt)
7. die Gesichter ＿＿＿ ＿＿＿ (die Polen)

---

[1]Die BRD-Hymne hatte dieselbe Melodie wie die Nazi-Hymne.

8. die Unterzeichnung _____ _____ (der Vertrag)
9. das Grabmal _____ _____ (der unbekannte Soldat)
10. die Botschaft _____ _____ (das Gedenken)
11. die Unterdrückung _____ _____ (das Menschenrecht)

## Willy Brandt, *Der Kniefall von Warschau*

Als ich im Dezember 1970 nach Warschau flog, um den Vertrag mit der Volksrepublik Polen zu unterzeichnen, fühlte ich, daß ich mich – stellvertretend° für meine Landsleute – auf einen Prüfstand der Geschichte zu begeben hatte. Der Weg in die polnische Hauptstadt bezeichnete° die Erinnerung an millionenfachen Mord. Mehr als bei irgendeinem anderen Abschnitt unserer Vertragspolitik begegneten° wir hier Bewegungen des Gefühls und Geboten der Vernunft, die einander bestärkten°. Nackte Zahlen können das Grauen° nicht vermitteln°, das Polen seit dem Nazi-Überfall° im September 1939 bis zum furchtbaren Ende des Schreckens erdulden° mußte. Sechs Millionen Opfer hatte das polnische Volk zu beklagen – eine Zahl, die fast seine gesamte jüdische Bevölkerung° einschloß. Auf polnischem Boden hatte sich die massenweise Vernichtung jüdischer Kinder, Frauen und Männer ereignet° – an die vier Millionen Menschen wurden allein in Auschwitz ermordet. In Warschau hatte sich das Getto 1943 zu einem Todeskampf° aufgebäumt°, von dem die Weltöffentlichkeit° kaum mehr Notiz nahm als vom Aufstand der polnischen Hauptstadt wenige Monate danach.

Ich kam am Nachmittag des 6. Dezember in Warschau an und wurde mit militärischen Ehren empfangen. Ein Journalist registrierte: „Die Gesichter der Polen, von denen viele langjährige KZ-Häftlinge° waren, verrieten° während des „Deutschlandliedes" heftige Erregung° ... "

Das Programm für den nächsten Vormittag sah – vor der Unterzeichnung des Vertrags – zwei Kranzniederlegungen° vor. Zunächst am Grabmal des Unbekannten Soldaten. Dort schrieb ich in das ausliegende Gästebuch: „Im Gedenken an die Toten des Zweiten Weltkriegs und an die Opfer von Gewalt° und

*on behalf of*

*denoted*

*encountered*

***einander bestärkten:*** *reinforced each other / horror / convey / attack / suffer*

*population*

*occurred*

*death struggle*
*risen up / world's people*

***KZ-Häftlinge:*** *concentration camp inmates / revealed / excitement*
*wreath layings*

*violence*

Verrat°, in der Hoffnung auf einen dauerhaften° Frieden und auf Solidarität zwischen den Völkern Europas."

Vor dem Denkmal für die im Warschauer Getto Umgekommenen° kniete ich nieder. Ich habe mich, trotz hämischer° Kommentare in der Bundesrepublik, dieser Handlung nicht geschämt. Der Kniefall von Warschau, den man in der ganzen Welt zur Kenntnis nahm°, war nicht geplant. Ich hatte mir freilich am frühen Morgen überlegt°, daß es gelingen° müsse, die Botschaft des Gedenkens am Getto-Monument zum Ausdruck zu bringen. Ich sprach darüber mit niemandem. Unter der Last° der jüngsten deutschen Geschichte tat ich, was Menschen tun, wenn die Worte versagen°; so gedachte ich der Millionen Ermordeter. Aber ich dachte auch daran, daß Fanatismus und Unterdrückung der Menschenrechte – trotz Auschwitz – kein Ende gefunden haben. Wer mich verstehen wollte, konnte mich verstehen; und viele in Deutschland und anderswo haben mich verstanden.

Quelle: Willy Brandt, *Begegnungen und Einsichten. Die Jahre 1960–1975*. Hamburg: Hoffmann und Campe, 1976.

*treason / permanent*

*victims, dead / malicious*

**zur Kenntnis nahm:** *acknowledged, noticed / considered / succeed*

*weight, burden*
*fail*

## Übungen zum Text

### A. Zum Inhalt.
Finden Sie die richtigen Antworten.

1. Warum flog Willy Brandt 1970 nach Warschau?
   a. um sich auf den Prüfstand der Geschichte zu begeben
   b. damit die Weltöffentlichkeit Notiz nahm
   c. um einen Vertrag mit Polen zu unterzeichnen
2. Wer ermordete im Zweiten Weltkrieg jüdische Kinder, Frauen und Männer in Polen?
   a. unbekannte Soldaten
   b. deutsche Soldaten
   c. die jüngste deutsche Geschichte
3. Wie reagierten viele Polen auf die Musik des „Deutschlandliedes"?
   a. mit heftiger Erregung
   b. mit einem Kniefall
   c. mit Hoffnung auf einen dauerhaften Frieden

4. Woran dachte Brandt während seines Kniefalls vor dem Getto-Monument?

    a. daran, daß nackte Zahlen das Grauen nicht vermitteln können

    b. an einen dauerhaften Frieden und an die Solidarität zwischen den Völkern Europas

    c. daran, daß Fanatismus und Unterdrückung trotz Auschwitz kein Ende gefunden haben

## B. Fragen zum Text.

1. Wie wurde Willy Brandt nach seiner Ankunft in Warschau empfangen?
2. Was für Hymnen wurden nach seiner Ankunft gespielt?
3. Was war am nächsten Tag vor der Unterzeichnung des Vertrags geplant?
4. Wo schrieb Brandt etwas ins Gästebuch?
5. Wo kniete Brandt in Warschau nieder?
6. Wie viele Opfer hatten die Polen im Zweiten Weltkrieg durch die Deutschen zu beklagen?

## C. Diskussion.

1. Warum fühlte sich Brandt in Warschau auf einem „Prüfstand der Geschichte"? Was meinte er damit? Wer wurde geprüft? Warum?
2. Warum zeigten die Gesichter vieler Polen beim Spielen des „Deutschlandliedes" eine heftige Erregung? Was symbolisierte oder woran erinnerte sie die westdeutsche Hymne?
3. Es gab viele hämische Kommentare in der BRD gegen den Kniefall Brandts in Warschau. Was glauben Sie: War es eine politische Show oder meinte er es ernst mit seiner Geste?
4. Wie fanden Sie Brandts Bericht? Erläutern Sie Ihre Gedanken.

## D. Schriftliche Übung.

Sie besuchen ein Museum in Deutschland, Israel, Polen oder Amerika und möchten gern einige Sätze ins Gästebuch schreiben. Was schreiben Sie ...

1. im Holocaust-Museum in Jerusalem?
2. im Museum des KZ Auschwitz?
3. im KZ-Museum in Buchenwald?
4. im Willy-Brandt-Haus?
5. im Holocaust-Museum in Washington, D.C.?

# ALLTAG UNTER GETEILTEM HIMMEL
## 1955–1965

### Einführung

Teil V behandelt die Arbeitswelt in Ost und West vor und nach dem Bau der Berliner Mauer 1961 in Deutschland. Die Gegensätze° zwischen den beiden Staaten werden im Verlauf der fünfziger Jahre durch den kalten Krieg weiter zementiert, und gehören bald zur Norm des Tages. Vom Mauerbau, der Deutschland endgültig in zwei feindliche° Lager° trennt, bis zum Wirtschaftswunder° in der BRD vermitteln die Kapitel die Gegensätze zwischen diesen beiden Welten. Soziale Marktwirtschaft° und materieller Wohlstand auf der einen Selte, Kollektivismus und Planwirtschaft° auf der anderen. Die Bilder geben Einblick in die Welt des Alltags und der Arbeit, und liefern ironische Kommentare zum kulturellen Leben in beiden Welten.

*contrasts*

*hostile*
*camps / economic miracle*

***soziale Marktwirtschaft:*** *socially oriented market economy / planned economy*

## Zeittafel

**1955**    Erste Documenta-Ausstellung° in Kassel. Beginn der Zivilrechtsbewegung° in den USA.

*exhibition*
*Civil Rights movement*

**1956**    Rebellion in Ungarn gegen die kommunistische Regierung.

**1957**    Ende der Besatzungszeit° in Österreich. Erster nuklearer Reaktor in der BRD. Gründung der Europäischen Wirtschaftsgemeinschaft°.

*occupation time*

*Economic Community*

**1958**    Ende der Rationierung von Lebensmitteln in der DDR. Höhepunkt des Wirtschaftswunders in der BRD. BRD-Gesetz über Gleichberechtigung° von Mann und Frau.

*equal rights*

**1959**    Günter Grass veröffentlicht den Roman *Die Blechtrommel°*. Endphase der Kollektivierung in der DDR. Literaturkonferenz in der DDR begründet den „Bitterfelder Weg".

*The Tin Drum*

**1960**    200 000 DDR-Bürger verlassen die DDR.

**1961**    Die DDR baut eine Mauer als Grenze. Yuri Gagarin fliegt als erster Mensch in den Kosmos. Beginn der amerikanischen Pop Art.

**1962**    Kuba Krise. Erste Aufführung von Friedrich Dürrenmatts Drama *Die Physiker*.

**1963**    Ermordung von John F. Kennedy in den USA. Christa Wolf veröffentlicht den Roman *Der geteilte Himmel*.

**1965**    „Auschwitz-Prozeß°" endet in Frankfurt am Main. Erste Aufführung von Peter Weiss' Drama *Die Ermittlung*.

*trial*

## KAPITEL 13

# Was wissen Sie von der Mauer?

Bild 1: **Wachposten mit Stacheldraht** (Fotografie)
Text: ***Eine Mauer quer durchs Land*** (Zitate)
Bild 2: **Getrennte Familien – Ein trauriges Hochzeitsfest** (Fotografie)
Bild 3: **Gisela Breitling, Allegorie der geteilten Stadt** (Gemälde)
Bild 4: **Konzert mit Mstislaw Rostropowitsch vor der Mauer** (Fotografie)

## *Political Context*

The communist regime in the German Democratic Republic had predicted in the fifties that it would overtake West Germany economically by 1961. However, it was not the standard of living which increased in East Germany under Walter Ulbricht, but the people's distrust of their leadership. Ever more people came to regard West Germany, and especially the showcase city of West Berlin, as the epitome of prosperity, freedom, and the "golden west." Between 1945 and 1960, more than 3.5 million East Germans left their country and sought their fortune in "the other Germany." In order to prevent East Germany's demographic and economic depletion, an "anti-capitalist wall of protection" *(antikapi-* *talistischer Schutzwall)* was erected on August 13, 1961 under order of the Ulbricht government. Erich Honecker was in charge of the construction. Vehement protests and demonstrations in West Berlin quickly followed, but they could not change the political reality of barbed wire, bricks, and automatic guns. The NATO alliance did not intervene. The U.S. and the Soviet Union were seeking to normalize relations with each other by maintaining the status quo in Europe. The wall stood for 28 years before it was torn down during the "velvet revolution" in 1989. Over the years, more than 200 East Germans died trying to escape over it.

## Übersicht

Kapitel 13 behandelt den Zeitraum vom 13. August 1961 – dem ersten Tag des Berliner Mauerbaus°– bis zur Öffnung der innerdeutschen Grenze am 9. November 1989. Die menschlichen Tragödien und Triumphe, die dieses „gräßlichste° deutsche Bauwerk° nach den Konzentrationslagern" herbeiführte, kann man in Bild 1 und Bild 2 an den Gesichtern der Menschen ablesen. Die Zitate im Textteil 1 beschreiben die Reaktionen auf den Bau der Mauer in den 60er und 70er Jahren in den deutschsprachigen Ländern. Das Kapitel schließt mit Bild 3, einem allegorischen Gemälde von Gisela Breitling über das geteilte Deutschland, und Bild 4, einer Fotografie eines Freudenkonzertes des russischen Musikers Mstislaw Rostropowitsch kurz nach Öffnung der Mauer 1989 in Berlin.

*construction of the Wall*

*horrible / building*

# Bild 1 Wachposten mit Stacheldraht

**Bild 1** (Quelle: Presse- und Informationsamt der Bundesregierung)

Am 13. August 1961 entschloß sich die DDR-Regierung, die Grenzen zum
Westen zu schließen, um den Strom der Emigranten aus der DDR zu stop-
pen. Polizisten errichteten° über Nacht eine Mauer aus Stacheldraht°, die   *erected / barbed wire*
von der kommunistischen Parteiführung als „Schutzwall" gegen den kapitalistischen Westen bezeichnet wurde. Der Stacheldraht wurde später durch
eine Mauer aus Ziegeln° und Beton verstärkt. Die folgende Fotografie ent-   *bricks*
stand am ersten Tag des Mauerbaus in Berlin und zeigt, wie ein junger
DDR-Wachposten° den Stacheldraht heben will, um ein bittendes Kind       *guard*
durchzulassen.

## A. Rollenspiel zu zweit: Thema „Grenzkontrolle".

Entwickeln Sie einen Dialog.

S1 spielt einen strengen Wachposten an der DDR-Grenze von 1980, der viele Fragen an die Reisenden stellt und deren Gepäck kontrolliert. Verboten sind alle Bücher und Zeitungen aus dem kapitalistischen Westen.

S2 spielt eine BRD-Touristin, die in die DDR fahren möchte. Sie muß ihren Paß und ein offizielles Visum an der Grenze vorzeigen. S2 hofft, daß sie ohne Probleme durch die strenge Kontrolle kommt.

*Beispiel:*
*S1: Halt, darf ich Ihren Paß sehen ...*   *S2: Hier, bitte schön: Mein Paß*
*Was führen Sie mit? ...*   *mit Visum ... usw.*
*Wohin fahren Sie? ...*
*Wie lange wollen Sie bleiben? ...*
*Bringen Sie Zeitungen mit? ...*
*usw.*

## B. Schriftliche Übung.

Stellen Sie sich vor, Sie arbeiten als Journalist 1961 in der Schweiz. Schreiben Sie einen Zeitungsbericht, der auf Bild 1 paßt.

---

**Text 1** *Eine Mauer quer durchs Land*

Die zehn Zitate in diesem Textteil sind Erinnerungen°, Medienberichte° und Nachrichten aus der DDR, der Bundesrepublik, der Schweiz und aus Österreich. Die Texte nehmen Stellung zur innerdeutschen Grenze nach dem Mauerbau am 13. August 1961. Drei Zitate stammen aus einer Jugendzeitung in Baden-Württemberg, die Schülern/Schülerinnen 1977 die Frage stellte: „Was weißt du von der Mauer?"

*memories / media reports*

# Vorarbeit zum Lesen

## A. Vokabelübung.

Vervollständigen Sie die Sätze, indem Sie die richtigen Substantive einsetzen.

Grenze, Welten, Ehepaare, Erhaltung, Bauarbeiter, Unglück, Menschenhandel, Mauer, Kinder

1. Niemand hat die Absicht, eine _____ *(wall)* zu bauen. 2. Die _____ *(construction workers)* unserer Hauptstadt beschäftigen sich mit

Wohnungsbau. 3. Die _____ *(preservation)* des Friedens erfordert, das Treiben der Westdeutschen zu stoppen. 4. Westdeutsche Agentenzentralen organisieren einen regelrechten _____ *(smuggling of human beings)*. 5. Am 13. August 1961 schloß die DDR ihre _____ *(border)*. 6. _____ *(married couples)*, Familien, Großeltern, Eltern und Kinder liefen in Richtung Grenze. 7. Mit welchen Wörtern, in was für Sätzen, und in welchem Ton sollen _____ *(children)* miteinander reden? 8. Diese Mauer trennt zwei _____ *(worlds)*. 9. Sie hat vielen Menschen _____ *(distress, misfortune)* gebracht.

## B. Schnelles Lesen: Textarten.

Lesen Sie nur die Überschriften der zehn Zitate, und beantworten Sie folgende Fragen.

1. Wie viele Texte sind anonym?
2. Wie viele Texte sind offiziell, wie viele persönlich?
3. Wie viele sind von Jugendlichen geschrieben?
4. Was ist typisch für eine Zeitungsmeldung? (Stil, Ton, Länge, usw.)
5. Was erwarten Sie von den beiden Dichtertexten?
6. Was erwarten Sie von den Schülertexten?

# Eine Mauer quer durchs Land

*(1)* **Walter Ulbricht,** Staatschef der DDR. Am **15. Juni 1961** gab er folgende Antwort auf die Frage eines Journalisten über eine geplante Mauer:

Niemand hat die Absicht°, eine Mauer zu errichten. Ich verstehe Ihre Frage so, daß es in Westdeutschland Menschen gibt, die wünschen, daß wir die Bauarbeiter der Hauptstadt der DDR dazu mobilisieren, eine Mauer aufzurichten. Mir ist nicht bekannt, daß eine solche Absicht besteht. Die Bauarbeiter unserer Hauptstadt beschäftigen sich° hauptsächlich mit Wohnungsbau, und ihre Arbeitskraft wird dafür voll eingesetzt°.

*intention*

*are concerned (with)*

*used*

*(2)* Erklärung des **Ministerrats der DDR,** Berlin am **12. August 1961.**

Die Erhaltung des Friedens erfordert, dem Treiben° der westdeutschen Revanchisten und Militaristen einen Riegel

*activities*

vorzuschieben° .... Von westdeutschen und West-Berliner Agentenzentralen wird eine systematische Abwerbung° von Bürgern der DDR und ein regelrechter Menschenhandel organisiert.

*einen Riegel vorzuschieben: put up a barrier / enticing away*

*(3)* **Wiener Presse.** Zeitungsmeldung vom **13. August 1961.**

Am 13. August 1961 um null Uhr früh schloß die DDR ihre bis dahin offene Grenze zu West-Berlin durch eine Sperre° aus Stacheldraht.

*barrier*

*(4)* **Klaus Schlesinger.** DDR-Dichter. Erinnerung an den **13. August 1961.**

Ich weiß nicht, ob ich die Stadt jemals wieder so gesehen habe wie an diesem Tag. Dabei hätte ich nicht sagen können, woran es lag; es war alles unverändert°, diese graue, lange Straße, die stummen°, mächtigen Häuser – alles unverändert und doch auf eine schwer faßbare Art° anders, nicht nur, weil ich, außer an Staatsfeiertagen, noch nie so viele Menschen auf den Straßen gesehen habe, die eilig° und meist in Gruppen in Richtung der Grenze liefen: Ehepaare, fest untergehakt°, als könnten sie sich verlieren, ganze Familien, Großeltern, Eltern, Kinder, in den Gesichtern – ob sie nun Zorn° oder Triumph zeigten – etwas Einendes°, allen Gemeinsames, ja es war die gleiche Ungläubigkeit° in den Gesichtern der Menschen, die an mir vorbei zur Grenze zogen.

*unchanged*
*silent*
*auf eine schwer faßbare Art: in an elusive way*
*hurried*
*with arms linked*

*anger*
*(something) in common*
*disbelief*

*(5)* **Ernst Bloch,** Philosoph, Übersiedler aus der **DDR 1961.**

Nach den Ereignissen vom 13. August, die erwarten lassen, daß für selbstständig° Denkende überhaupt kein Lebens- und Wirkungsraum° mehr bleibt, bin ich nicht gewillt, meine Arbeit und mich selber unwürdigen° Verhältnissen° und der Bedrohung°, die sie allein aufrechterhalten, auszusetzen°. Mit meinen 76 Jahren habe ich mich entschieden, nicht nach Leipzig zurückzukehren.

*independent*
*working space*
*disgraceful / conditions*
*threat / expose*

*(6)* **Christa Wolf,** Dichterin, **DDR 1976.**

Auch heute wachsen Kinder auf, in den beiden deutschen Staaten. Fragen wir uns denn ernst genug: Wie sollen die, wenn sie groß sind, miteinander reden? Mit welchen Wörtern, in was für Sätzen, und in welchem Ton?

*(7)* **Frank Schuber.** Schüler, 14 Jahre, **BRD 1977.**

Von dem Tag an, da die Mauer stand, wurde sie laufend ausgebaut°. Selbstschußanlagen°, meterhohe Zäune und Mauern. Daß trotzdem Leute versuchten zu flüchten, zeigt, was für schlimme Umstände° in der DDR herrschen müssen. Die Mauer ist ein Symbol der Regierung.

*expanded / automatic firing devices*

*circumstances*

*(8)* **Jochen Schulte.** Schüler, 9 Jahre, **BRD 1977.**

Wir sind zu Verwandten gefahren und kamen zur Grenze, da waren viele Grenzpolizisten und haben uns kontrolliert und unter die Sitze geguckt° und unser Auto untersucht. Es hat ungefähr eine Stunde gedauert. An der Grenze war ein kleiner Berg und eine kleine Schlucht°, und da sind wahrscheinlich die Selbstschußgeräte eingebaut. Es war richtig ein kleiner Dschungel. Da standen auch Zigeuner°, und die haben sie doppelt durchsucht°.

*peeked*

*gorge*

*gypsies*
*inspected*

*(9)* **Silke Tauber.** Schülerin, 14 Jahre, **BRD 1977.**

Diese Mauer trennt zwei Welten, nicht nur Ost- und West-Berlin, sondern den Osten vom Westen. Sie hat vielen Menschen Unglück° gebracht, Familien getrennt, denn viele wollten aus dem Osten fliehen.

*misfortune, misery*

*(10)* **Zürcher Zeitung.** Nachricht vom **7. Januar 1978.**

171 Menschen sind in den letzten 15 Jahren bei Fluchtversuchen° aus der DDR ums Leben gekommen. Dies stellte gestern die Internationale Juristen°-Kommission in Genf fest.

*attempts to escape*
*lawyers*

Quellen: (1) *Neues Deutschland,* 15.6.1961; (2) *Neues Deutschland,* 12.8.1961; (3) *Wiener Presse,* 13.8.1961; (4) Klaus Schlesinger, *Berliner Traum. Fünf Geschichten.* Rostock: Hirnstorff Verlag, 1977; (5) Ernst Bloch, Brief. In *SBZ-Archiv: Dokumente, Berichte, Kommentare zu gesamtdeutschen Fragen.* Hrsg. Joseph C. Witsch. 12. Jhrg. August 1961, S. 102; (6) Christa Wolf, *Reden.* Berlin: Aufbau Verlag, 1976; (7, 8, 9) *Ulmer Schülerzeitung,* 13.6.1977; (10) *Zürcher Zeitung,* 7.1.1978.

# Übungen zum Text

## A. Alles falsch!

Korrigieren Sie die folgenden Sätze.

1. Die Bauarbeiter der Hauptstadt der DDR hatten keine Zeit, eine Mauer zu bauen.
2. Von West-Berliner Agentenzentralen wird ein Menschenhandel organisiert.
3. Am 13. August 1961 öffnete die DDR ihre Grenze zum Westen.
4. Wir kamen an die Grenze und wurden fast überhaupt nicht untersucht.
5. Nach dem 13. August war alles in der Stadt verändert.
6. Diese Mauer verband zwei Welten, nicht nur Ost- und West-Berlin.
7. Der Philosoph Ernst Bloch kehrte nach dem 13. August gern nach Leipzig zurück.

## B. Fragen zum Inhalt.

1. Wie lange stand die Mauer zwischen der BRD und der DDR?
2. Wer sagte im Juni 1961, daß keine Absicht bestand, eine Mauer zu bauen?
3. Was für Gründe erwähnte der Ministerrat der DDR am 12. 8. 61 für den Bau der Mauer?
4. Wer warnte vor den westdeutschen Militaristen und Revanchisten?
5. Wie reagierten die DDR-Bürger auf den Bau der Mauer? Was sah Schlesinger in den Gesichtern der Menschen am 13. August 1961?
6. Was meinte Christa Wolf mit ihrer Frage, wie Kinder in den beiden deutschen Staaten miteinander reden sollen, wenn sie groß sind?
7. Wie beschreiben die Kinder die Mauer? Was für Details der Grenze werden erwähnt?
8. Warum fuhr Jochen Schulte von der BRD über die Grenze in die DDR?
9. Wer wurde an der Grenze doppelt durchsucht?
10. Die „Zürcher Zeitung" berichtete 1978 über den Tod von 171 Menschen, die bei Fluchtversuchen an der DDR-Grenze ums Leben kamen. Wer hat die Schuld am Tod dieser Menschen? Die Grenzsoldaten, die Offiziere, die Regierung, niemand? Was glauben Sie?

## C. Fragen über Protestbriefe.

Text 5 entstammt einem Protestbrief des marxistischen Philosophen Ernst Bloch an die Akademie der Künste in Ost-Berlin (DDR) nach dem Bau der Mauer. In dieser Übung geht es deshalb um das Thema des politischen Protests.

1. Haben Sie schon einmal einen Protestbrief geschrieben? Wenn ja, an wen und warum?
2. Wogegen oder von welchen Gruppen werden heute oft Protestbriefe geschrieben?
3. Sind Protestbriefe effektiv und erfolgreich? Was meinen Sie?

## D. Schriftliche Übungen.

Wählen Sie ein Thema.

1. Schreiben Sie einen **Protestbrief** an eine Institution (Regierung, Universität, Kirche, Club usw.).
2. **Übersetzen** Sie Text 5 von Ernst Bloch. Verwenden Sie den Stil eines Protestbriefes.
3. **Übersetzen** Sie Text 1 von Walter Ulbricht („Ulbrichts Lüge"). Versuchen Sie, im Stil eines Politikers zu schreiben.
4. **Leserreaktion:** Was für Texte fanden Sie am interessantesten/ am wenigsten interessant? Begründen Sie Ihre Antwort.

**Bild 2** (Quelle: Ullstein Bilderdienst)

Rücksichtslos° zertrennte die Berliner Mauer im August 1961 das Leben der     *ruthlessly*
Stadt. Die Fotografie zeigt ein trauriges Bild: ein Hochzeitsfest an der Grenze
aus Stacheldraht. Fünf Tage nach dem Bau der Mauer heiratete diese junge
Braut im Westen, aber ihre im Ostteil Berlins lebenden Eltern erhielten von
der DDR keine Erlaubnis°, an der Hochzeit° teilzunehmen. Wenige Schritte     *permission / wedding*
von ihrer Tochter entfernt, winken die ostdeutschen Eltern dem Hoch-
zeitspaar ihre Glückwünsche über den Stacheldraht hinüber.

## A. Bildbeschreibung.

1. Beschreiben Sie die Szene. (Wer? Was? Wo? Wann?)
2. Beschreiben Sie den Bräutigam. (Kleidung, Haltung, Blumen usw.)
3. Beschreiben Sie die Mutter des Bräutigams.
4. Beschreiben Sie die Braut.
5. Was für Gefühle spiegeln sich in den Gesichtern der drei Menschen wider?
6. Was denken oder empfinden Sie, wenn Sie sich dieses Bild ansehen?

## B. Schriftliche Übung.
Schreiben Sie einen Zeitungsbericht, der auf Bild 2 paßt.

## Bild 3 Gisela Breitling, Allegorie der geteilten Stadt

Das Gemälde von Gisela Breitling, *Allegorie der geteilten Stadt* (1974), zeigt die historischen Gründe° für die Teilung Berlins. Adolf Hitler steht im Zentrum des Brandenburger Tores, des Symbols der Stadt Berlin. Der Nationalsozialismus zerstörte° die Stadt, wie man links und rechts des Tores sehen kann. Unter den Fahnen der Vereinigten Staaten und der Sowjetunion begann 1945 der Wiederaufbau°. 1949 kam die Teilung der Stadt, 1961 die Mauer. Vor der Mauer steht ein Plakat mit dem Porträt von Louise Schröder, der ersten Bürgermeisterin° Berlins nach 1945. Die alliierten Sieger Churchill, Roosevelt und Stalin thronen auf dem Brandenburger Tor. Darüber steht eine gespaltene° Frauenfigur. Sie ist die Allegorie der geteilten Stadt, die ihre Wunden nicht verhüllen° kann.

*reasons*

*destroyed*

*reconstruction*

*mayor*

*split*
*cover*

## A. Redemittel zur Bildbeschreibung.

1. Ich sehe da ...
2. Im Vordergrund ist ...
3. In der Mitte sehe ich ...
4. Im Hintergrund ist ein/eine ...
5. Mir gefällt/gefällt nicht, daß ...
6. Ich finde es seltsam/häßlich/interessant/kunstvoll/überraschend/ aufregend, daß ...
7. Wenn ich das Bild anschaue, denke/fühle ich ...
8. Wenn ich in Berlin wäre, würde ich ...
9. Glaubst du, daß ... ?

**Bild 3** (Quelle: Museum Haus am Checkpoint Charlie)

**Bild 4** (Quelle: Presse- und Informationsamt der Bundesregierung)

Der seit vielen Jahren im Westen lebende russische Cellist Mstislaw Rostropowitsch feierte am 12. November 1989 die Öffnung der Berliner Mauer
auf eine ganz besondere Weise°. Nicht weit vom alten Grenzübergang   *manner, way*
Checkpoint Charlie spielte er in einem ungewöhnlichen° Konzert Barock-   *unusual*
musik von Johann Sebastian Bach. Ost- und Westberliner konnten nach 28
Jahren der Trennung wieder gemeinsam feiern°.   *celebrate*

## A. Mündliche Referate zum Bild.

Sehen Sie nach in einem Lexikon (*Brockhaus* usw.) und berichten Sie kurz über eines der folgenden Themen auf deutsch.

1. Checkpoint Charlie (Berliner Grenzübergang).
2. Johann Sebastian Bach (deutscher Komponist).
3. Mstislaw Rostropowitsch (russischer Musiker).

## B. Fragen zum Bild.

1. Beschreiben Sie einige Zuhörer des Konzerts.
2. Was war ungewöhnlich an diesem Konzert? Wo hört man sonst Konzerte?
3. Warum spielte Rostropowitsch seine Musik vor der Mauer? Was, glauben Sie, wollte er damit ausdrücken°?          *express*

## KAPITEL 14

# Wohlstand durch Wirtschaftswunder

Bild 1: **Aller Anfang ist er** (Plakat)
Text 1: **Jost Hermand, *Das sogenannte Wirtschaftswunder*** (Auszug)
Bild 2: **Kind des Jahres 1958** (Zeitschrift)
Text 2: **Hans Magnus Enzensberger, *Middle Class Blues*** (Gedicht)
Bild 3: **Mehr Urlaub** (Plakat)

## *Economic Context*

The *Wirtschaftswunder* (economic miracle) in the Federal Republic of Germany had its roots in the currency reform of 1948. The installation of the *Deutsche Mark* (DM) stopped the postwar spiral of recession, inflation, and unemployment by jump-starting the economy and increasing consumer demand. Another stimulus came in 1949 from the Marshall Plan, which provided West Germany with three billion dollars in U.S. foreign aid. By the early 1950s, the *Wirtschaftswunder* was well under way. It was marked by high growth rates, solid increases in the standard of living, economic collaboration between trade unions and industries, and comprehensive social welfare policies. A modified capitalism, called *soziale Marktwirtschaft,* was the underlying principle. Introduced by the CDU minister of economic affairs Ludwig Erhard, it provided the basis for Chancellor Konrad Adenauer's continued successes at the polls. His most popular campaign slogans were "Keine Experimente!" and "Wohlstand für alle!". Within sixteen years, the standard of living for West Germans had risen almost 140 percent. An important factor for this success was the availability of a highly qualified, disciplined, and unionized work force, which included foreign workers from southern Europe and from East Germany.

## Übersicht

In Kapitel 13 geht es um den Aufstieg der Bundesrepublik Deutschland nach dem Zweiten Weltkrieg zum Wirtschaftswunderland Europas. Text 1 und Text 2 befassen sich mit den wirtschaftspolitischen Grundlagen° und sozialen Auswirkungen° des rapiden Wachstums°. Die Anziehungskraft° des populären Volkswagens vermittelt eine Firmenwerbung° (Bild 1) aus dem Jahr 1955, als man bereits 1 Million „Käfer"° verkauft hatte. Bild 2 ist eine Satire auf die Wiederbewaffnung° und „Freßwelle°" in der BRD in den 50 Jahren. Bild 3, am Kapitelende, ist eine Wahlwerbung für die Sozialdemokratische Partei (SPD) mit der Forderung° nach mehr Urlaub für die Arbeitskräfte des Wirtschaftswunders.

*foundations*
*impacts / growth / appeal / company advertisement / beetles*

*rearmament / wave of overeating, gorging*
*demand*

**Bild 1** (Quelle: Stiftung Automuseum Volkswagen)

Diese Werbung des Volkswagenwerks erschien Mitte der 50er Jahre. 1955 hatte man bereits eine Million Autos im In- und Ausland verkauft. Der Volkswagen „Käfer" wurde schnell zum Symbol des westdeutschen Wirtschaftswunders und der neuen Wohlstandsgesellschaft° unter Bundeskanzler Konrad Adenauer (CDU). Im Jahr 1961 nahm die Bundesrepublik in der Rangliste aller autoexportierenden Länder der Welt bereits den ersten Platz ein.

*affluent society*

## A. Gespräch in der Gruppe: Mein erstes Fahrzeug.

Bilden Sie Gruppen von drei bis vier Personen. Bestimmen Sie, wer der Sprecher/die Sprecherin für die Gruppe ist. Alle Gruppenteilnehmer/Gruppenteilnehmerinnen berichten kurz über folgende Fragen.

1. Was war Ihr erstes Fahrzeug? (ein Fahrrad, ein Moped, ein Motorrad, ein Auto, ein Boot?)
2. Wann bekamen Sie es? Wie alt waren Sie?
3. Was machten Sie damit? Hatten Sie Spaß damit?
4. Was geschah damit?

Der Gruppensprecher/die Gruppensprecherin berichtet dem Kurs kurz, worüber man in der Gruppe sprach.

## B. Schriftliche Übung.

Ein deutsches Sprichwort sagt: „Aller Anfang ist schwer." Inwiefern ist der Werbeslogan „Aller Anfang ist er" deshalb besonders wirksam? Was will die Reklame suggerieren? Warum paßt dieser Slogan auf die 50er Jahre?

## Text 1 Jost Hermand, *Das sogenannte Wirtschaftswunder*

**Zum Autor:** Jost Hermand wurde 1930 in Berlin geboren und unterrichtet seit 1958 neuere deutsche Literatur an der Universität von Wisconsin in Madison (USA). Er veröffentlichte zahlreiche Interpretationen und Analysen zum Verlauf der deutschen Musik-, Kunst- und Literaturgeschichte angefangen bei Beethoven und Heinrich Heine bis Bertolt Brecht und Heiner Müller.

**Zum Text:** Der Text stammt aus dem Kapitel „Zwischen Kaltem Krieg und Wirtschaftswunder" in Jost Hermands Buch *Kultur im Wiederaufbau. Die Bundesrepublik Deutschland 1945–1965*. Hermand beschreibt darin die ökonomische und politische Fundierung des westdeutschen Wirtschaftswunders (1951–1963) unter Kanzler Konrad Adenauer und Finanzminister Ludwig Erhard.

# Vorarbeit zum Lesen

## A. Vokabelübung.

Ordnen Sie die richtigen Synonyme einander zu.

### Teil 1

| | | |
|---|---|---|
| 1. die Währungsreform | a. ein Fan |
| 2. etwas durchführen | b. die Ökonomie |
| 3. schaffen | c. die Besserung, wenn man gesund wird |
| 4. die Wirtschaft | d. eine sehr wichtige Industrie |
| 5. ein Anhänger | e. die Einführung der Deutschen Mark 1948 |
| 6. eine Fortführung | f. etwas organisieren |
| 7. die Überführung | g. die Transformation, die Umwandlung |
| 8. eine Schlüsselindustrie | h. eine Weiterführung, eine Fortsetzung |
| 9. das Gemeineigentum | i. machen, gestalten, herstellen |
| 10. die Gesundung | j. das kollektive Eigentum, was allen gehört |

### Teil 2

| | | |
|---|---|---|
| 1. eine freie Entfaltung | a. etwas haben, besitzen |
| 2. das Anlaufen | b. langsam |
| 3. eine soziale Schicht | c. der Eintritt in eine Organisation |
| 4. sich erweisen | d. ein Ende machen, beenden |
| 5. aufheben | e. sich zeigen |
| 6. fortschrittlich | f. eine freie Entwicklung |
| 7. der Beitritt | g. ein gesellschaftlicher Kreis, eine Klasse |
| 8. allmählich | h. der Beginn, der Anfang |
| 9. über etwas verfügen | i. die Höhe der Produktion vor 1938 |
| 10. der Stand der Vorkriegsproduktion | j. progressiv |

## B. Mündliche Referate.

Informieren Sie sich in der Bibliothek, und berichten Sie etwa zwei Minuten über eins der folgenden Themen auf deutsch.

1. Die soziale Marktwirtschaft
2. Ludwig Erhard
3. Das Volkswagenwerk (Der „Käfer")
4. Der Siemens-Konzern

1. Was für deutsche Konzerne, Firmen und Industrien sind Ihnen außer Volkswagen und Siemens bekannt?
2. Was für Produkte verkaufen diese deutschen Firmen?

## Jost Hermand, Das sogenannte Wirtschaftswunder

Die Basis für die Westintegration und Rekapitalisierung° Westdeutschlands wurde durch die am 20. Juni 1948 durchgeführte Währungsreform geschaffen°. Zu ihren Hauptinitiatoren gehörte Ludwig Erhard, der am 20. September 1949 Wirtschaftsminister im ersten Kabinett Adenauer (CDU/CSU) wurde.

Erhard war als Anhänger° Wilhelm Röpkes und der „Freiburger Schule" schon 1947/48 gegen die Fortführung° der planwirtschaftlichen Maßnahmen° der ersten Nachkriegsjahre oder gar die Überführung der sogenannten Schlüsselindustrien° in Gemeineigentum° eingetreten. Statt dessen hatte er zur wirtschaftlichen Gesundung Westdeutschlands die relativ freie Entfaltung° kapitalistischer Privatunternehmen° im Rahmen° einer „sozialen Marktwirtschaft" empfohlen. Da der von ihm gutgeheißene Wirtschaftskurs in den Jahren 1948/49 mit dem Anlaufen° des Marshall-Plans verbunden wurde und darum breiten Schichten° der Bevölkerung wie ein Durchbruch zu demokratischer Freiheit erschien, erwiesen sich die Erhard-schen Wirtschaftskonzepte als äußerst erfolgreich°. [...]

Besonders stolz war man in Regierungskreisen° darauf, schon im Mai 1950 die Lebensmittelrationen aufheben° zu können. Als ebenso fortschrittlich wurden 1951 der Beitritt° der Bundesrepublik zum Europarat° und zur westeuropäischen Gemeinschaft für Kohle und Stahl, der sogenannten „Montanunion" hingestellt, durch welche Westdeutschland politisch und ökonomisch eine immer engere Allianz mit Frankreich, Italien und den Beneluxländern einging°. Als daher 1952 die Marshall-Plan-Hilfe allmählich auslief, verfügte° die BRD bereits über eine so beachtliche° Wirtschaftskapazität, daß sie eine einflußreiche Exportmacht zu werden begann. [...]

*Glossar:*
- Rekapitalisierung° — *reintroduction of a capitalist economy*
- geschaffen° — *created*
- Anhänger° — *supporter*
- Fortführung° — *continuation*
- Maßnahmen° — *measures*
- Schlüsselindustrien° — *key industries*
- Gemeineigentum° — *common (state) property*
- Entfaltung° / Privatunternehmen° / Rahmen° — *development / private companies / framework*
- Anlaufen° — *start*
- Schichten° — *(social) strata*
- erfolgreich° — *successful*
- Regierungskreisen° — *government circles*
- aufheben° — *cancel*
- Beitritt° — *joining*
- Europarat° — *European Council*
- einging° — *entered*
- verfügte° — *had obtained*
- beachtliche° — *considerable*

Die westdeutsche Industrieproduktion, die bereits im Jahr 1950 den Stand der Vorkriegsproduktion von 1936/37 erreicht hatte, stieg somit in der Folgezeit fast jedes Jahr über 10 Prozent an°. Insgesamt vergrößerte sich die Industrieproduktion der Bundesrepublik in den Jahren zwischen 1950 und 1960 um 164 Prozent, eine Ziffer°, welche die Zuwachsrate° aller anderen westlichen Industrienationen im gleichen Zeitraum weit übertraf°. Hieraus ergab sich im Laufe der Jahre eine so günstige° Handelsbilanz, daß die Bundesrepublik 1957/58 in der westeuropäischen Wirtschaftsgemeinschaft° (EWG) als das ökonomisch stärkste Land auftreten° konnte.

Doch auch die anderen industriellen Erfolgsziffern° dieser Jahre sind höchst eindrucksvoll° und stellen alles in den Schatten°, was es sonst an Statistiken über vergleichbare Gründerjahre° oder Wirtschaftswunder gibt. So stieg die Stahlerzeugung von 10,7 Millionen Tonnen im Jahr 1947 auf 22,5 Millionen Tonnen im Jahr 1956 an. Der westdeutsche Außenhandel° vergrößerte sich zwischen 1950 und 1960 von 12 Milliarden auf 70 Milliarden Mark. Die Zahl der Arbeitslosen sank dagegen im gleichen Zeitraum von 1,94 Millionen auf 185 Tausend ab, denen obendrein 489 Tausend offene Stellen gegenüberstanden. Daß sich die Industrie so schnell erholen° konnte und so viele neue Arbeitskräfte benötigte, hängt sicher auch damit zusammen, daß sie – wegen der Kriegs- und Demontage-Verluste° – mit einem wesentlich moderneren Maschinenpark ausgestattet° war als vergleichbare° Industrien anderer westeuropäischer Länder.

Das machte sich vor allem in der Autoindustrie, der Elektroindustrie und der Chemischen Industrie bemerkbar°, welche in diesen Jahren eine besondere Dynamik entwickelten. Nur so wird verständlich, warum die Bundesrepublik im Jahr 1961 in der Rangliste aller autoexportierenden Länder der Welt den ersten Platz einnahm. Die größte Autofabrik Europas war damals das Volkswagenwerk. In ihm wurden in den späten fünfziger Jahren jedes Jahr über eine Million Autos von einem einzigen Typ gebaut. Die Firma Siemens stieg im gleichen Zeitraum mit ihren 200 000 Beschäftigten zum größten Arbeitgeber auf dem europäischen Kontinent auf. All das führte schließlich dazu, daß die Bundesrepublik um 1960 in ihrer

**stieg an:** rose

**Ziffer:** number / **Zuwachsrate:** rate of increase

**übertraf:** exceeded / **günstige:** favorable

**Wirtschaftsgemeinschaft:** economic community

**auftreten:** appear

**Erfolgsziffern:** success statistics

**eindrucksvoll:** impressive

**stellen in den Schatten:** surpass / **Gründerjahre:** start-up years

**Außenhandel:** foreign trade

**erholen:** recuperate

**Verluste:** losses

**ausgestattet:** equipped / **vergleichbare:** comparable

**machte sich bemerkbar:** was noticeable

Industrieproduktion nur noch von den USA und der UdSSR
übertroffen° wurde. *surpassed*

Aufgrund dieser Entwicklung ergoß sich seit 1955/56 nicht
nur ein ungeahnter° Strom von Gold und Devisen in die *unforeseen*
Tresore° der Bundesrepublik, sondern entstand zugleich in *vaults*
weiten Kreisen der westdeutschen Bevölkerung das Gefühl, in
einem Land zu leben, das wieder zu den führenden Nationen
der Welt gehörte. „Wir sind wieder wer!" hieß es erst versteckt° *hidden*
und dann immer offener. Und auch dieses neue Selbstgefühl
kam der CDU/CSU und ihrer Wirtschaftspolitik zugute. [...]

Alle verdienten, wie es hieß, und alle genossen das Ver-
diente. Auf die „Anschaffungswelle°" folgte die „Freßwelle", *wave of consumer*
auf die „Freßwelle" die „Saufwelle°", auf die „Saufwelle" *purchasing / **saufen**: to*
schließlich die „Reisewelle". Und so schien es auch in Zukunft *booze, to guzzle*
weiterzugehen.

Quelle: Jost Hermand, *Kultur im Wiederaufbau. Die Bundesrepublik Deutschland
1945–1965.* München Nymphenburger Verlagshandlung, 1986, S. 221, 224–226,
227.

## Übungen zum Text

### A. Ergänzungen.
Vervollständigen Sie die Sätze mit den richtigen Daten, Namen, Fakten und
Begriffen° aus dem Text. *terms*

1. Die Währungsreform wurde _____ (Jahreszahl) durchgeführt.
2. Der Marshall-Plan begann _____ (Jahreszahl).
3. Der Wirtschaftsminister im ersten Kabinett Konrad Adenauers
   hieß _____ (Name).
4. Die ökonomische Basis für das Wirtschaftswunder war die
   soziale _____ (Begriff).
5. Die Lebensmittelrationen endeten _____ (Jahreszahl).
6. Die BRD trat im Jahr _____ (Jahreszahl) dem Europarat bei.
7. Durch die Montanunion ging die BRD eine enge Allianz mit
   _____ (Staaten) ein.
8. Der Marshall-Plan endete um _____ (Jahreszahl).
9. Zwischen 1950 und 1960 stieg die Industrieproduktion um
   _____ (Zahl) Prozent.

## B. Fragen.

1. Welcher politischen Partei gehörten Adenauer und Erhard an?
2. Womit assoziierten viele BRD-Bürger den Marshall-Plan und die freie Entfaltung der Wirtschaft?
3. Was waren die erfolgreichsten Industrien des Wirtschaftswunders in der BRD?
4. Was war die sogenannte Montanunion?
5. Wer waren die ersten Mitglieder der EWG? Wer gehört heute zur Europäischen Gemeinschaft (EG)?
6. Was sagt der Text über die Arbeitslosigkeit während der Jahre 1950 bis 1960?
7. In welchem Jahr wurde die BRD das ökonomisch stärkste Land der Europäischen Wirtschaftsgemeinschaft (EWG)?
8. Wie hießen die vier Konsumwellen des Wirtschaftswunders? Was wurde jeweils konsumiert?
9. Was wissen Sie über die amerikanische oder russische Wirtschaft in den 50er Jahren? Gab es Arbeitslosigkeit oder einen wirtschaftlichen Boom?
10. Kennen Sie einige Politiker, Künstler, Musiker oder Schauspieler aus dieser Zeit?

## C. Schriftliche Übungen.

1. Die erste Welle des westdeutschen Wirtschaftswunders war die Einkaufs- und Anschaffungswelle. Viele kauften sich den ersten Kühlschrank, den ersten Fernseher, neue Autos, Fahrräder, Schuhe usw. Wenn Sie heute 2 000 D-Mark hätten, was würden Sie gern einkaufen? Schreiben Sie etwa sieben bis zehn Sätze: „Wenn ich 2 000 D-Mark hätte, dann ...“
2. Die vierte Welle des Wirtschaftswunders war die Reisewelle. Die Schweiz, Frankreich, Österreich, Italien, Jugoslawien und die Beneluxländer waren bei den deutschen Touristen besonders beliebt. Wenn Sie DM 5 000 hätten, wohin, wie und wann würden Sie gern reisen? Schreiben Sie etwa sieben bis zehn Sätze: „Wenn ich Zeit und Geld hätte, dann ...“

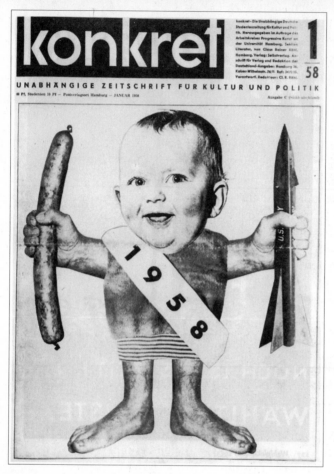

**Bild 2** (Quelle: *Konkret*, Hamburg)

Titelblatt der Zeitschrift *Konkret*, Januar 1958. Das Jahr 1958, dargestellt als Kind mit deutscher Wurst und amerikanischer Rakete. Satirische Fotomontage einer Studentenzeitung der Hamburger Universität zum Thema Wirtschaftswunder, Wiederbewaffnung und NATO-Integration der BRD. *Konkret* entwickelte sich schnell von einer kleinen Studentenzeitung zu einem beliebten Satiremagazin in der Bundesrepublik.

## A. Vokabelübung.

Ergänzen Sie die Sätze mit einem Wort aus der folgenden Liste:

Hände, Wirtschaftswunder, Bild, Gesicht, Rakete, Wurst, Schultern, Augen

1. Das ＿＿ erschien 1958 in der BRD und zeigt eine Satire auf die Westintegration und das ＿＿ .
2. In der rechten Hand hält die Figur eine lange ＿＿ und in der linken eine amerikanische ＿＿ .
3. Um die ＿＿ trägt die Figur ein Band mit der Aufschrift „1958".
4. ＿＿ und Füße sind viel zu groß für den Körper der Figur.
5. Das ＿＿ sieht aus wie das eines dreijährigen Kindes.
6. Die ＿＿ sehen glücklich aus, der Mund ist halb offen.

## Text 2 Hans Magnus Enzensberger, *Middle Class Blues*

**Zum Autor:** Hans Magnus Enzensberger (geboren 1929 in Kaufbeuren, Allgäu) arbeitet als freier Schriftsteller in Berlin. Er gehört zu den bekanntesten und einflußreichsten deutschen Autoren der Gegenwart. Seine Werke umfassen Gedichte, Romane, Hörspiele, Theater- und Fernsehstücke, Übersetzungen und politische Publizistik.

**Zum Text:** „Middle Class Blues" ist der Titel eines Gedichts aus dem Jahr 1963, in dem Enzensberger die Kehrseite° des westdeutschen Wirtschaftswunders kritisch beleuchtet°. Das Gedicht stammt aus dem Band *Blindenschrift* und spiegelt die Kälte, Lieblosigkeit und neurotische Arbeitswut der Menschen im Wirtschaftswunderland. Der schnelle Wohlstand und Reichtum führte besonders bei der Jugend zur inneren Leere° und Langeweile.

*reverse side*
*illuminates*

*emptiness*

## Vorarbeit zum Lesen

### A. Rollenspiel zu zweit.
Organisieren Sie ein Treffen am Telefon. Stellen Sie sich vor, der Dichter Hans Magnus Enzensberger kommt zu Besuch in Ihre Stadt. Er wird auf einer Universität einen Vortrag halten, der an einem Mittwoch um sieben Uhr abends im Großen Hörsaal beginnt. Sie (S1) wollen mit einem/einer Bekannten (S2) zu Enzensbergers Vortrag gehen und machen am Telefon einen Termin aus. Natürlich hat er/sie Zeit und Lust, sich zu treffen. Organisieren Sie zusammen das Treffen. Hier sind einige Redewendungen und Vokabeln. Sprechen Sie so frei wie möglich.

| S1 fragt S2 | S2 antwortet S1 |
|---|---|
| ... ob er/sie Lust hat, einen deutschen Vortrag zu hören? | Na klar! ... |
| | Ja, kein Problem! ... |
| ... ob er/sie am Mittwoch um sieben Uhr Zeit hat? | um halb sieben ... |
| | vor der Bibliothek ... |
| ... wann man sich treffen soll. | Natürlich, im alten Theater neben der Sporthalle hinter der Mensa! ... |
| ... wo man warten soll. | |
| ... ob er/sie weiß, wo der Große Hörsaal ist. | ...stimmt dem Plan zu. |
| ... ob Mittwoch, halb sieben, vor der Bibliothek paßt. | |
| S1 verabschiedet sich („Auf Wiederhören" usw.) | S2 verabschiedet sich. |

## B. Suche nach Vokabeln.

Bestimmen Sie in jeder Gruppe das Wort, das nicht paßt.

*Beispiel:* das Sozialprodukt, die Wirtschaft, der Handel, *das Gras*

1. die Vergangenheit, die Sirenen, die Gegenwart, die Zukunft
2. das Testament°, die Toten, der letzte Wille, der Teller     *last will*
3. die Eile, die Langsamkeit, die Hast, die Schnelligkeit
4. die Uhr, der Teller, die Tasse, das Glas
5. der Fingernagel, der Autobus, die Hand, der Arm
6. die Freude, die Schwermut, die Traurigkeit, der Blues

## C. Erklärung vor dem Lesen.

Erklären Sie einem Ausländer, was in Ihrem Land mit den folgenden Begriffen gemeint ist: (1) middle class (2) blues.

## Hans Magnus Enzensberger, *Middle Class Blues*

Wir können nicht klagen°.     *complain*
Wir haben zu tun.
Wir sind satt°.     *fed*
Wir essen.

Das Gras wächst,
das Sozialprodukt°,     *gross national product (GNP)*
der Fingernagel,
die Vergangenheit.

Die Straßen sind leer.
Die Abschlüsse° sind perfekt. — *transactions*
Die Sirenen schweigen°. — *are silent*
Das geht vorüber°. — ***geht vorüber:*** *passes, will pass*

Die Toten haben ihr Testament gemacht.
Der Regen hat nachgelassen°. — *diminished*
Der Krieg ist noch nicht erklärt°. — *declared*
Das hat keine Eile°. — *rush*

Wir essen das Gras.
Wir essen das Sozialprodukt.
Wir essen die Fingernägel.
Wir essen die Vergangenheit.

Wir haben nichts zu verheimlichen°. — *keep secret, cover up*
Wir haben nichts zu versäumen°. — *miss, waste*
Wir haben nichts zu sagen.
Wir haben.

Die Uhr ist aufgezogen°. — *wound up*
Die Verhältnisse° sind geordnet. — *affairs*
Die Teller sind abgespült°. — *rinsed*
Der letzte Autobus fährt vorbei.

Er ist leer.

Wir können nicht klagen.

Worauf warten wir noch?

Quelle: Hans Magnus Enzensberger, *Blindenschrift*. Frankfurt: Suhrkamp Verlag, 1964.

## Übungen zum Text

### A. Was paßt wohin?
Vervollständigen Sie die Sätze mit einer der folgenden Vokabel:

leer, klagen, gewachsen, erklären, nichts

1. Wenn man genug zu essen hat, wenn man satt ist, soll man nicht _____.
2. Während des Wirtschaftswunders ist das Sozialprodukt der BRD schnell _____.
3. Der Regen hat nachgelassen, aber die Straßen und die Autobusse sind _____.
4. Die Menschen in der BRD der 50er Jahre hatten _____ zu sagen.
5. Man hatte damals keine Eile, den Krieg zu _____.

## B. Schriftliche Übung: „German Blues".

Schreiben Sie ein ähnliches ironisches Gedicht mit dem Titel „German Blues". Beginnen Sie mit:

Wir können nicht klagen
Wir haben zu tun.

usw. ...

## C. Übung zum Inhalt.

Finden Sie die Redewendungen, Zeilen oder Strophen des Gedichts, die zu den folgenden Themen passen. Manches paßt auf mehrere Themen.

*Beispiel:*
die Ordnung: Die Teller sind abgespült.
            Die Toten haben ihr Testament gemacht.
            Die Verhältnisse sind geordnet.

1. der Blues
2. das Wirtschaftswunder
3. die faschistische Vergangenheit
4. die Bourgeoisie/das Bürgertum

## D. Diskussion und Interpretation.

1. Das Gedicht hat einen englisch-amerikanischen Titel. Was war damals alles populär in den USA?
2. Wer ist mit „wir" im Gedicht gemeint? Alle in der „Middle Class"? Alle, die den „Blues" haben? Alle Leser des Gedichts? Alle Deutschen der Wirtschaftswunderjahre?
3. Welche Periode der deutschen Geschichte meint Enzensberger mit dem Satz: „Die Sirenen schweigen."? Wann gab es oft Alarm und viele Sirenen?
4. Das Gedicht endet mit der Frage: „Worauf warten wir noch?" Was für eine Antwort würden Sie geben? Wie würden Sie den „Middle Class Blues" heilen?

5. Was kritisiert Enzensberger in seinem Gedicht? Wo liegt die Ironie oder der Sarkasmus?

**Bild 3** (Quelle: SPD Archiv, Bonn)

„Urlaub ist kein Luxus. Mindestens vier Wochen" verkündet das Wahlplakat° *election poster*
der SPD aus dem Jahr 1961. Im Verlauf° des westdeutschen Wirtschafts- *course*
wunders erhöhte sich die Urlaubszeit° der Arbeitnehmer drastisch. Die *vacation time*
Länge der Urlaubs- und Freizeit° wurde zu einem wichtigen politischen *leisure time*
Spielball in den Wahlkämpfen der frühen 60er Jahre. Die Zahl der freien
Stunden hat seit damals weiter zugenommen. Eine interessante Statistik
zeigt, daß man um 1850 noch zwei Drittel der Zeit, die man nicht zum
Schlafen brauchte, arbeiten mußte. Das Verhältnis zwischen Arbeit und
Freizeit war nach dem Wirtschaftswunder in der BRD genau umgekehrt°. Seit *reversed*
1965 können Arbeiter zwei Drittel der Zeit, die sie nicht zum Schlafen
brauchen, mit Freizeit verbringen.

## A. Vokabelübung zum Bild.

Was paßt zusammen?

1. __b__ weiße Stöcke, gebückte° Haltung, schwarze Brillen     *bent over*
2. _____ aufrecht gehende Menschen mit Taschen
3. _____ ein Haifisch mit langem schwarzen Schwanz° und drei     *tail*
   Pfeilen°     *arrows*
4. _____ Die Slogans: „Mehr Urlaub" und „Urlaub ist kein Luxus"
5. _____ ein Mann mit Blume und Badehose im Liegestuhl

    a. Urlaub und Erholung
    b. kranke Arbeiter
    c. schwarzer Rauch aus der Fabrik
    d. gesunde Arbeiter
    e. Wahlwerbung

## B. Interview über Urlaub und Erholung.

Interviewen Sie einen Partner/eine Partnerin, und berichten Sie über Ihre Ergebnisse.

1. Wie oft machen Sie Ferien im Jahr?
2. Wohin fahren Sie gern, wenn Sie Erholung suchen?
3. Was machen Sie gern, wenn Sie Ferien haben oder auf Urlaub gehen?
4. Wie viele Wochen Urlaub braucht ein arbeitender Mensch, um gesund zu bleiben? Ein Student/eine Studentin? Was glauben Sie?

## C. Schriftliche Übung.

Wählen Sie ein Thema.

1. **Aufsatz:** Mein letzter Urlaub
2. **Bildbeschreibung** mit Übersetzung des Textes in Bild 3

# Alltag, Arbeit und Kultur

Bild 1: **Ausländische Arbeiter in der BRD** (Fotografie)
Bild 2, Bild 3: **Pop Art in deutschen Museen** (Collagen)
Text: **Brigitte Reimann, *Ankunft im Alltag*** (Roman)
Bild 4: **Arbeiterin mit Schaufel** (Plastik)

## *Cultural Context*

In the late fifties, documentary and realistic art forms gained new popularity on both sides of the Iron Curtain. Whereas the artistic movement in the communist East was driven by the traditions of socialist realism and political solidarity with the working masses, the western trend centered on new forms of popular culture generated by postwar technologies. In the capitalist West, the move towards realism began in the mid-fifties, occurring almost simultaneously in the United States, Great Britain, and West Germany. In literature, the movement depended primarily on documentary genres such as memoirs and reports, while the visual arts began to embrace a new kind of realism, Pop Art. Arthur Koepke was among those who popularized Pop Art in West Germany in the late fifties. His collages, like those of Andy Warhol and Robert Rauschenberg in the U.S., and Richard Hamilton in England, are rooted in popular culture. They utilize television advertisements, comic strips, and other visual clichés from daily life.

In the East, a generation of young artists established an activist political agenda. Their aim was to document everyday achievements under socialism from the viewpoint of working comrades. Brigitte Reimann's optimistic novel *Ankunft im Alltag* (1961) signaled a renewed commitment to socialist realism. The book was an expression of a new cultural movement known as the "*Bitterfelder Weg.*" The movement encouraged artists, writers, and intellectuals to join the workers on the factory floors and popularize their experiences through art. *Bild* 4 reflects the tendencies of this artistic movement.

## Übersicht

In den späten 50er und frühen 60er Jahren gewann in allen deutschsprachigen Ländern die Arbeiterliteratur starke öffentliche Aufmerksamkeit°. Das Programm des „Bitterfelder Weges" (DDR) und des „Werkkreises Literatur der Arbeitswelt" (BRD) signalisierten ein neues Interesse für die Alltagswelt im Industriezeitalter. Der Text dieses Kapitels stellt einen Auszug° aus Brigitte Reimanns Roman *Ankunft im Alltag*° vor, einem anschaulichen Beispiel der sozialistischen Literatur aus der Arbeitswelt um 1960. Das dazu passende Bild 4 zeigt die Plastik einer sozialistischen Arbeiterin in Ost-Berlin. Bild 1 porträtiert eine Gruppe italienischer Arbeiter, sogenannter Gastarbeiter, die seit 1959 in der westdeutschen Industrie beschäftigt waren. Bild 2 und Bild

*attention*

*excerpt*
***Ankunft im Alltag:***
*arrival in everyday life*

3 zeigen Beispiele der westlichen Massen- und Medienkultur der späten 50er Jahre, zu der besonders die Pop Art zählte.

## Bild 1 Ausländische Arbeiter in der BRD

**Bild 1** (Quelle: Ullstein Bilderdienst)

Fotografie italienischer Arbeiter 1959 in der Bundesrepublik. Die sogenannten Gastarbeiter kamen seit Ende der 50er Jahre aus vielen südeuropäischen Ländern in die industriellen Zentren der BRD, der Schweiz und Österreichs. Ausländische Arbeiter waren in vielen Industrien tätig, besonders aber in der elektronischen Industrie, der chemischen Industrie und in den Autofabriken.

## A. Fragen zum Bild.

1. Beschreiben Sie diese Fotografie genau. Wo? Wie viele Menschen? Welches Alter?

2. Was, glauben Sie, denken und fühlen diese Menschen?

3. Was steht auf dem Schild unter dem Fenster?

4. Was glauben Sie? Zeigt diese Fotografie die Ankunft der Italiener in Deutschland oder deren Heimfahrt nach Italien? Begründen Sie Ihre Antwort.

5. Gibt es ausländische Arbeitnehmer/Arbeitnehmerinnen in Ihrer Stadt? Woher kommen sie? Wo arbeiten sie?

6. Schreiben Sie einen kurzen Bericht über dieses Thema für eine deutsche Zeitung. Woher kommen die ausländischen Arbeiter/Arbeiterinnen in Ihrer Region/Stadt? Wo arbeiten sie, wo und wie leben sie? Welchen Kontakt haben sie zu den Einheimischen?

## Bild 2, Bild 3 Pop Art in deutschen Museen

Bild 2. Richard Hamilton, *Just what is it that makes today's homes so different, so appealing?*, Collage, 300 × 288 cm, 1956. Die Collage ist ein frühes Beispiel englischer Pop Art, die sich ironisch mit der Konsumgesellschaft und den Hollywood-Medien beschäftigt°. Die Collage hängt heute in der Kunsthalle Tübingen.

*deals with*

## A. Pop-Paraphrasen zu den Bildern.

1. Im Jahr 1957 veröffentlichte der englische Künstler Richard Hamilton eine Liste mit Charakteristiken über die Kunst seiner Londoner Pop Art Gruppe. Die Liste nennt die wichtigsten Kriterien der internationalen Pop Art-Bewegung Ende der 50er Jahre. Hamilton schrieb seine Liste auf englisch. Wie kann man diese englischen Vokabeln am besten auf deutsch erklären und umschreiben?

    *Beispiel: gimmicky* verrückt; etwas mit Humor, Witz und Überraschung

    a. *popular (designed for a mass audience)*
    b. *transient (short-term solution)*
    c. *expendable (easily forgotten)*
    d. *low-cost*
    e. *mass-produced*

**Bild 2** (Quelle: VAGA/Richard Hamilton)

     f. *young (aimed at youth)*

     g. *witty*

     h. *sexy*

     i. *glamorous*

     j. *big business*

2. Welche Kriterien aus dieser Liste passen auf die Collage von Arthur Koepke (Bild 3)?

## B. Schriftliche Übung zu den Bildern.

1. Der Titel von Hamiltons Collage stellt eine ironische Frage. Beantworten Sie die Frage, indem Sie beschreiben, was an Hamiltons Collage so anders ist als bei einer „normalen" Wohnung.

2. Beschreiben Sie Arthur Koepkes Collage.

**Bild 3** (Quelle: René Block)

Arthur Koepke, *Brief an Ludwig Gosewitz*. Collage, 40 × 24 cm, 1962. Die farbige Collage aus Brief-, Zeitungs- und Werbetexten ist Teil einer Privatsammlung in Berlin.

## Text Brigitte Reimann, *Ankunft im Alltag*

**Zur Autorin:** Brigitte Reimann gehörte zur jungen Garde der DDR-Schriftsteller. Sie wurde 1933 geboren, wuchs während des Nationalsozialismus auf, beendete ihre Schulausbildung im Sozialismus, und begann ihre schriftstellerische Laufbahn° in den 50er Jahren. Ihre Romane *Ankunft*°     *career / arrival* im Alltag *(1961) und* Franziska Linkerhand *(1974) behandeln das Thema des sozialistischen Aufbaus in der DDR. Wegen ihrer optimistischen Perspektive wurde Reimann – neben anderen Autoren wie Christa Wolf, Christa Reinig und Irmtraud Morgner – eine der populärsten Schriftstellerinnen in der DDR. Reimann starb 1973.*

**Zum Text:** Der Text stammt aus dem dritten Kapitel von Brigitte Reimanns Roman *Ankunft im Alltag.* Er erzählt die Geschichte der drei Studenten Recha, Curt und Nikolaus, die freiwillig° ein Jahr in eine Fabrik° arbeiten gehen. Nikolaus, ein kunstbegabter° und sensibler Idealist, trifft bei der Arbeit einen groben° Genossen°, den Schweißer° Lehmann, der dem jungen Studenten sehr kritisch gegenübersteht. Hamann, dem Meister der Brigade, gelingt° es jedoch, die sozialen Unterschiede zwischen jung und alt, Handarbeit und Kopfarbeit zu überbrücken° und die beiden zu versöhnen°. Der Roman endet mit der Solidarisierung der Intellektuellen mit den Arbeitern im sozialistischen Staat.

*voluntarily / factory*

*artistic*
*rude / comrade / welder*

*succeeds*
*bridge / reconcile*

## Vorarbeit zum Lesen

### A. Schnelles Lesen.

Finden Sie die Antworten (Fakten, Daten, Namen) ohne langes Suchen im Text.

1. Wie viele Personennamen finden Sie in diesem Text?
2. Wer sagt das: „Bettelstudent°", „Mondkalb°", „Döskopp°"?
3. Was für Kognaten finden Sie im Text? Machen Sie eine Liste.
   *Beispiel: der Hammer*
4. In was für einer Zeit° ist dieser Text geschrieben?
   Plusquamperfekt, Präteritum, Vergangenheit, Gegenwart,
   Zukunft?

*(coll). destitute student, bum / (coll.) nerd / (coll.) blockhead*

*(grammar) tense*

### B. Wortketten.

Erraten Sie die Bedeutung dieser Wörter. Schreiben Sie dann je drei Sätze für jede Wortkette, in denen Sie einige der Wörter benutzen.

1. Die Fabrik   die Fabrikhalle   die Stahlfabrik   der glühende
   (heiße, rote) Stahl   stahlgrau
2. Der Hammer   der Hammerkopf   der Hammerstiel
   hämmern   den Hammer schwingen   mit dem Hammer
   schlagen (mit dem Hammer [zu]dreschen)   der Hammerschlag
3. die Farbe   färben   verfärben   das Gesicht verfärbt sich (das
   Gesicht wird rot)   das Farbspiel   der Farbkreis   der Farbton
   (die Farbnuance)   tönen   getönt von Blau bis Violett
4. kunstbegabt   die Kunst   der Maler   malen (den Pinsel
   schwingen)

## Brigitte Reimann, *Ankunft im Alltag*

Nikolaus hämmerte den hellrot glühenden Stahl. Der Hammer wog° fünfzehn Pfund. „Wenn du fünfzigmal damit zugedroschen hast", hatte Lehmann gesagt, „dann weißt du abends, was du getan hast." Vielleicht wartete Lehmann darauf, daß er müde wurde und um eine Pause bat, aber ich werde nicht müde, sagte sich Nikolaus. Er schlug eifrig° und unrhythmisch, Technik und kluge Sparsamkeit° durch rohe Kraft ersetzend°. Er hatte sein Hemd aufgeknöpft°. Schweißtropfen° standen auf der glatten weißen Haut unterhalb des Halses. Er schwitzte nicht so sehr vor Anstrengung° als vielmehr aus Furcht vor seiner eigenen Unbeholfenheit° und den kurzen, mürrischen Befehlen° Lehmanns.

„Genug°!" schrie dieser. Nikolaus trat zurück und wischte° mit dem Handrücken über die Stirn, dann starrte er, die Lider zusammengekniffen°, in die Halle. Er war angezogen und verzaubert° vom Anblick dieser Halle im Nachmittagslicht, vom Farbspiel der Schweißfeuer°, getönt von reinem Blau bis zu Violett, von Gelb bis zu tiefem Rot. Was für wundervolle Effekte, dachte Nikolaus, was für unerhörte° Farbkreise vor dem neutralen Stahlgrau ...

„Schlaf nicht ein, Bettelstudent", sagte Lehmann. „Steht da und glotzt° wie ein *Mondkalb*!"

Sie sprachen dann nicht mehr miteinander. Nikolaus hätte nun doch gern um eine Pause gebeten. Seine Hände schmerzten°, er dachte: Heute abend werde ich nicht mal einen Bleistift halten können ...

Es war nicht seine Schuld°, daß ihm an diesem Nachmittag doch noch ein Mißgeschick° widerfuhr – ausgerechnet° unter den Augen des Meisters, der seinen zweiten Kontrollgang durch die Halle machte. Der starke Hammerstiel splitterte, und der Hammerkopf schlug einen Schritt neben Nikolaus auf den Boden. Nikolaus blickte° verwundert auf den Stumpf°, er sagte: „Das hätte ins Auge gehen können°, Tatsache!" Er erschrak° nachträglich, als er Lehmanns plötzlich verfärbtes Gesicht sah.

Dann kam der Meister heran, er stieß mit dem Fuß gegen den Hammerkopf und sagte: „Dieses hübsche kleine Spielzeug°

*Margin glosses:*
- wog° — weighed
- eifrig° — eagerly
- Sparsamkeit° ... ersetzend° — sparing use of force / substituting
- aufgeknöpft° ... Schweißtropfen° — unbuttoned / beads of sweat
- Anstrengung° — effort
- Unbeholfenheit° / Befehlen° — clumsiness / commands
- Genug° / wischte° — enough / wiped
- zusammengekniffen° — squinted
- verzaubert° — enchanted
- Schweißfeuer° — lights of welding torches
- unerhörte° — incredible, outrageous
- glotzt° — gawks
- schmerzten° — hurt
- Schuld° — fault
- Mißgeschick° / ausgerechnet° — mishap / of all things
- blickte° / Stumpf° — looked at / broken stem
- **hätte ins Auge gehen können:** could have gone wrong / got scared
- Spielzeug° — toy

wiegt fünfzehn Pfund." Damit schien der Zwischenfall° für ihn *incident*
erledigt° zu sein, und er wandte sich an Lehmann. „Die Maste *finished*
müssen heute noch raus. Werdet ihr fertig?" ...

Lehmann deutete mit dem breiten, schwarzen Daumen° auf *thumb*
Nikolaus. „Fertig werden – mit dem Döskopp?" Nikolaus
wurde rot. Lehmann sagte grob: „Der soll den Pinsel° schwin- *brush*
gen, aber nicht den Hammer."

Quelle: Brigitte Reimann, *Ankunft im Alltag*. Berlin: Verlag Neues Leben, 1961,
S. 63–64.

## Übungen zum Text

### A. Vokabelübung mit Farben.
Welche Farben haben diese Objekte?

1. glühender Stahl
2. kalter Stahl
3. die Haut auf dem Hals von Nikolaus
4. normales Feuer in den Öfen
5. das Schweißfeuer der Arbeiter in der Halle

### B. Leseverständnis.
Worüber wird gesprochen? Was ist gemeint?

*Beispiel:* Etwas wog fünfzehn Pfund.  **der Hammer**

1. Nikolaus hämmerte etwas Glühendes. _____
2. Er hatte etwas aufgeknöpft. _____
3. Man konnte etwas unterhalb seines Halses sehen. _____
4. Nikolaus wischte sich damit über die Stirn. _____
5. Der Meister machte etwas in der Halle. _____
6. Etwas schlug nur einen Schritt neben Nikolaus auf den Boden. _____
7. Lehmann deutete damit. _____

### C. Fragen zum Text.

1. Was für Arbeit machen Nikolaus und Lehmann zusammen?
2. Wieso glaubt der alte Lehmann, daß Nikolaus bald müde werden muß? Was ist an der Hammertechnik von Nikolaus falsch?
3. Woran soll der Leser sehen, daß Nikolaus ein sensibler junger Mann ist? Was sieht er in der Halle gern?

4. Warum erschrickt Nikolaus, als er nach dem Mißgeschick mit dem Hammer in das Gesicht des Meisters blickt?

5. Was meint Lehmann, wenn er sagt, daß Nikolaus den Pinsel, aber nicht den Hammer schwingen soll?

6. Finden Sie die Beschreibung dieser Arbeitswelt realistisch, interessant, oder langweilig? Begründen Sie Ihre Antwort.

## D. Schriftliche Übungen.

1. Machen Sie zwei Listen, eine für Nikolaus, die andere für Lehmann. Schreiben Sie Wörter und Ausdrücke auf, die auf Nikolaus, beziehungsweise Lehmann passen (Wörter aus dem Text und andere, die Ihnen einfallen). Schreiben Sie dann eine Charakterskizze von Nikolaus oder Lehmann.

2. Beschreiben Sie das Mißgeschick mit dem Hammer, bei dem Nikolaus Glück hat.

3. Beschreiben Sie genau, wie man einen Nagel in die Wand schlägt. (fünf bis sechs Sätze).

# Bild 4 Arbeiterin mit Schaufel

Diese realistische Plastik einer jungen Arbeiterin in der DDR steht heute auf dem Alexanderplatz in Berlin. Die energische Haltung° der Frau, ihre tüchtigen° Hände und ihr stolzes° Gesicht sollen die Stärke der Arbeiterklasse im Sozialismus repräsentieren. Solidarität mit dem Proletariat und eine realistische Darstellung° der Welt waren die künstlerischen° Ziele des „Sozialistischen Realismus" in der DDR der 50er Jahre.

*pose*
*capable / proud*

*depiction / artistic*

## A. Redemittel zur Bildbeschreibung.

1. In der Mitte der Fotografie sieht man ...
2. Die Plastik (Statue) steht in einem Park. Hinter der Statue sehe ich ...
3. Die Kleidung der Arbeiterin ist einfach. Sie trägt ...
4. Mir gefällt die Plastik (nicht), weil ...
5. Glauben Sie/Glaubst du, daß ...

**Bild 4** (Quelle: Andreas Lixl-Purcell)

# KULTUR IM ATOMZEITALTER
## 1949–1955

## Einführung

Die Atombombe und der Kalte Krieg dominierten das ideologische Klima der unmittelbaren° Nachkriegsjahre in Mitteleuropa. Die drei Kapitel in Teil VI behandeln den Zeitgeist jener Jahre und vermitteln die Ängste aber auch die Hoffnungen und Erwartungen der Menschen auf eine bessere Zukunft. Die Texte und Übungen ergänzen° einander in der Betrachtung° der wichtigsten kulturellen Strömungen jener Jahre: von der Entstehung einer Halbstarken°-Jugendkultur Mitte der 50er Jahre (Kapitel 16) bis zur Wiederbelebung der modernen Avant Garde in der Kunst und Literatur der BRD (Kapitel 18). Der Schwerpunkt° in Kapitel 17 liegt auf der Revolte in der DDR, die kurz nach Stalins Tod 1953 das sozialistische System schwer erschütterte°.

*immediate*

*complement*
*consideration*

(coll.) *young rowdy*
   *("James Dean" type)*

*emphasis*

*shook*

## Zeittafel

**1949**  Ende der Berliner Blockade. Gründung° der Staaten
BRD und DDR. Gründung der NATO. Erste Versuche mit
Atombomben in der Sowjetunion.

*founding*

**1950**  Höhepunkt der Arbeitslosigkeit. Ausbruch des
Korea-Krieges. Ende der Lebensmittelrationierung in
der BRD. Beginn des Baby-Booms in Europa.

**1951**  Beginn des ersten "Fünfjahresplans" in der DDR.
Beginn des westdeutschen Wirtschaftswunders. Ankunft
der ersten ausländischen Arbeiter in der BRD.

**1952**  Erste Fernsehprogramme in der BRD. Ende des
Marshall-Plans. Ausbau des Sozialismus in der DDR.
Erster Atombombentest Großbritanniens. Jazz wird
populär.

**1953**  Eisenhower wird neuer US-Präsident. Josef Stalin stirbt
in der Sowjetunion. Aufstand° in der DDR wird
niedergeschlagen°. Walter Ulbricht wird Staatschef
der DDR.

*uprising*
*crushed*

**1954**  Erstes Filmfest in Oberhausen, BRD. Populärster Film in
Deutschland: „Der Hauptmann von Köpenick".

**1955**  Gründung des Warschauer Paktes. Beginn
diplomatischer Beziehungen zwischen der BRD und der
Sowjetunion. Oskar Kokoschka gestaltet die Bühne für
Mozarts Oper *Die Zauberflöte* in den Salzburger
Festspielen.

# Jugend in Deutschland

Bild 1: **Gundi Busch, Weltmeisterin im Eiskunstlauf 1954** (Fotografie)
Text 1: ***Gelöbnis zur Jugendweihe in der DDR*** (Eid)
Bild 2: **Burschenschaften in der BRD** (Fotografie)
Text 2: **Heinz-Hermann Krüger, *Exis in der BRD*** (Skizzen)
Bild 3: **Die „Halbstarken" der 50er Jahre** (Fotografie)

## *Sociological Context*

The division of postwar Germany sparked two separate youth cultures during the fifties. Whereas East Germany made great efforts to mainstream and discipline its youngsters according to Marxist-Leninist principles, young people in the West were exposed to more freedom as well as more fears and frustrations. Pressured by parents and teachers to find their place in the workforce of the "economic miracle" (1951–1963), and disillusioned by the looming threat of atomic warfare, many youngsters in West Germany flirted with unconventional lifestyles and philosophies. An existentialist sense of isolation and alienation permeated the mindsets of many. Imports from abroad—French Existentialism, the Theater of the Absurd, Film Noir, and jazz—gained popularity. They provided the ideological fodder for various youth subcultures in the West, which were united in their rejection of the materialist longings and consumerist attitudes that marked the lifestyles of their parents.

## Übersicht

Kapitel 16 spiegelt wichtige Aspekte der deutschen Jugendkultur der 50er Jahre wider. Mit der neu erstandenen Sportbegeisterung° (Bild 1) fand die deutsche Jugend Anschluß° an die europäische Jugendbewegung und gewann damit wieder Anerkennung° und Erfolg. Text 1 und Text 2 betrachten die großen Unterschiede zwischen den Jugendkulturen der beiden deutschen Staaten. Der organisierten Jugendszene in der DDR (Text 1) stehen in Text 2 Aussteiger° und Existenzialisten aus der Bundesrepublik gegenüber. Die Lebenseinstellung° dieser jungen Intellektuellen stand im starken Kontrast zur konservativen Lebenshaltung der studentischen Burschenschaften° in der BRD (Bild 2), als auch zur Welt der „Halbstarken" (Bild 3), die James Dean und andere Zelluloid-Rebellen als Idole verehrten.

*enthusiasm for sports*
*connection*
*recognition*

*drop-outs*
*attitude toward life*
*fraternities*

**Bild 1** (Quelle: Ullstein Bilderdienst)

Gundi Busch wurde 1954 Weltmeisterin im Eiskunstlauf. Die junge Kölnerin begeisterte die Zuschauer durch ihre technisch perfekten Sprünge. Sie machte den Sport bei der Jugend in ganz Mitteleuropa beliebt. Über die Arena des Sports – allen voran der Fußball – gelang es den Deutschen bald, neue Kontakte mit der Jugend in anderen Ländern aufzunehmen.

### Sportarten von A bis Z

Aerobic, Bergwandern, Bergradfahren, Ballonfliegen, Bogen-schießen, Boxen, Bungee-Springen, Drachenfliegen, Eishockey, Eislaufen, Fallschirmspringen, Fechten, Fischen, Floßfahren, Fußball, Gleitschirmfliegen, Golf, Gletschertouren, Heliski, Insel-wandern, Judo, Kajak, Kanu, Karate, Klettern, Korbball, Langlauf, Leichtathletik, Motorbootfahren, Paddeln, Radfahren, Reiten, Rodeln, Rudern, Schlauchbootfahren, Schnorcheln, Schwimmen, Segelfliegen, Segeln, Skifahren, Skibrettfahren, Skilanglauf, Tauchen, Tennis, Trekking, Tanzen, Volleyball, Wandern, Wasser-ski, Wellenreiten, Wildwasserfahrten

**Gespräch in der Gruppe: Haben Sie Lust auf Sport?**

Bilden Sie Gruppen von vier bis fünf Studenten. Wählen Sie einen Sprecher/eine Sprecherin. Alle Gruppenmitglieder berichten über ihre Sportinteressen.

1. Interessiert Sie Sport? Warum, warum nicht?
2. Was für Sport treiben Sie am liebsten? Warum?
3. Wie oft machen Sie Sport am Wochenende oder in den Ferien?

Am Ende des Gesprächs berichtet der Sprecher/die Sprecherin dem Kurs, über welche Sportarten man in der Gruppe sprach.

---

**Text 1** *Gelöbnis zur Jugendweihe in der DDR*

**Zum Text:** Als staatliches Gegenstück° zur Konfirmation, Erstkommunion und Bar-Mizwa wurde in der DDR seit 1954 die sogenannte Jugendweihe° gefeiert. Mit einem Eid° zum Sozialismus wurden die Jugendlichen, meist Schüler der 8. Klassen, feierlich an den atheistischen, sozialistischen Staat gebunden. 14–25jährige Jugendliche konnten sich der Organisation Freie Deutsche Jugend (FDJ) anschließen, während Kinder unter 14 Jahren den Jungen Pionieren beitraten. In beiden Organisationen gab es neben Sport und Spiel vormilitärische Ausbildung° und ideologische Schulung über die Ziele des Marxismus-Leninismus.

*pendant*
*youth consecration*
*oath*



*training*

## Vorarbeit zum Lesen

### A. Vokabelübung.
Nennen Sie die Verben, die zu den folgenden Substantiven passen.

*Beispiel:* die Antwort / **antworten**

1. die Arbeiter / _____
2. der Kampf / _____
3. das Leben / _____
4. der Einsatz / _____
5. die Feier / _____
6. das Gelöbnis° / _____
7. die Verteidigung / _____
8. die Aufnahme / _____
9. die Hilfe / _____
10. die Unterstützung / _____

*pledge*

## B. Fragen zum Gespräch.

1. Wie definieren Sie „die Zeit der Jugend"?
2. Wie definieren Sie „die Kindheit" und „das Alter der Erwachsenen"?
3. Was für Jugendorganisationen für Mädchen sind in Ihrem Land populär? Warum?
4. Was für Jugendorganisationen für Jungen sind in Ihrem Land populär? Warum?
5. Gab es populäre Feste oder Feiern in Ihrer Schule? Was? Wann?

# Gelöbnis zur Jugendweihe in der DDR

Zur Feierstunde° gehörten die Festreden° mehrerer Funktionäre der „Freien Deutschen Jugend" (FDJ) und der Sozialistischen Einheitspartei Deutschlands (SED), sowie Gedichte, Kammermusik und die Nationalhymne der DDR (siehe Seite 267). Die Fragen für das Gelöbnis stellte der Leiter der Feier, meist ein hoher Funktionär. Nach dem Gelöbnis wurde der Ehrentag in den Familien der Jugendlichen weitergefeiert.

*festive hour / celebration speech*

### Das Gelöbnis

Frage: Liebe junge Freunde! Seid ihr bereit°, als treue Söhne und Töchter unseres Arbeiter- und Bauernstaates für ein glückliches Leben des ganzen deutschen Volkes zu arbeiten und zu kämpfen°, so antwortet mir!

*ready*

*fight*

Antwort: Ja, das geloben wir!

Frage: Seid ihr bereit, mit uns gemeinsam eure Kraft für die große und edle Sache° des Sozialismus einzusetzen°, so antwortet mir!

*cause*

*stand up for*

Antwort: Ja, das geloben wir!

Frage: Seid ihr bereit, für die Freundschaft der Völker einzutreten°, und mit dem Sowjetvolk und allen friedliebenden Menschen der Welt den Frieden° zu sichern und zu verteidigen°, so antwortet mir!

*advocate*

*peace*

*defend*

Antwort: Ja, das geloben wir!

> Wir haben euer Gelöbnis vernommen°, ihr habt euch ein hohes und edles Ziel gesteckt°. Ihr habt euch eingereiht° in die Millionenschar der Menschen, die für Frieden und Sozialismus arbeiten und kämpfen. Feierlich nehmen wir euch in die Gemeinschaft aller Werktätigen° in unserer Deutschen Demokratischen Republik auf und versprechen euch Unterstützung°, Schutz° und Hilfe.
>
> Gemeinsam mit vereinten Kräften – vorwärts°!

*heard*
**ein Ziel gesteckt:** *set a goal / lined up*

*workers*

*support / protection*

*forward*

Quelle: *Aktuell. Das Lexikon der Gegenwart.* Dortmund, 1984, S.161.

## Übungen zum Text

### A. Fragen zum Inhalt.

1. Was für Jugendorganisationen gab es in der DDR? (siehe *Zum Text*)
2. Wie nennt der Sprecher im Gelöbnis die Jugendlichen?
3. Was sagt das Gelöbnis über das Sowjetvolk?
4. Für welche politischen Ziele sollen die Jugendlichen „arbeiten und kämpfen"?
5. Was machte man am Ehrentag oft nach dem feierlichen Gelöbnis?

### B. Interview eines Partners/einer Partnerin.

Zwei Studenten/Studentinnen (S1 und S2) arbeiten zusammen. S1 stellt an S2 die folgenden Fragen, und berichtet darüber später dem Kurs. S2 antwortet so gut er/sie kann.

1. Was waren die populärsten Klubs und Vereine in Ihrer Schule?
2. Waren Sie Mitglied in irgendwelchen Klubs im Gymnasium (in der High School)? In welchen? Warum? Warum nicht?
3. Waren Sie aktiv in einer Jugendgruppe in Ihrer Kirche, Synagoge oder Moschee?
4. Interessieren Sie sich heute für Studentenklubs, Vereine oder Organisationen an der Uni? Für was? Warum? Warum nicht?

## C. Schriftliche Übungen.

Wählen Sie ein Thema.

1. Erinnerungen an die Pfadfinder°.  *scouts*
2. Erinnerungen an ein Sommerlager.
3. Erinnerungen an meine Klubarbeit in der Schule/Kirche/ Synagoge/Moschee/usw.

# Bild 2 Burschenschaften in der BRD

**Bild 2** (Quelle: Ullstein Bilderdienst)

Mitglieder der Deutschen Burschenschaft auf einer Feier in Marburg (BRD) Mitte der 50er Jahre. Das Bild zeigt Uniformen, Fahnen und Säbel dieser studentischen Verbindung. Die Burschenschaft ist eine älte deutschen Studentenverbindung, die schon 1817 auf der Wartburg gegründet wurde. 1950 kam es in Marburg zum Zusammenschluß von 67 Burschenschaften zur „Deutschen Burschenschaft". Zu den männlichen Riten gehörten Mensuren° und Schmisse°. Die Burschenschaft war damals vor allem bei  *students' duels / dueling scars* konservativen Studenten beliebt, die – im Gegensatz zu den modernen Halbstarken – den alten Traditionen treu bleiben wollten.

## A. Redemittel zur Bildbeschreibung.

1. Ich sehe da ...
2. Im Vordergrund ist ...
3. Mir gefällt/gefällt nicht, daß ...
4. Ich finde es interessant/gut/schlecht/seltsam, daß ...
5. Wenn ich mir die Abbildung anschaue, ...

## B. Interview.

Fragen Sie einen Partner/eine Partnerin und berichten Sie dem Kurs über die Antworten.

1. Was für studentische Verbindungen gibt es auf Ihrem Campus?
2. Sind Sie Mitglied eines Studentenbundes? Welcher Studentenbund? Warum? Warum nicht?

## Text 2 Heinz-Hermann Krüger, *Exis in der BRD*

**Zum Autor:** Heinz-Hermann Krüger, geboren 1947, arbeitet als Privatdozent für Allgemeine Pädagogik an der Universität Dortmund. Dort sammelte er Berichte von Jungendlichen, die ihr Leben in den 50er Jahren beschrieben. Neben den typischen Halbstarken, die in den 50er Jahren die westdeutsche Jugendszene dominierten, gab es kleinere Gruppen jugendlicher Existenzialisten oder „Exis". Zu kurzen Cäsar-Frisuren trugen sie gern schwarze Kleidung, diskutierten über philosophische Fragen, trafen sich in Galerien, Kaffehäusern oder Jazz-Kellern, und fanden die Konventionen ihrer Eltern viel zu brav und langweilig. Die folgenden, autobiografischen Berichte beschreiben das Milieu° im Gymnasium und auf der Universität. *social scene*

**Zum Text:** Die drei Skizzen wurden von Heinz-Hermann Krüger für einen Ausstellungskatalog° des Deutschen Werkbunds gesammelt und 1986 veröffentlicht. Darin beschreibt Krüger die Szene der jungen Intellektuellen als eine Welt der Jazzfans und Existenzialisten. Die Hinwendung° zu ausländischen Kulturidolen verstand man als Protest gegen das konservative Klima der Adenauerzeit und die Konsummentalität in den Jahren des westdeutschen Wirtschaftswunders. *exhibition catalog*

*turning to*

## Vorarbeit zum Lesen

### A. Fragen zum Gespräch.

Die Idole der BRD-Jugend in den 50er Jahren waren unter anderem Marilyn Monroe, Elvis Presley, James Dean, Hildegard Knef, Marlon Brando, Jack Kerouac, Ingeborg Bachmann, Albert Camus und Jean-Paul Sartre. Welche Idole hat die Jugend heute in Ihrem Land? Warum, glauben Sie, sind diese Idole populär?

### B. Mündliches Referat.

Informieren Sie sich in der Bibliothek (*Lexikon der deutschsprachigen Gegenwartsliteratur, European Authors, Brockhaus Lexikon* usw.) und berichten Sie über eine der folgenden Persönlichkeiten der 50er Jahre.

- Jean-Paul Sartre
- Jack Kerouac
- Marilyn Monroe
- Charlie Mingus
- Simone de Beauvoir
- Alan Ginsberg
- Ingeborg Bachmann
- John Coltrane
- James Dean
- Hildegard Knef

### C. Vokabelübung mit Verben.

Vervollständigen Sie die Redewendungen, indem Sie die richtigen Verben in die rechte Spalte einsetzen.

| | |
|---|---|
| 1. ein Instrument _____ | treffen |
| 2. einen Mantel _____ | kennenlernen |
| 3. sich in Jazz-Kellern _____ | fühlen |
| 4. die Brille _____ | spielen |
| 5. über einen Artikel _____ | eingemauert sein |
| 6. interessante Leute _____ | rennen |
| 7. Beatnik-Literatur _____ | aufsetzen |
| 8. sich als Existenzialist _____ | diskutieren |
| 9. in Konventionen _____ | übersetzen |
| 10. in die Bibliothek _____ | tragen |

## Heinz-Hermann Krüger, *Exis in der BRD*

**Achim, Jahrgang 1934:** Wir haben uns als Jugendliche praktisch alle als Existenzialisten gefühlt. Wir haben viel Jean-Paul Sartre gelesen, den unsere Lehrer nicht mochten. Die Literatur, die uns von der Schule nahegebracht wurde, das war alles schön schwelgend°, aber auf eine kitschige Art. Herman Hesse ging ja noch, aber Carossa, Binding, Wiechert°, das tat einem schon weh. Man mußte so einen Schwulst° in der Schule besprechen. Das kam einem vor, wie ein Dressurakt° in Verstellung°.

Und von dieser Art von Literatur wollten wir uns distanzieren. Ein fürchterlich verlogener Kram°. Aber Sartre hat uns fasziniert. Das war so ein Idol, an dem wir uns ausrichteten°. Existenzialismus als Philosophie hat uns und mir sehr nahe gelegen. Ich habe mich auch selbst so gekleidet. Ich habe eine Baskenmütze getragen und die Kleidung möglichst schlabberig° gehalten. Ich hatte mir die Fertigkeit° antrainiert, in der Tasche eine Zigarette zu drehen. Ich habe es genossen°, wenn ich von den Spießern° dabei beobachtet wurde.

In den 50er Jahren war man als Jugendlicher eingemauert° in Konventionen. Ich verband damit: materiell ausgerichtet sein, brav sein, spießig sein. Dagegen ging es bei den Jam-Sessions, zu denen ich in Dortmund und Münster häufig ging, freier zu.

**Peter, Jahrgang 1942:** Unsere Musik war der Jazz, der wichtigste war Coltrane. Coltrane, Blakey, Charlie Parker und Mingus. Solch eine Musik konnte man nur in den Frankfurter Jazz-Clubs hören. In Frankfurt gab es gleich mehrere, die beiden gängigsten° waren das „Jazzhaus" und der „Keller". Die Leute, die ich da im Jazzhaus kennengelernt habe, da waren Gymnasiasten dabei, es gab auch Leute, die dann studiert haben, aber es waren auch viele Aussteiger dabei, also Leute, die einfach etwas abgebrochen° hatten, war es die Schule oder das Studium. Einige sind den ganzen Sommer nach Südfrankreich gefahren und haben einfach nur versucht zu leben. Das einzige, was an Beatnik-Literatur Ende der fünfziger Jahre übersetzt war, war *On the Road* von Jack Kerouac. Alles andere mußten wir im Original lesen. Da bin ich dann in die Bibliothek vom Amerika-Haus gerannt, um mir den Ginsberg, den Ferlinghetti und den Corso° im Original reinzuziehen°. Zusammen mit meinem Freund habe ich dann auch über Artikel aus der Zeitschrift „Twen" diskutiert. Da war von dem Gregory Corso die „Bombe" abgedruckt°, und das ist ein Gedicht gegen die Atombombe. Das hat mich tief beeindruckt°.

*wallowing*

**Hans Carossa, Rudolf Binding, Ernst Wiechert:** *German writers of the 30s, 40s, and 50s* / *bombast* / *circus act* / *disguise* / *nonsense oriented*

*casual, grungy*

*skill*

*enjoyed*

*Philistines*

*walled in*

*most popular*

*dropped out of*

**Alan Ginsberg, Lawrence Ferlinghetti, Gregory Corso:** *American writers of the fifties* / (coll.) *"to suck in"; here: to read* / *printed* / *impressed*

**Astrid, Jahrgang 1941:** Ich habe 1959 Abitur gemacht und mit Beginn des Studiums bin ich reingerutscht° [in die Jugendszene]. Dann ging es los mit den schwarzen Rollkragenpullovern°, den weißgefärbten Haaren, schwarzen Hosen, schwarzen Mänteln, schwarzen Kopftüchern und schwarzen Schuhen. Ich habe sogar im Kino die schwarze Brille aufgesetzt. Also ganz extrem. Wir haben damals diese Uniform ganz bewußt° getragen, für uns gab's nur schwarz. Wir haben uns in unserer Freizeit in Jazzkellern getroffen. Ich habe selbst mal in einer Unigruppe Waschbrett° gespielt. Wir spielten Dixielandmusik. ... Bei unseren Diskussionen ging es meist um den Sinn des Lebens°, aber auch schon um Partnerschaftsprobleme. Zu unserer Gruppe gehörte auch eine Studentin, die schon in den frühen 60er Jahren die Pille° schluckte und uns erklärte, wie das funktionierte. Wir hatten überhaupt keine Ahnung°. Und die hatte ein festes Verhältnis zu einem Schlagzeuger°, der auch Kunst studierte. Sie war die Ausnahme°, wir anderen waren ansonsten sehr brav. Wir waren unsicher und hatten viele Zweifel°. Wir waren damals auch noch völlig unpolitisch, fast alle. Kein Mensch interessierte sich dafür, was draußen lief°.

*drifted in*

*turtleneck sweaters*

*consciously, intentionally*

*washboard*

*meaning of life*

*contraceptive pill*
*idea, clue*
*drummer*
*exception*

*doubts*
*went on*

Quelle: Willi Bucher (Hrsg.). *Schock und Schöpfung. Jugendästhetik im 20. Jahrhundert.* Ausstellungskatalog im Auftrag des Deutschen Werkbundes. Darmstadt und Neuwied: Luchterhand, 1986, S. 266–267.

## Übungen zum Text

### A. Fragen.

1. Die Texte berichten über das Leben in den 50er Jahren. Wie alt waren die Jugendlichen im Jahr 1955? Achim: _____ Peter: _____ Astrid: _____
2. Welche Dichter fand Achim interessant, welche langweilig?
3. Wo konnte Peter in Frankfurt die Musik von Coltrane, Blakey, Parker und Mingus hören?
4. Wo fand Peter die Bücher von Ginsberg und Ferlinghetti?
5. Was trug Astrid oft, wenn sie ins Kino ging?
6. Wann hörte Astrid zum erstenmal von der Pille?
7. Was für ein Musikinstrument spielte Astrid?

## B. Gespräch in der Gruppe.

### Trends, Cliquen und Subkulturen

Sportler, Aktivisten, Musikliebhaber, Punks, New-Age-Mystiker, Feministen, Skins, religiöse Gruppen, Vegetarier, Schwule°, Lesben, ethnische Gruppen, Yuppies, High-Tech-Fans, Computer-Hacker, Kunstliebhaber°, Drogensüchtige°, Grüne°, Naturliebhaber

*gays*

*art lovers / drug addicts
/ environmentalists*

Vier Personen bilden eine Gruppe und wählen einen Sprecher/eine Sprecherin, der/die später dem Kurs über die Diskussionsergebnisse berichtet. Der Sprecher/Die Sprecherin macht dafür eine Liste von Trends, Cliquen und Subkulturen. Alle in der Gruppe beantworten folgende Fragen:

1. Was für Mode oder Musik war in Ihrer Jugendzeit in der Schule populär?
2. Was für Fernsehsendungen oder Filme waren populär?
3. Was für soziale Cliquen oder Subkulturen gab es in Ihrer Jugendzeit in der Schule?
4. Wie viele Kontakte gab es zwischen den einzelnen Cliquen und Gruppen?

Sie können die Liste oben zur gedanklichen Anregung benutzen.

## C. Schriftliche Übungen.
Wählen Sie ein Thema.

1. **Aufsatz:** Jugend der 90er Jahre. Eingemauert in Konventionen? Die Jugend der 50er Jahre fühlte die Absurdität des Lebens im Zeitalter der Atombombe. Angst, Absurdität, Hoffnungslosigkeit und Zweifel an der Zukunft waren weitverbreitet. Was denkt die Jugend heute über die Welt von morgen? Gibt es mehr Hoffnungslosigkeit oder mehr Zuversicht, mehr Angst oder mehr Vertrauen in die Zukunft? Was ist Ihre Meinung?
2. **Aufsatz:** Pop-Musik der 90er Jahre. Viele Jugendliche in der BRD hörten in den 50er Jahren zum erstenmal Jazzmusik von Coltrane und Mingus. Dieser Jazz wurde für viele Jugendliche zum Symbol eines freieren, besseren Lebens mit weniger Konventionen und Regeln. Was für Musik ist heute bei der Jugend beliebt? Was für Funktionen hat sie? Befreiung von Konventionen? Hoffnung auf ein besseres Leben? Protest?
3. **Erinnerungen:** Die Idole meiner Jugend.
4. **Essay:** Was ist Existenzialismus?

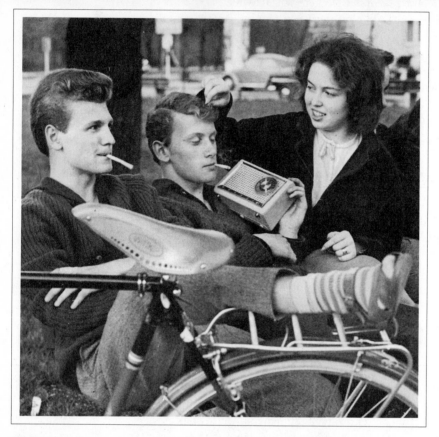

**Bild 3** (Quelle: Fritz Neuwirth, Süddeutscher Verlag Bilderdienst)

Die „Halbstarken" bildeten Mitte der 50er Jahre in der Bundesrepublik einen Teil der Jugendkultur. Etwa fünf bis zehn Prozent der Teenager, meist jugendliche Arbeiter und Lehrlinge, identifizierten sich mit der neuen Bewegung, die in den Jahren 1956–58 kritische Diskussionen in den Medien auslöste. Nach amerikanischem Vorbild trugen die „Halbstarken" gern schwarze Lederjacken und Blue Jeans, hörten Transistor-Radio-Musik von Bill Haley oder Elvis Presley und tanzten Boogie-Woogie.

### A. Übung zum Bild.
Beschreiben Sie die Szene: Wie viele Leute? Wie sehen sie aus? Wie alt sind sie? Was halten sie in den Händen? Was machen Sie? Wo sind Sie? Was für Musik oder Nachrichten hören Sie vielleicht im Radio? usw.

## KAPITEL 17

# Der Aufstand vom 17. Juni 1953

Bild 1: **Berlin, 17. Juni 1953** (Fotografie)
Text 1: **Alfred Kantorowicz, *Ulbricht wurde ausgepfiffen*** (Tagebuch)
Bild 2: **Unsere Antwort** (Plakat)
Text 2: **Bertolt Brecht, *Die Lösung*** (Gedicht)
Bild 3: **Von den Sowjetmenschen lernen** (Plakat)

## Historical Context

Shortly after Stalin's death in March 1953 a workers' rebellion erupted against the Soviet satellite regime in the German Democratic Republic. Sparked by a government-ordered increase of factory output and a decline of wages, thousands of industrial workers began protest marches throughout the GDR. On June 16 demonstrators occupied the government square in Berlin and demanded, *"Schluß mit den Qualen, wir fordern freie Wahlen!"* ("Enough of the tortures, we want free elections!"). Young workers took down the communist flag from the top of the Brandenburg Gate to emphasize their resolve. The government of the Socialist Unity Party (SED) recoiled, but it was too late to appease the demonstrators. One day later the crowds in Berlin had grown to 50,000, and by noon the first shots were fired by government guards. Tanks of the Red Army appeared in the streets, and the Soviet military commander, General Dibrova, declared a state of emergency. The revolt quickly spread to other East German cities, including Dresden, Leipzig, Magdeburg, Halle, Merseburg, Jena, and Erfurt. By the end of the day, however, the rebellion was crushed, and hundreds of demonstrators were killed. The strike leaders were arrested, tried and sentenced to death, and executed. Officially, The SED portrayed the *Aufstand* as being directed by the West in order not to admit that East Germans were dissatisfied with the GDR brand of communism.

## Übersicht

Die Entwicklung der DDR stand seit 1949 im Zeichen des „Aufbaus des Sozialismus" unter der Führung von SED-Parteichef Walter Ulbricht. Der Volksaufstand° in Ost-Berlin und vielen anderen Städten der DDR richtete sich gegen eine Erhöhung der Arbeitsnormen und zugleich auch gegen das Regime Walter Ulbrichts. Der Aufstand scheiterte° an sowjetischen Panzern. 1955 kam der Beitritt der DDR zum Warschauer Pakt. Es folgte ein Freundschaftsvertrag° mit der Sowjetunion. Kapitel 17 konzentriert sich auf die Vorfälle° vom 17. Juni, der im Westen als politischer Bankrott der DDR interpretiert wurde. Bild 1 zeigt einen Straßenkampf in Berlin. Text 1 berichtet über eine Versammlung° von Arbeitern mit Walter Ulbricht kurz nach dem Aufstand. Bild 2 vermittelt die harte Haltung° der DDR gegenüber allen

*popular uprising*

*failed*

*friendship treaty*
*events*

*meeting*
*attitude, stand*

Systemkritikern. In Text 2 offeriert Bertolt Brecht der Regierung eine satirische Lösung für ihre Probleme. Das Kapitel schließt mit einem Plakat, das die Sowjetunion als Modell propagiert.

## Bild 1 Berlin, 17. Juni 1953

**Bild 1** (Quelle: Ullstein Bilderdienst)

Berlin, 17. Juni 1953 war der Tag, an dem es in der DDR zum Volksaufstand gegen das kommunistische Regime von Walter Ulbricht kam. Die Revolte wurde von ostdeutschen Volkspolizisten und sowjetischen Panzern niedergeschlagen. Das Bild zeigt die hilflose Wut° zweier Demonstranten, die Steine gegen einen Panzer werfen.

*anger, rage*

## A. Schriftliche Übung.

Wählen Sie ein Thema.

1. Beschreiben Sie die Szene auf der Fotografie. Was sehen Sie im Vordergrund, im Hintergrund, in der Mitte, oben, unten, links und rechts?

2. Beschreiben Sie die Ereignisse um den 17. Juni 1953 in einer Zeittafel. Verwenden Sie dazu die Informationen am Beginn des Kapitels.

---

**Text 1** Alfred Kantorowicz, *Ulbricht wurde ausgepfiffen*

---

**Zum Autor:** Alfred Kantorowicz wurde 1899 in Berlin geboren. Während der Weimarer Republik begann er seine literarische Karriere als Journalist für die Zeitung *Die Weltbühne*. 1931 trat Kantorowicz der Kommunistischen Partei bei, und mußte kurz nach Hitlers Aufstieg° zur Macht aus Deutschland emigrieren. 1947 kehrte Kantorowicz nach Deutschland zurück und unterrichtete ab 1950 deutsche Literatur an der Humboldt-Universität in Ost-Berlin. Nach dem DDR-Aufstand 1953 kam es zum Bruch° mit der kommunistischen Partei. Kantorowicz emigrierte 1957 aus der DDR in die BRD, wo er 1979 in Hamburg starb.

*rise*

*break*

**Zum Text:** Zwei Jahre nach seiner Ausreise aus der DDR veröffentlichte Kantorowicz seine Tagebücher. Darin setzte er sich kritisch mit der kommunistischen Bewegung auseinander° und beschrieb seine Erfahrungen als Mitglied der Sozialistischen Einheitspartei Deutschlands. Die folgende Reportage einer Parteiversammlung° entstand kurz nach der Revolte gegen das Ulbricht-Regime am 17. Juni 1953. Kantorowicz unterstützte° den Aufstand der Arbeiter und beschreibt deren Enttäuschung° über die Politik des Staats- und Parteichefs Walter Ulbricht.

*setzte sich auseinander: took issue with, confronted / party meeting / supported / disappointment*

## Vorarbeit zum Lesen

### A. Vokabelübung.
Ordnen Sie den kursiven Ausdrücken in der linken Spalte die richtigen Übersetzungen aus der rechten Spalte zu.

1. Ewald wollte *seinem Herzen* Luft machen.
2. *Eine Parteiversammlung* fand statt.
3. Arbeiter füllten *den Saal*.
4. *Sie johlten*, pfiffen und schrien.
5. Er blieb *seinem Stammwerk* treu.
6. Ulbricht reagierte *wütend*.
7. *Man verlangte* die Freilassung der Gefangenen.
8. *Der Erfolg* war immer gleich Null.
9. *Die Unruhe wuchs.*

a. *The tumult (unrest) increased.*
b. *his parent factory*
c. *they yelled (hooted)*
d. *angrily*
e. *the success*
f. *his heart*
g. *the hall (assembly room)*
h. *a party meeting (gathering)*
i. *one demanded*

### B. Was paßt nicht?
Finden Sie das Wort, das nicht paßt.

1. erzählen, beschreiben, berichten, stattfinden
2. johlen, füllen, pfeifen, schreien
3. wachsen, sich mehren, reagieren, zunehmen
4. lügen, verlassen, weggehen, entfernen
5. Aufstand, Revolte, Darstellung, Tumult
6. Versammlung, Redner, Abstimmung, Herz

### C. Dramatische Dialoge.
Lesen Sie den Text und suchen Sie alle direkten Zitate heraus. Schreiben Sie dann alle direkten Zitate als dramatischen Dialog zwischen Walter Ulbricht und den Arbeitern nieder. Rekonstruieren Sie den Dialog in den Abschnitten 7, 8, 11 und 12 aus der indirekten Rede. Wie viele verschiedene „dramatis personae" (Sprecher) gibt es? Lesen Sie dann den Text mit verteilten Rollen im Kurs.

# Alfred Kantorowicz, *Ulbricht wurde ausgepfiffen*

## Tagebuch, 24. Juni 1953

*(1)* Gestern abend besuchte mich überraschend° Ewald, ein Bekannter. Er ist jetzt Meister im Niles-Werk° in Weißensee und wollte seinem Herzen Luft° machen. Er erzählte von einer Parteiversammlung, die gestern in den Niles-Werken mit Walter Ulbricht stattfand°. Ich schreibe diese erregende Darstellung°, seine Worte noch im Ohr, so nieder, wie ich sie von ihm gehört habe.

*(2)* Etwa 700 Arbeiter füllten den Saal. Ulbricht kam, eskortiert von acht Polizeimotorrädern. Die Polizisten umringten° ihn bei seinem Eintritt°. Die Arbeiter johlten, pfiffen, schrien, als die Polizei zur Bühne vordrang. „Pfui!°" – „Ei, ei, wer kommt denn da mit so vielen Kindermädchen!" – „Polizei raus!" – „Hoch lebe der Arbeiterführer, der mit Polizeibedeckung° zu den Arbeitern kommt!" – „Raus mit der Polizei oder mit Ulbricht!".

*(3)* Ulbricht flüsterte mit den Polizisten. Sie verließen die Bühne. Er ging ans Rednerpult°. Er begann sein Referat ohne vorherige Einleitung. Schon beim ersten Satz wurde er unterbrochen. Etwa 150 bis 200 Arbeiter erhoben° sich, stühlerükkend, und stampften° aus dem Saal. Andere schrien: „Genug, aufhören!" Ein Arbeiter stand auf und rief: „Diese Rede haben Sie schon zehnmal gehalten, und wir haben das alles schon hundertmal gehört. Wir wollen jetzt mal ganz konkret sprechen." Ein anderer Arbeiter rief: „Das hat ja doch keinen Sinn. Wir verstehen Sie nicht, was Sie reden. Sie verlangen von unserer Jugend, daß sie richtig Deutsch spricht, und Sie selber haben es immer noch nicht gelernt."

*(4)* Ulbricht steckte das Manuskript in die Rocktasche°. Er sagte: „Ich bin ein Arbeitersohn, dem die kapitalistische Gesellschaft nur vier Jahre Schule erlaubt° hat. Und ihr müßt es mir nicht übelnehmen°, wenn ich auch heute manchmal fehlerhafte

---

**Glossary (margin notes):**

- überraschend° — *unexpectly*
- Niles-Werk° — *Niles factory*
- seinem . . . machen: *to vent his frustrations*
- stattfand° — *took place*
- Darstellung° — *description, report*
- umringten° / Eintritt° — *surrounded / entry*
- „Pfui!°" — *"Boo!"*
- Polizeibedeckung° — *police protection*
- Rednerpult° — *rostrum*
- erhoben° — *got up*
- stampften° — *stomped*
- Rocktasche° — *jacket pocket*
- erlaubt° — *permitted*
- übelnehmen° — *be offended*

Sätze spreche. Aber darauf kommt es gar nicht an°. Ihr versteht
mich nur deshalb nicht, weil ihr nicht verstehen wollt, was ich
euch zu sagen habe." Rufe: „Hoho!"

*darauf ... an: that is not the point*

(5)   Danach stand Meister Wilke auf, ein 60jähriger, hoch-
qualifizierter Arbeiter. Die Engländer, denen früher die Niles-
Werke gehörten, sandten 1945 Besatzungsoffiziere° in seine
Wohnung, um ihn nach Bielefeld in den Westen zu holen. Er
blieb aber seinem Stammwerk treu. Er frug° Ulbricht: „Erklären
Sie uns mal: Wenn ich schlecht arbeite an meinem Kessel°, dann
fliege° ich. Sie haben öffentlich gestanden°, daß Sie politisch
schlecht gearbeitet haben, aber Sie bleiben. Und was gedenken
Sie nun zu tun?"

*officers of the occupation force*
*asked*
*boiler*
*get fired / confessed*

(6)   Ulbricht reagierte wütend: „Sie lügen! Es ist nicht
wahr. Bringen Sie mir den Beweis°, daß ein guter Arbeiter
entlassen° wird, wenn er mal an seiner Maschine was falsch
macht – etwas anderes ist es, wenn er die Maschine absichtlich°
kaputtmacht. Dann ist er ein Feind. Aber wer will behaupten,
daß die Regierung ein Feind der Arbeiter ist!" ...

*proof*
*dismissed*
*intentionally*

(7)   Dann verlangte der Gewerkschafter Wienke im
Auftrag der Gewerkschaft Gruppe 9 die Freilassung° der nach
dem 17. Juni gemachten Gefangenen. Allein aus den Niles-
Werken seien über 100 Arbeiter verschwunden°.

*release*

*disappeared*

(8)   Ulbricht entgegnete, viele Arbeiter seien bei Verhän-
gung° des Ausnahmezustandes° nach West-Berlin geflüchtet.
Man solle nicht glauben, alle, die seit Mittwoch nicht mehr da
seien, wären verhaftet°.

*imposing / state of emergency*

*arrested*

(9)   Ein anderer Meister sagte: „Wir haben schon hundertmal berechtigte° Kritik geübt. Der Erfolg war immer gleich
Null, so daß wir schließlich über das, was wir jetzt über die
Beschlüsse° der Regierung, den sogenannten Neuen Kurs erfuh-
ren, alle nur sagten: „Die Botschaft° hör' ich wohl, allein mir
fehlt der Glaube."°

*justified*

*decisions*
*message*
*quote from Goethe's Faust*

*(10)* Ein Parteimitglied sagte: „Wir haben ja immer ge-
wollt, daß frei gesprochen wird und kritisiert wird. Aber leider
ist es so gekommen, daß wir zuletzt nicht mehr gewagt° haben, *dared*
den Mund aufzumachen.

*(11)* Die Unruhe wuchs. Zwischenrufe° mehrten sich. Am  *catcalls, heckling*
Ende verdarb° Ulbricht alles, was noch zu verderben war, indem  *spoiled*
er eine vorbereitete „Resolution" zur Abstimmung° bringen  *vote*
lassen wollte. Die übliche Vertrauenserklärung° für Partei und  *statement of confidence*
Regierung. Da brach der Sturm los. „Aha! – ein Hurra für die
SED!" – „Ohne uns!"

*(12)* Schließlich gelang° es Ulbricht, die Resolution zur  *succeeded*
Abstimmung zu bringen. Die Zählung ergab: 188 dafür; dagegen alle übrigen. Ulbricht selber schätzte: „Also etwa 500 dagegen." Er erklärte die Versammlung für beendet.

Quelle: Alfred Kantorowicz, *Deutsches Tagebuch, Zweiter Teil*. München: Kindler
Verlag, 1961.

## Übungen zum Text

### A. Parolen für den Aufstand.

Arbeiten Sie zu zweit. Stellen Sie sich vor, Sie wären in der DDR und
beteiligten sich am Aufstand vom 17. Juni. Sie streiken und machen Parolen.
S1 beginnt die Parolen mit: „Wir wollen …" S2 stimmt damit überein und
wiederholt: „Ja, wir verlangen, daß wir …"

*Beispiel:*
S1: Wir wollen *weniger arbeiten.*
S2: Ja, wir verlangen, daß wir *weniger arbeiten.*

1. weniger arbeiten
2. ohne Ausnahmezustand leben
3. ins Ausland reisen können
4. eine neue Regierung wählen
5. mehr Lohn bekommen
6. die Gefangenen zurück-
   bekommen
7. frei unsere Meinung sagen
   können
8. auf der Straße demonstrieren
   können

### B. Fragen zum Text.

1. Woher bekam der Autor die Informationen über die
   Versammlung der Arbeiter mit Walter Ulbricht?
2. Paßt der Titel auf den Text? Warum? Warum nicht?

3. Wie begrüßten die Arbeiter Ulbricht, als er mit der Polizei in den Saal kam?

4. Was kritisierten die Arbeiter an Ulbrichts Rede?

5. Was sagte Ulbricht über seine deutsche Sprache?

6. Wie reagierte Ulbricht auf die Frage von Meister Wilke?

7. Wie erklärte Ulbricht das Verschwinden von vielen Arbeitern nach dem 17. Juni?

8. Was meinte der Arbeiter mit dem Satz: „Die Botschaft hör' ich wohl, allein mir fehlt der Glaube." Was war die Botschaft Ulbrichts? Woran fehlte dem Arbeiter der Glaube?

9. Wie endete die Versammlung mit Ulbricht?

10. Wie beurteilen Sie den Bericht von Kantorowicz? Objektiv, neutral, solidarisch mit Ulbricht, solidarisch mit den Arbeitern? Begründen Sie Ihre Meinung.

## Bild 2 Unsere Antwort

Dieses Plakat der Sozialistischen Einheitspartei Deutschlands wurde nach der Niederschlagung des Aufstands vom 17. Juni 1953 publiziert. Es porträtiert die Revolte als Produkt einer kapitalistischen Infiltration und zeigt, wie man allen Feinden des Systems auf die Finger schlägt. Die zwei Kapitalisten aus dem Westen sollen möglicherweise an US-Präsident Eisenhower und BRD-Bundeskanzler Adenauer erinnern. Plakat von H. Schubert, etwa 1954.

**Redemittel zur Bildbeschreibung.**

1. Ich sehe hier ...
2. Im Vordergrund ist ein(e) ...
3. In der Mitte sehe ich ...
4. Im Hintergrund ist ...
5. Mir gefällt/gefällt nicht, daß ...
6. Glaubst du, daß ... ?

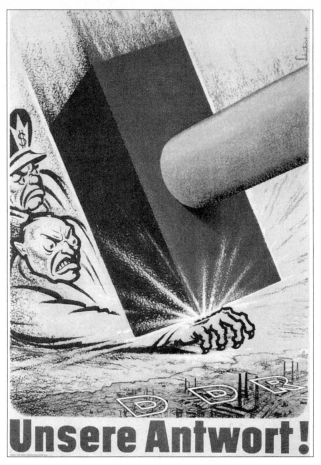

**Bild 2** (Quelle: Deutsches Historisches Museum)

# Bertolt Brecht, *Die Lösung*

**Zum Autor:** Bertolt Brecht (1898–1956) zählt zu den wichtigsten deutschen Dichtern des 20. Jahrhunderts. Bekannt wurde er durch seine Lyrik, seine Dramen wie *Mutter Courage* und *Galileo Galilei* und seine marxistischen Lehrstücke° wie *Der Jasager* und *Die Maßnahme°*. Brechts Theorie des antiillusionistischen „epischen" Theaters revolutionierte die Bühnenkunst im In- und Ausland. Nach dem Exil (1933–1947) kehrte Brecht aus den USA nach Deutschland zurück und gründete 1949 in der DDR das Berliner Ensemble, ein Theater in Ost-Berlin.

*didactic plays / The Measure*

**Zum Text:** Das Gedicht „Die Lösung°" steht in Bertolt Brechts letztem Gedichtbuch, und gehört zu den 1953 geschriebenen *Buckower Elegien*. In Buckow bei Berlin hatte Brecht ein Haus mit Garten an einem See gemietet. Am 17. Juni 1953 sah er selber den Aufstand und das darauffolgende Fiasko mit Panzern und Polizei. Das Gedicht drückt Brechts Bestürzung° über die Vorfälle° aus, und kritisiert zugleich auf ironische Weise das politische Versagen° der Regierung.

*solution*

*dismay*
*events*
*failure*

## Vorarbeit zum Lesen

### A. Rollenspiel zu zweit: Gespräch über das Leben und die Arbeit Bertolt Brechts.

S1 geht in die Bibliothek und sieht S2 im Katalograum. S1 fragt S2, welche guten Bücher über Brecht er/sie kennt. S2 empfiehlt° mehrere Bücher, die alle im Katalog zu finden sind, zum Beispiel Reinhold Grimms *Bertolt Brecht* und Eric Bentleys *The Brecht Commentaries*. S1 und S2 führen den Dialog und enden ihn mit: „Tschüß, bis bald!"

*recommends*

| | |
|---|---|
| S1: Begrüßung („Wie geht's?" usw.) | S2: Begrüßung („Was machst du hier?") |
| sucht Brecht Informationen | empfiehlt Brecht Bibliographie |
| bedankt sich, verabschiedet sich | verabschiedet sich ebenfalls |

### B. Wäre es nicht einfacher ... Vervollständigen Sie die Sätze im Konjunktiv.

*Beispiel:* Die Regierung° *sucht* eine bessere Lösung.
*Wäre es nicht einfacher, wenn die Regierung eine bessere Lösung suchte?*

*government*

1. Die Regierung *macht* bessere Politik.
   Wäre es nicht einfacher, wenn ...

2. Die Regierung *vertraut°* dem Volk.
   Wäre es nicht einfacher, wenn ...

   *trusts*

3. Die Regierung *arbeitet* mehr.
   Wäre es nicht einfacher, wenn ...

4. Die Regierung *wählt°* bessere Minister.
   Wäre es nicht einfacher, wenn ...

   *selects, appoints; elects*

5. Die Regierung *löst* sich *auf.°*
   Wäre es nicht einfacher, wenn ...

   *löst sich auf: dissolves itself*

6. Die Regierung *fragt* Bertolt Brecht.
   Wäre es nicht einfacher, wenn ...

# Bertolt Brecht, *Die Lösung*

Nach dem Aufstand des 17. Juni
Ließ der Sekretär des Schriftstellerverbandes°          *writers' guild*
In der Stalinallee Flugblätter° verteilen°              *leaflets / distribute*
Auf denen zu lesen war, daß das Volk
Das Vertrauen der Regierung verscherzt° habe          *forfeited*
Und es nur noch durch verdoppelte Arbeit
Zurückerobern° könne. Wäre es da                        *recapture*
Nicht doch einfacher, die Regierung
Löste das Volk auf und
Wählte ein anderes?

Quelle: Bertolt Brecht, *Gesammelte Werke in 20 Bänden, Band 10.* Frankfurt:
Suhrkamp Verlag, 1967.

## Übungen zum Text

### A. Fragen zum Gedicht.

1. Wer verteilt was, wann, wie?
2. Wo wird das Flugblatt verteilt?
3. Was, meint der Sekretär, ist der Fehler des Volkes?
4. Was soll das Volk tun, um seinen Fehler wieder gutzumachen?
5. Wen und was kritisiert Brecht in diesem Gedicht?
6. Wo liegt der Sarkasmus seines Gedichts „Die Lösung"?
7. Welche Rolle spielt der Schriftstellerverband hier?
8. Welche Rolle erwarten Sie von Schriftstellern oder Künstlern?
   Sollen sie wie Politiker handeln oder nicht? Warum?

### B. Schriftliche Übung.
Schreiben Sie zehn Wünsche, die sie für sich oder die Welt haben. Benutzen
Sie den folgenden Anfang.

Wäre es nicht schön, wenn ...

**Bild 1** (Quelle: Deutsches Historisches Museum)

„Von den Sowjetmenschen lernen heißt siegen lernen." Das DDR-Plakat aus
dem Jahr 1951 zeigt die industrialisierte, sowjetische Landwirtschaft° und     *agriculture*
einen „Helden der Arbeit" als Vorbilder für die Bauern in der Deutschen
Demokratischen Republik. Die Solidarität mit dem kommunistischen System
der Sowjetunion war ein fundamentaler Aspekt der DDR-Politik von der
Gründung des Staates 1949 bis zur Auflösung° 1990.     *dissolution*

## Schriftliche Übungen.

Wählen Sie eine Aufgabe.

1. Beschreiben Sie das Plakat. Was sehen Sie auf dem Bild? Was
   symbolisiert die Landwirtschaft, die Industrie und Technik, die
   Stärke der Menschen usw.?
2. Beschreiben Sie den „Sowjetmenschen" auf dem Plakat. Sieht er
   aus wie ein „Held"? Warum? Warum nicht?
3. Übersetzen Sie die Überschrift, den Untertitel, und das
   Stalin-Zitat auf dem Plakat.
4. Beschreiben Sie ein aktuelles Werbeplakat° in Ihrer Stadt.     *advertising poster*

## KAPITEL 18

# Zeitgeist der fünfziger Jahre

Bild 1: **Einfach bezaubernd** (Titelblatt eines Modeheftes)
Text 1: **Elisabeth Endres, *Der neue Geist der frühen Jahre*** (Essay)
Bild 2: **Ossip Zadkine, Documenta in Kassel** (Skulptur)
Text 2: **Marie Luise Kaschnitz, *Hiroshima*** (Gedicht)
Bild 3: **Vorsicht RIAS Gift** (Plakat)

## *Cultural Context*

The fifties were a receptive decade in Germany, full of *Nachholbedarf* (need to catch up) and expectations of overcoming the stigma of the Nazi past and realigning Germany with European traditions. The era was dominated by Cold War hostilities, anti-Soviet uprisings in Eastern Europe, the nuclear arms race, and the integration of the two German states into eastern and western alliances. The German Democratic Republic became a dedicated member of the socialist bloc and sealed itself off from capitalist economies. In West Germany, a conservative democracy emerged based on a free market economy. Hardships and shortfalls were common, but also a new sense of freedom that unleashed pent-up energies. By 1951, there was enough to eat again, new construction projects proliferated, and unemployment was quickly vanishing. Under the leadership of Chancellor Konrad Adenauer, the Federal Republic of Germany enjoyed a decade of uninterrupted economic growth and prosperity. The arts were free to prosper as well. Writers, actors, painters, and performers closed the cultural gap of National Socialism, when much of twentieth-century world culture was outlawed. The prior regime had banned not only the best of modern German literature (Kafka, Brecht, Seghers, Mann, and others) but also psychoanalysis, sociology, most modern music, and architecture. The postwar embrace of the avant-garde led to formidable initiatives and a sense of cultural rebirth in West Germany. The literature of the period reflected a critical awareness of the problems of contemporary society and a desire to help in their solution.

## Übersicht

Der Nachholbedarf und Lebenshunger der jungen Generation, die Renaissance des Modernismus und die Angst vor der Atombombe sind die Themen in Kapitel 18. Bild 1 zeigt die Titelseite eines beliebten BRD-Frauenjournals Mitte der 50er Jahre, wo westliche Modetrends und offenere Lebensformen vorgestellt° wurden. Bild 2 dokumentiert das neue, am Modernismus orientierte Kunstschaffen° des Jahrzehnts, während Bild 3 den Kalten Krieg aus der Perspektive der DDR porträtiert. Text 1 und Text 2 beschreiben die literarische Landschaft° Deutschlands in den 50er Jahren und den

*introduced*
*art production*

*landscape*

intellektuellen Zeitgeist° im Westen anhand eines mahnenden° Gedichts und einer autobiografischen Reminiszenz. *spirit of the age / admonishing*

**Bild 1** (Quelle: Münchner Stadtmuseum)

„Einfach bezaubernd°!" Titelseite des westdeutschen Modehefts *Film und Frau*, Herbst und Winter 1956. Diese neue Damenmode nannte man damals „Prinzeß-Form". Sie war betont feminin, mit schmaler Taille° und weiten Röcken, unter denen man Petticoats trug. Diese luxuriöse Mode Mitte der 50er Jahre stand in starkem Kontrast zur Lebenswelt der „Trümmerfrauen°" kurz nach dem Krieg. (Siehe Kapitel 20, Bild 1.)

*enchanting*

*waist*

*"rubble women"*

## A. Fragen zum Bild.

1. Was für Kleidungsstücke° sehen Sie auf dem Bild?          *items of clothing*
2. Worauf bezieht sich der Untertitel „einfach bezaubernd"?
3. Welche Frauen, glauben Sie, interessierten sich für diese Mode? Welches Alter? Was für soziale Gruppen? Begründen Sie Ihre Antwort.
4. Was halten Sie von dieser Mode? Was gefällt Ihnen daran, was nicht?

## B. Interview über Mode.

Fragen Sie einen Partner/eine Partnerin, und berichten Sie später dem Kurs über die Antworten zu folgenden Fragen.

1. In welchen Geschäften kaufen Sie gern Kleidung ein? (die Boutique, das Warenhaus, der Flohmarkt, der Diskontladen, das Kleidergeschäft, das Sportgeschäft, der Katalog usw.)
2. Was für Mode, was für Kleidung tragen Sie gern zu Hause, bei der Arbeit, auf einer Party?
3. Gibt es eine Mode, die Ihnen besonders gefällt, oder die Sie besonders häßlich finden? Was? Warum?
4. Gibt es Modezeitungen, die Sie gern lesen? Welche?

## C. Schriftliche Übung.

Wählen Sie ein Thema.

1. Beschreiben Sie eine Modereklame in einer Zeitung oder Zeitschrift Ihrer Wahl. An welche Altersgruppe richtet sich die Reklame? Was für ein Image soll die Reklame vermitteln?
2. Vergleichen Sie dieses Frauenbild mit den Frauen im Bild der „Trümmerfrauen" (Bild 1, Kapitel 20). Was sagt der Kontrast zwischen diesen Bildern über die Verbesserung des Lebens in den 50er Jahren?
3. Beschreiben Sie die Mode in Bild 1 aus dem Jahr 1956. Erklären Sie dann, ob Sie glauben, daß der Titel „einfach bezaubernd" zu dieser Mode paßt.

**Zur Autorin:** Elisabeth Endres, geboren 1934 in München, arbeitete nach dem Krieg als Kulturkorrespondentin in London. Seit 1969 lebte sie als freie Schriftstellerin und Kritikerin in Bayern. Endres ist besonders mit einem Buch über die Literatur der Adenauerzeit bekannt geworden.

**Zum Text:** Enders beschreibt das kulturelle Klima und den Zeitgeist der 50er Jahre in der Bundesrepublik. Ihr Text erzählt von dem Versuch der jüngeren Generation, nach Faschismus und Krieg wieder Anschluß zu finden an die Traditionen der internationalen Moderne in der Kunst.

## Vorarbeit zum Lesen

### A. Gespräch über Lesegewohnheiten.

Berichten Sie einem Partner/einer Partnerin wann, wo, was und wie lange Sie am liebsten etwas lesen. Ihr Partner/Ihre Partnerin berichtet dann dem Kurs über Ihre Antworten.

Wörter zum Thema Literatur

der Schriftsteller = der Dichter, der Autor
der Lyriker = der Autor eines Gedichts
das Gedicht°                                                                *poem*
der Roman°                                                                  *novel*
die Erzählung = die Geschichte°                                             *story*
die Kurzgeschichte
das Theaterstück
das Drama
die Komödie
die Tragödie
der Kritiker

1. Wann? (vor dem Einschlafen, nach dem Essen, beim Frühstück, beim Kaffeetrinken, am Nachmittag, am Abend beim Fernsehen, in der Mittagspause usw.)
2. Wo? (auf dem Sofa, im Bett, am Tisch, in der Bibliothek, zu Hause, im Park, im Lehnstuhl°, auf dem Boden im Wohnzimmer, im Autobus, im Zug, in der Hängematte°, im Garten usw.)

*recliner*
*hammock*

3. Wie lange? (den ganzen Abend, nur kurze Zeit, so lange das Kapitel dauert, bis ich müde werde, etwa eine Stunde, so lange die Fahrt dauert, nachmittags von zwei bis drei, möglichst lange usw.)
4. Was lesen Sie gern? (einen Roman, ein Gedicht, eine Kurzgeschichte usw.)

## B. Wer schrieb was?

In Text 1 erwähnt Elisabeth Endres die folgenden Autoren des 20. Jahrhunderts. Finden Sie die richtige Kombination von Autor/Autorin und Buchtitel.

1. Franz Kafka
2. Henry James
3. Hugo von Hofmannsthal
4. James Joyce
5. Rainer Maria Rilke
6. Marcel Proust
7. Paul Valéry
8. Federico García Lorca
9. Ernest Hemingway
10. Gertrude Stein
11. Albert Camus
12. Henry Miller
13. André Gide
14. Françoise Sagan

a. *Wem die Stunde schlägt (For Whom the Bell Tolls)*
b. *Die Verwandlung*
c. *Der Immoralist (L'immoraliste)*
d. *The Autobiography of Alice B. Toklas*
e. *Die Europäer (The Europeans)*
f. *Wendekreis des Krebses (Tropic of Cancer)*
g. *Zigeuner Romanze (Romancero gitano)*
h. *Tanz, Zeichnung und Degas (Degas, danse, dessin)*
i. *Duineser Elegien*
j. *Ulysses*
k. *Auf der Suche nach der verlorenen Zeit (À la recherche du temps perdu)*
l. *Der Mythos von Sisyphos (Le mythe de Sisyphe)*
m. *Bonjour tristesse*
n. *Der Rosenkavalier*

## C. Schriftliche Übung.

Die folgenden Sätze aus dem Text sind kompliziert. Geben Sie den Inhalt in einfacheren Sätzen wieder.

1. 1919 hatte Franz Kafka die Erzählung „Ein Landarzt" publiziert, in der sich eine frappierend fremdartige°, das Gefühl gefährdende° Passage findet.

*frappierend fremdartige: strikingly alien / das Gefühl gefährdende: emotionally threatening*

2. Nackt, dem Froste dieses unglückseligen Zeitalters° ausgesetzt°, mit irdischem° Wagen, unirdischen Pferden° treibe ich mich alter Mann umher°.

3. Mein Pelz° hängt hinten am Wagen, ich kann ihn aber nicht erreichen°, und keiner aus dem beweglichen Gesindel der Patienten° rührt° den Finger.

4. Betrogen!° Betrogen! Einmal dem Fehlläuten° der Nachtglocke° gefolgt – es ist niemals gutzumachen°.

**unglückseligen Zeitalters:** unfortunate era / exposed (to) / earthly, terrestrial / horses / **treibe umher:** drift, wander around / fur / reach / **beweglichen … Patienten:** mobile riffraff of patients / moves / betrayed / false ring / here: doctor's emergency bell / **es … gutzumachen:** it can never be undone

# Elisabeth Endres, *Der neue Geist der frühen Jahre*

An einem sonnigen Spätsommertag der frühen fünfziger Jahre saß ich im Englischen Garten° meiner Heimatstadt München und las Franz Kafka.

Ich hatte mir eine Tüte° voll klebriger° Himbeerbonbons° gekauft. Sie waren von einem seltsamen Geschmack°, sicher sehr kalorienhaltig. Ich mußte achten, daß ich das Buch nicht schmutzig machte, denn es gehörte mir nicht. Wahrscheinlich hatte ich es einer Bibliothek entliehen° oder einer guten Freundin. Um Kafka zu kaufen, fehlte mir das Geld.

Mit süßsaurem Geschmack auf der Zunge las ich also Kafka; und merkte, das ist etwas anderes als Hugo von Hofmannsthal, als Rainer Maria Rilke, von denen man noch auf der Schule erfahren hatte. Verwandt° den Franzosen und Angelsachsen, die man auf der Bühne sah, aber doch noch konsequenter. Ich hatte viel gelesen. Nun kam es wieder heraus, als Gefühl: ja, so verloren sind wir. Das ist unsere Wirklichkeit°: die neue, die unserer Welt.

Im Jahr 1957 publizierte der Literaturkritiker Günter Blöcker ein Buch, das den Titel trug *Die neuen Wirklichkeiten*. Blöcker stellte seinen Lesern jene Autoren vor, die neue Möglichkeiten° der Literatur erkundet° hatten. Es waren die Klassiker der Moderne, zum größten Teil Ausländer der west-

**Englischer Garten:** name of public park in Munich / bag / sticky / raspberry candies / taste

checked out, borrowed

related

reality

possibilities / explored

lichen Hemisphäre, Schriftsteller des 19. und 20. Jahrhunderts. Um ein paar Namen zu nennen: Henry James, James Joyce, Marcel Proust, Paul Valéry, Federico García Lorca, Ernest Hemingway, Gertrude Stein, Albert Camus, Henry Miller, André Gide. Wir interessierten uns für diese Dichter°. Es mußte ja so viel nachgeholt° werden. In der Nazi-Zeit waren die Werke von jüdischen und linken° Schriftstellern auf den Scheiterhaufen° verbrannt worden. *poets / caught up with / leftist / stake*

Eine neue Moderne wurde begrüßt, wobei man sich über die Kriterien noch nicht sicher war. Es genügte° häufig, daß der Autor aus dem Ausland kam. Man las fasziniert die Bücher, die Lebenszeugnisse° von André Gide, man las ebenso fasziniert den Roman *Bonjour tristesse* von Françoise Sagan, der 1955, ein Jahr nach seinem Erscheinen° in Frankreich, auch in der Bundesrepublik herauskam°. *suffliced / memoirs / appearance / was published / turning point*

Kafka war unser Joyce, unser Einschnitt° in die Literatur, unser Beginn des modernen Schreibens. 1919 hatte er die Erzählung „Ein Landarzt" publiziert, in der sich die frappierend fremdartige, das Gefühl gefährdende Passage findet: „Nackt, dem Froste dieses unglückseligen Zeitalters ausgesetzt, mit irdischem Wagen, unirdischen Pferden treibe ich mich alter Mann umher. Mein Pelz hängt hinten am Wagen, ich kann ihn aber nicht erreichen, und keiner aus dem beweglichen Gesindel der Patienten rührt den Finger. Betrogen! Betrogen! Einmal dem Fehlläuten der Nachtglocke gefolgt – es ist niemals gutzumachen." 1949 und 1950 empfand man diese Sätze immer noch so, als bildeten sie eine Wasserscheide°. Vor ihnen gab es die publikumsfreundliche°, gesellschaftlich vermittelbare° Literatur der germanistischen Handbücher, nach ihnen gab es die radikal richtige Reaktion auf dieses Zeitalter. *watershed / audience-friendly / explainable*

Quelle: Elisabeth Endres, Der neue Geist der frühen Jahre. In Dieter Frank (Hrsg.), *Die fünfziger Jahre. Als das Leben wieder anfing.* München; Zürich: Piper Verlag, 1981, S. 126–27.

# Übungen zum Text

## A. Richtig oder falsch?

Bestimmen Sie, welche Aussagen richtig oder falsch sind. Korrigieren Sie die falschen Sätze.

1. _____ Stuttgart war die Heimatstadt der Autorin.
2. _____ Endres las ein Buch von Ernest Hemingway im Englischen Garten.
3. _____ Endres verglich James Joyce mit Franz Kafka.
4. _____ Endres interessierte sich für die Klassiker der modernen Literatur.
5. _____ Die Nazis verbrannten die Werke jüdischer Autoren wie Kafka oder Freud.
6. _____ Die meisten Dichter der klassischen Moderne, die man damals las, kamen aus Deutschland.
7. _____ Endres beschrieb Kafkas Erzählung „Die Verwandlung".
8. _____ Im Französischen Garten hatte sich Endres Himbeereis gekauft.

## B. Fragen.

Antworten Sie mit ganzen Sätzen.

1. In welchen Jahren las Endres zum ersten Mal Bücher von Franz Kafka?
2. Warum mußte sie darauf achten, daß sie das Buch nicht schmutzig machte?
3. Wo hatte Endres etwas über die Literatur von Hofmannsthal und Rilke gelernt?
4. Aus welchen Ländern kamen die Autoren, deren Werke man damals oft im Theater spielte?
5. Welche französischen Autoren waren 1955 sehr populär in der BRD?
6. Wann publizierte Kafka seine Erzählung „Ein Landarzt"?

## C. Diskussion.

1. Endres nennt ihre Erinnerung „Der neue Geist der frühen Jahre". Was war damals neu für Endres? Beschreiben Sie den neuen Zeitgeist dieser Jahre.
2. Was geschah in Ihrem Land zu dieser Zeit? Was für Literatur, Musik, Theater war populär?
3. Wie finden Sie die Literatur Franz Kafkas?

1. Fassen Sie den Inhalt der sieben Abschnitte in jeweils ein bis zwei Sätzen zusammen. Schreiben Sie dann für jeden Abschnitt einen Kurztitel.
2. Übersetzen Sie Endres Zitat aus Kafkas Erzählung „Ein Landarzt" (Nackt, ... gutzumachen).

## Bild 2 Ossip Zadkine, Documenta in Kassel

„Die zerstörte Stadt – zur Erinnerung an die Zerstörung° der Stadt Rotterdam aus der Luft" von Ossip Zadkine, Kassel 1959. Die Skulptur stand auf der zweiten „documenta" Kunstausstellung° in Kassel im Bundesland Hessen. Die erste „documenta" begann 1955, und fand dann alle vier bis fünf Jahre statt. Die ersten Ausstellungen dokumentierten die Entwicklung der modernen Kunst in den 30er und 40er Jahren, als Hitler in Deutschland herrschte und moderne Kunst verboten war. Die Documenta-Ausstellungen wurden deshalb zu wichtigen Lernveranstaltungen° über den Modernismus (Marc Chagall, Joan Miró, Pablo Picasso).

*destruction*

*art exhibition*

*learning experiences*

### A. Kommentar zum Bild.
Formulieren Sie ganze Sätze mit den Vokabeln in der Liste. Beginnen Sie mit: „Auf dem Bild sieht man ... "

1. vorn / eine große Skulptur / vor / eine Mauer
2. die menschliche Figur / mit / ausgestreckte Arme
3. die Angst / das Gesicht / mit / ein offener Mund
4. hinten / ein schönes Schloß / in / ein Park / mit / blühende Bäume

### B. Beschreibung der Skulptur.
Wählen Sie ein Thema.

1. Ossip Zadkines Skulptur stellt einen Menschen dar°, ist aber nicht sehr realistisch. Die Pose selbst ist ungewöhnlich für eine Statue. Schreiben Sie einen kurzen Essay über die Skulptur, in dem Sie die folgenden Fragen diskutieren:

   *stellt dar: portrays*

   a. Was macht die Skulptur so ausdrucksvoll?
   b. Paßt der Titel „Die zerstörte Stadt – zur Erinnerung an die Zerstörung der Stadt Rotterdam aus der Luft" auf die Skulptur? Warum? Warum nicht?

**Bild 2** (Quelle: Ullstein Bilderdienst, Berlin)

2. „Die zerstörte Stadt". Wie bringt diese allegorische Skulptur die Angst des Menschen vor den modernen Kriegsmaschinen zum Ausdruck? Wie steht und wohin blickt die Figur? Welche Gesten sieht man?

3. Aufsatz (etwa 150 Wörter): Meine Gedanken und Gefühle beim Betrachten der Allegorie „Die zerstörte Stadt".

4. Vergleichen Sie Zadkines Skulptur (Bild 2) mit dem Bild „Zerstörte Kunst" von Karl Rössing in Kapitel 21 (Bild 1). Beide Kunstwerke behandeln die Zerstörung des Lebens durch den Krieg. Wo sehen Sie Gemeinsamkeiten°, wo Unterschiede°?  *similarities / differences*

# Marie Luise Kaschnitz, *Hiroshima*

**Zur Autorin:** Marie Luise Kaschnitz wurde 1901 in Karlsruhe geboren und wuchs als Tochter eines adligen° Offiziers in Potsdam und Berlin auf. Nach der Schulausbildung arbeitete sie als Buchhändlerin in Weimar und München. Kaschnitz lebte lange in Rom, wo sie viele ihrer literarischen Arbeiten schrieb. Sie starb 1974.

*aristocratic*

**Zum Text:** Die Atombombenexplosionen 1945 über Japan waren nur selten Thema der Literatur. Die Zahl der Opfer – über 200 000 – schien sich literarischer Behandlung° zu entziehen°. Kaschnitz hat in ihrem Gedicht „Hiroshima" die Frage nach der Verantwortung° gestellt, und ihr „Auge" auf die Person des amerikanischen Bomberpiloten gerichtet. Das Gedicht wurde Mitte der 50er Jahre geschrieben, als die Großmächte° fast jedes Jahr neue Atom- und Wasserstoffbomben testen ließen.

*treatment / evade*
*responsibility*

*superpowers*

## Vorarbeit zum Lesen

### A. Vokabelübung.
Ergänzen Sie die Sätze mit den richtigen Vokabeln.

Fernsehen     stand     Pilot     warf     Atombombe     wahr     war

Der Pilot, der die _____ auf Hiroshima warf, ging ins Kloster. 2. Der _____, der den Tod auf Hiroshima warf, erwürgte° sich. 3. Der den Tod auf Hiroshima _____, fiel in Wahnsinn°. 4. Nichts von alldem ist _____. 5. Erst vor kurzem sah ich den Piloten im _____. 6. Er _____ im Garten seines Hauses. Er _____ sehr gut erkennbar.

*strangled*
*insanity*

### B. Übung mit Wortfeldern.
Gruppen von Wörtern, die zu einem Thema gehören, heißen Wortfelder. Schauen Sie sich die folgenden Wortfelder an, und schreiben Sie einen zusammenhängenden Text, der jeweils möglichst alle Wörter verwendet.

> *Beispiel:* das Kloster, die Mönche°, beten, die Kirche, die Glocken,° läuten
> *Mönche leben oft in einem Kloster. Fast jedes Kloster hat eine Kirche. Wenn die Glocken läuten, gehen die Mönche zum Beten in die Kirche.*

*monks / bells*

1. das Haus, die Vorstadt°, der Garten, die Rosenbüsche, die Hecken°, blühen, der Wald
2. die Familie, die Eltern, die Kinder, leben, spielen, lachen

*suburb*
*shrubs*

3. der Pilot, das Flugzeug, starten, nach Hiroshima fliegen,
   Bomben abwerfen°, landen

*drop*

4. der Pilot, den Tod bringen, töten, sterben°, der Mord, der
   Selbstmord, in die Schlinge° springen

*die*

*noose*

5. der Pilot, in Wahnsinn° fallen, Gespenster° sehen, abwehren°,
   verrückt° werden, den Verstand° verlieren

*insanity / ghosts / fend
off / demented, crazy /
mind*

## C. Mündliches Referat.

Informieren Sie sich in der Bibliothek über das folgende Thema. Schreiben
Sie Ihre Notizen auf deutsch: Beantworten Sie die Fragen wann? wer?
warum? Resultat?, und halten Sie ein Referat.

• Die Atombombenexplosionen über Hiroshima und Nagasaki, Japan, 1945

## Marie Luise Kaschnitz, *Hiroshima*

Der den Tod auf Hiroshima warf
Ging ins Kloster, läutete dort die Glocken.
Der den Tod auf Hiroshima warf
Sprang vom Stuhl in die Schlinge, erwürgte sich.
Der den Tod auf Hiroshima warf
Fiel in Wahnsinn, wehrte Gespenster ab
Hunderttausend, die ihn angehen° nächtlich,
Auferstandene° aus Staub° für ihn.

*attack*

*resurrected / dust*

Nichts von alldem ist wahr.
Erst vor kurzem sah ich ihn
Im Garten seines Hauses vor der Stadt.
Die Hecken waren noch jung und die Rosenbüsche zierlich°.
Das wächst nicht so schnell, daß sich einer verbergen°
   könnte
Im Wald des Vergessens. Gut zu sehen war
Das nackte Vorstadthaus, die junge Frau
Die neben ihm stand im Blumenkleid
Das kleine Mädchen an ihrer Hand,
Der Knabe der auf seinem Rücken saß
Und über seinem Kopf die Peitsche° schwang.
Sehr gut erkennbar° war er selbst

*delicate*

*hide*

*whip*

*recognizable*

Vierbeinig° auf dem Grasplatz, das Gesicht        *four-legged*
Verzerrt° von Lachen, weil der Photograph         *distorted*
Hinter der Hecke stand, das Auge der Welt.

Quelle: Marie Luise Kaschnitz, *Neue Gedichte*. Hamburg: Claassen, 1957, S. 25.

## Übungen zum Text

### A. Fragen zum Inhalt.

1. Wo sieht Kaschnitz den Piloten?
2. Wie sehen die Hecken und Rosenbüsche im Garten des Piloten aus?
3. Wer steht neben dem Piloten im Garten?
4. Was trägt die Frau, und wen hält sie an der Hand?
5. Wo sitzt der Sohn des Piloten beim Spielen?
6. Wo steht der Fotograf?

### B. Interpretation des Gedichts.

1. Womit vergleicht Kaschnitz den Photographen?
2. Wie beschreibt Kaschnitz das Familienbild? Typisch? Ungewöhnlich? Ironisch? Hart? Gemütlich?
3. Wie beschreibt Kaschnitz den Piloten auf dem Bild? Wie einen brutalen Massenmörder? Wie einen guten Soldaten? Wie einen guten Vater? Wie einen bösen Ehemann? Wie einen Wahnsinnigen? Erklären Sie Ihre Antwort.
4. Wie beschreibt sie den Piloten in der ersten Strophe?
5. Was meint Kaschnitz mit dem Satz zu Beginn der zweiten Strophe: „Nichts von alldem ist wahr.“?
6. Welcher Gegensatz (These und Antithese) besteht zwischen den zwei Strophen? Was, glauben Sie, will Kaschnitz damit sagen?

### C. Freie Diskussion.

1. Glauben Sie, daß die Verantwortung für die modernen Bomben bei den Physikern, Politikern und Militärs liegt, oder daß heute jeder für die Politik seiner Zeit verantwortlich ist? Warum? Warum nicht?
2. Glauben Sie, daß sich die Menschheit an die nuklearen Waffen bereits gewöhnt hat? Warum? Warum nicht?

3. Sind Sie der Meinung, daß Literatur und Kunst die Aufgabe haben, die Menschen an ihre Verantwortung zu erinnern? Warum? Warum nicht?
4. Was für eine Funktion hat Literatur und Kunst Ihrer Meinung nach?

**Bild 3** (Quelle: Deutsches Historisches Museum)

DDR-Plakat aus dem Jahr 1952. Mit der Überschrift „Vorsicht RIAS Gift" versuchte die SED-Regierung gegen den Einfluß des populären Radiosenders im amerikanischen Sektor West-Berlins Propaganda zu machen. Aus dem RIAS Logo fallen amerikanische Bomben mit den Aufschriften „Hetze"°, *hate/smear campaign* „Verleumdung"°, „Lüge"°, und „Mißtrauen"°. Sie fallen auf den sozialisti- *slander / lie / distrust* schen Staat und verbreiten dort das Gift° des Kapitalismus und des Kalten *poison* Krieges. Entwurf des Plakats: Goralczyk, 1952. Höhe 89 cm, Breite 59 cm.

## A. Vokabelübung.

Ergänzen Sie die Sätze mit den passenden Verben oder Substantiven in ihrer richtigen Form.

1. (die Hetze, hetzen)  Das Plakat sagt: Vorsicht, der RIAS _____ gegen die DDR. Der RIAS organisierte eine große, massive, böse _____ gegen den Kommunismus in der DDR.

2. (die Verleumdung, verleumden)  Das Plakat warnt: Vorsicht vor der _____ der DDR in den RIAS-Programmen! Der Sender _____ die DDR.

3. (die Lüge, lügen)  Das Plakat meint: Vorsicht, wenn amerikanische Journalisten den Mund aufmachen, _____ sie immer! Die _____ des RIAS schreien zum Himmel!

4. (das Mißtrauen, mißtrauen)  Das Plakat zeigt: Das _____ gegen den Kommunismus ist leicht zu sehen. Die Amerikaner _____ den Politikern der DDR.

## B. Schriftliche Übung zum Bild.

Schreiben Sie einen Aufsatz für eine imaginäre DDR-Zeitung, in dem Sie vor den Gefahren der amerikanischen Rock-Musik und Pop-Kultur warnen. (Thema des Aufsatzes: „Vorsicht Rock and Roll/Punk/Rap Gift!")

# ALS DAS LEBEN
# WIEDER ANFING
## 1945–1949

TEIL VII

### Einführung

Die Texte und Bilder in Teil VII behandeln die Zeit von 1945 bis 1949, vom Ende des Zweiten Weltkriegs bis zur Teilung°. Dazwischen liegen vier Jahre, die große soziale, wirtschaftliche° und politische Veränderungen° brachten. Nach Deutschlands Kapitulation folgte 1945 die Besetzung° durch die vier Alliierten (USA, Großbritannien, Frankreich und die Sowjetunion). Ein Jahr später begannen die Nürnberger Prozeße° gegen Nazi Kriegsverbrecher°. In der amerikanischen Zone startete eine politische Kampagne zur Demokratisierung Deutschlands. In der sowjetischen Zone begann die Sozialisierung nach stalinistischen Prinzipien. 1948 kam es zur ersten Krise des Kalten Krieges mit dem Start der sowjetischen Blockade West-Berlins. Die Krise führte 1949 zur Gründung von zwei Staaten auf deutschem Boden. Die drei Kapitel beschreiben die großen Schwierigkeiten aber auch Erfolge der ersten Nachkriegsjahre in Deutschland.

*division*
*economic / changes*

*occupation*

*trials*
*war criminals*

## Zeittafel

**1945**    Ende des Zweiten Weltkriegs und des Nazi-Terrors. Atombomben explodieren über Hiroshima und Nagasaki. Beginn der Potsdamer Konferenz der Alliierten. Deutschland, Österreich, Berlin und Wien werden in jeweils vier Besatzungszonen geteilt.

**1946**    Anfang der Nürnberger Prozesse gegen Nazi-Kriegsverbrecher. Großer Fluchtstrom° aus Osteuropa in den Westen. Winston Churchill fordert in einer Rede in Zürich die „Vereinigten Staaten von Europa".    *stream of refugees*

**1947**    Gründung der literarischen „Gruppe 47" in der BRD. Die Truman-Doktrin signalisiert den Anfang des „Kalten Krieges".

**1948**    Währungsreform° in den Westzonen, später auch in der Ostzone. Gründung des Staates Israel.    *currency reform*

**1948–49**    Die Währungsreform und Stalins Blockade von West-Berlin führen zur Teilung Deutschlands.

**1949**    Gründung der BRD und der DDR. Konrad Adenauer und Wilhelm Pieck bilden die ersten Regierungen°. Thomas Mann erhält den Goethe-Preis der Stadt Frankfurt.    *governments*

# Geteilt durch zwei

## *Historical Context*

Following the end of World War II (1939–1945), Germany and Austria were divided into four occupation zones by the Allies. Berlin and Vienna, situated within the Soviet occupation zones, were themselves divided into four sectors. The collaboration among the United States, France, Great Britain, and the Soviet Union, however, soon gave way to political tensions over the spread of Stalinism. Because of its partition and occupation, Germany lay at the center of the conflict. The crisis escalated in 1947, when U.S. President Truman announced his doctrine aimed at curtailing the political influence of communism. Stalin retaliated by tightening the Iron Curtain. The first military confrontation of the Cold War came with the Berlin Blockade in 1948. The blockade was intended to bring all of Berlin under Soviet influence by cutting off the city's western sectors from all ground supply lines. It failed, however, because of a gigantic airlift by British and U.S. relief planes which supplied West Berlin for ten months with everything from food to fuel. The blockade ended in May of 1949, and shortly thereafter two German states emerged with opposing political and economic orientations: West Germany and East Germany, with Bonn and Berlin as their respective capitals.

## Übersicht

Kapitel 19 behandelt die Teilung Deutschlands in zwei feindliche Lager°. *camps*
Der Beginn des Kalten Krieges, die Währungsreform in den westlichen Besatzungszonen und die sowjetische Blockade West-Berlins bewirkten 1949 die Gründung° von zwei deutschen Republiken. Die Bundesrepublik (BRD) *founding* orientierte sich an der kapitalistischen Marktwirtschaft westlicher Demokratien, die Deutsche Demokratische Republik (DDR) orientierte sich an der Planwirtschaft° der Sowjetunion. Diese Trennung° bestand° bis 1990, also *planned economy / division / existed* mehr als 40 Jahre lang. Die Bilder des Kapitels illustrieren die Lage nach dem Krieg. Bild 1 zeigt die geographische Lage der Besatzungszonen°, Bild *occupation zones* 2 die sowjetische Blockade Berlins 1948–49. Text 1 beschreibt die Erfahrungen einer jungen Arbeiterin im Westen der Stadt während der Blockade. Bild 3 zeigt ein amerikanisches Plakat mit einem Appell an US-Soldaten,

den Deutschen den richtigen Weg in die Demokratie zu zeigen. Den Schluß bilden Text 2 und Text 3, die zwei Nationalhymnen samt Musiknoten. Die westdeutsche Nationalhymne blieb auch nach der Vereinigung die offizielle Hymne des Landes.

# Bild 1 Besatzungszonen

Mitteleuropa nach dem Zweiten Weltkrieg unter den alliierten Besatzungsmächten (Großbritannien, Frankreich, die Sowjetunion und die Vereinigten Staaten), 1945. Drei Jahre später kam es zur Berliner Blockade durch die Sowjetunion, und ein Jahr danach zur Teilung Deutschlands. Aus den drei westlichen Besatzungszonen in Deutschland entstand 1949 die Bundesrepublik (BRD), aus der sowjetischen Besatzungszone entstand die Deutsche Demokratische Republik (DDR). Österreich blieb bis 1955 von den Alliierten besetzt, danach wurde es eine neutrale, unabhängige Republik.

## A. Geographieübung zum Bild.

1. In welchen Besatzungszonen lagen die österreichischen Bundesländer Tirol und Salzburg?
2. In welchen Besatzungszonen lagen die deutschen Bundesländer Bayern, Schleswig-Holstein und Brandenburg?
3. Identifizieren Sie die folgenden vier Flüsse auf der Karte. Verwenden Sie die Hauptstädte und Himmelsrichtungen (östlich, westlich, nördlich, südlich) als Mittel zur Identifikation.
   a. der Rhein
   b. die Elbe
   c. die Donau
   d. die Oder
4. In welchen Ländern liegen Warschau, Prag und Budapest?
5. In welchen Ländern liegen Kopenhagen, den Haag, Brüssel, Luxemburg und Bern?

## Alliierte Besatzungszonen 1945

Kopenhagen

die Ostsee

die Nordsee

Den Haag

Berlin

Warschau

Bonn

Brüssel

Prag

Luxemburg

Wien

Budapest

Bern

Amerikanische Zone

Französische Zone

Gemeinsam besetzt

Britische Zone

Sowjetische Zone

Deutsche Reichgrenze 1918–1937

© Andreas Lixl-Purcell

**Bild 1** (Quelle: Andreas Lixl-Purcell)

**Bild 2** (Quelle: Bundesbildstelle Bonn)

Ein amerikanisches Flugzeug vom Typ Douglas C-54 Skymaster fliegt während der Blockade im West-Berliner Flughafen Tempelhof ein. Amerikanische und britische Flugzeuge, von den Berlinern oft „Rosinenbomber" genannt, versorgten° die Stadt zehn Monate lang über eine Luftbrücke° mit allen notwendigen Lebensmitteln. Bei den Kindern waren die Rosinenbomber besonders beliebt, weil viele Piloten tief flogen, um Schokolade für sie aus dem Cockpit-Fenster zu werfen°.

*supplied / airlift*

*drop*

## A. Redemittel zur Bildbeschreibung.

1. Die Fotografie zeigt ...
2. Im Vordergrund ...
3. In der Mitte sehe ich ...
4. Ich finde es interessant/überraschend, daß ...
5. Glaubst du, daß ... ?

**Bild 3** (Quelle: *Die Zeit*, Hamburg)

Karikatur von Mirko Szewczuk mit dem Titel: „Es ist dafür gesorgt°, daß die   *arranged*
Blockade nicht in den Himmel wächst°." Diese Karikatur erschien 1948 in   *grows*
der westdeutschen Zeitung *Die Zeit*. Man sieht den amerikanischen General
Lucius Clay, der 1948 die Luftbrücke nach West-Berlin organisierte und
damit die sowjetische Blockade brach.

## A. Redemittel zur Bildbeschreibung.

1. In der Karikatur sieht man ...
2. Unter der Figur General Clays sehe ich ...
3. Ich finde es humorvoll/sarkastisch/lustig/komisch/unklar, daß ...
4. Glaubst du, daß ...

**Zur Autorin:** Dora Rauh lebte nach 1945 als 35jährige Witwe° in Berlin. Wie viele andere Frauen ihrer Generation arbeitete sie beim Wiederaufbau° der Stadt mit. Doch statt der erhofften Ära des Friedens begann 1947 die Zeit des Kalten Krieges. Während der Berliner Blockade 1948–49 kam Rauh mehr als zehn Monate lang nicht aus dem Westteil der Stadt, und wartete dort auf das Ende der Belagerung°.

*widow*
*reconstruction*

*siege*

**Zum Text:** Diese Erzählung über die Berliner Blockade wurde von Gabriele Jenk in einem sehr interessanten Buch mit dem Titel *Steine gegen Brot*. *Trümmerfrauen° schildern°* den Wiederaufbau in der Nachkriegszeit veröffentlicht. Dora Rauh berichtet hier, wie alliierte Flugzeuge West-Berlin mit Lebensmitteln versorgten, und wie die politische und wirtschaftliche Teilung° der Stadt in Ost und West begann. Rauh wohnte im amerikanischen Sektor und sah, wie West-Berlin zu einer kapitalistischen Insel in einem kommunistischen Land wurde. 1949 kam die offizielle Teilung Deutschlands in zwei Staaten.

*rubble women / describe*

*division*

## Vorarbeit zum Lesen

### A. Zeittafel zur Teilung Deutschlands.

| | |
|---|---|
| 5. März 1946 | Winston Churchill spricht zum ersten Mal vom „Eisernen Vorhang°" in Europa. |
| 12. März 1947 | US-Präsident Truman verkündet seine Doktrin gegen die Sowjetunion. Beginn des Kalten Krieges. |
| 5. April 1947 | Der sowjetische Staatschef Stalin verkündet seine „Zwei-Lager-Theorie" gegen die Politik der kapitalistischen Staaten. |
| 20. Juni 1948 | Westdeutsche Währungsreform° in den Besatzungszonen der Vereinigten Staaten, Großbritanniens und Frankreichs. Die neue Währung heißt Deutsche Mark, kurz DM. |
| 23. Juni 1948 | Ostdeutsche Währungsreform in der sowjetischen Besatzungszone. |
| 24. Juni 1948 | Beginn der sowjetischen Blockade West-Berlins. |
| 26. Juni 1948 | Beginn der Luftbrücke nach West-Berlin. „Rosinenbomber" fliegen zehn Monate lang alle wichtigen Versorgungsmittel in die Stadt. |

*Iron Curtain*

*currency reform*

| | |
|---|---|
| 10. Oktober 1948 | Erste Marshallplan-Pakete treffen in Westdeutschland ein. |
| 2. Dezember 1948 | Offizielle Teilung Berlins. Trennung der Verwaltung°, der Post, der Polizei, der S-Bahn, des Transportsystems. |
| 4. April 1949 | Gründung der NATO (*North Atlantic Treaty Organization*). |
| 12. Mai 1949 | Ende der Berliner Blockade. |
| 23. Mai 1949 | Gründung der Bundesrepublik Deutschland. |
| 12. September 1949 | Theodor Heuss wird erster Bundespräsident der BRD. |
| 15. September 1949 | Konrad Adenauer wird zum ersten Bundeskanzler der BRD gewählt. |
| 23. September 1949 | Explosion der ersten sowjetischen Atombombe. |
| 7. Oktober 1949 | Gründung der Deutschen Demokratischen Republik. Wilhelm Pieck wird erster Präsident der DDR, Otto Grotewohl erster Ministerpräsident. |

*administration*

## B. Fragen zur Geschichte.

Finden Sie die Antworten in den Anmerkungen und in der Zeittafel.

1. Wer sprach zum ersten Mal über den „Eisernen Vorhang" quer durch Europa?
2. Wann begann und wie lange dauerte die Berliner Blockade?
3. Wie nannten die Berliner die Flugzeuge der Luftbrücke?
4. In welchem Jahr wurden die zwei deutschen Staaten gegründet?
5. Wer war Konrad Adenauer? Wer war Wilhelm Pieck?

## C. Vokabelübung.

Ordnen Sie den Verben in der linken Spalte die richtigen Übersetzungen aus der rechten Spalte zu.

| | | | |
|---|---|---|---|
| 1. kaufen | | a. | *to meet* |
| 2. ansehen | | b. | *to come close to, to obtain* |
| 3. abwerfen | | c. | *to let through, to allow to pass* |
| 4. herankommen | | d. | *to look at, to watch* |
| 5. treffen | | e. | *to buy* |
| 6. erhalten | | f. | *to drop* |
| 7. durchlassen | | g. | *to receive* |

## D. Ergänzungen.

Vervollständigen Sie die Sätze mit den richtigen Verben.

kaufen    anzusehen    abzuwerfen    heranzukommen    treffen
erhalten    durchzulassen

1. Ich fragte ihn, ob er Lust hätte, sich mit mir zu _____.
2. Lebensmittel° gab es nur auf Bezugsscheinen° zu _____ .          *groceries / ration cards*
3. Es war schwer, an Lebensmittel _____.
4. Die Piloten flogen tief, um Schokolade _____.
5. Der Schlagbaum° öffnete sich, um den Lastkraftwagen° _____.          *border barrier / truck*
6. Einen Tag bevor die Blockade aufgehoben° wurde, gab es nichts          *lifted*
   zu _____ .
7. In der Mittagspause sind wir losgegangen, um Geschäfte _____.

# Dora Rauh, *Berliner Blockade*

Im Juni 1948 begann die Blockade. Klar war die Zeit sehr
schlimm. Es gab wirklich bald kaum noch die Möglichkeit°, an          *opportunity*
Lebensmittel legal heranzukommen, außer an die, die rationiert
waren und auf Bezugsscheinen zu erhalten waren.

Eines Tages fragte ich meinen Freund Ewald, ob er nicht
Lust hätte, mit mir nach Tempelhof zum Flughafen zu fahren.
Am Sonntag nachmittag trafen wir uns. Mit Fahrrädern fuhren
wir los und staunten° dann doch, denn fast alle zwei Minuten          *were astonished*
donnerte ein Lastflugzeug° über unsere Köpfe hinweg. Manch-          *transport plane*
mal konnten wir sogar sehen, was die an Kisten° so geladen          *crates*
hatten. So tief flogen die. Manche der Piloten warfen an kleine
Fallschirme° gebundene Schokolade ab. Wer einen solchen Fall-          *parachutes*
schirm erhaschte°, fühlte sich wie ein kleiner König.          *snatched*

Es war wie ein Volksfest. Ganze Familien mit Oma, Opa und
dem Baby campierten in Tempelhof. Doch Ewald und ich
erwischten° keine Schokolade, aber es war trotzdem schön. ...          *caught*

Es brodelte° in der Stadt, und es kam zu immer heftigeren          ***Es brodelte:** There was*
Auseinandersetzungen° zwischen Ost und West. Seit die West-          *unrest / clashes*
alliierten den Polizeipräsidenten abgesetzt° hatten, sprach die          *dismissed*
neue Westpolizei von der illegalen Ostpolizei, und die Ost-
polizei von der illegalen Westpolizei.

Die Teilung der Stadt nahm bedrohliche° Formen an. Der Kalte Krieg war voll entbrannt, und kurz vor den Wahlen° in West-Berlin im Dezember 1948 bekam auch der Ostsektor einen neuen Magistrat. Damit war auch die administrative Teilung der Stadt vollzogen°. Berlin hatte jetzt zwei Regierungen°, zwei Gewerkschaftsorganisationen°, zwei Polizeiorganisationen und zwei Währungen.

Am 4. Mai 1949 war es dann endlich soweit: Die Blockade Berlins wurde aufgehoben, und nach zehn Monaten öffnete sich der sowjetische Schlagbaum am Kontrollpunkt Dreilinden°, um den ersten LKW° nach West-Berlin durchzulassen.

Einen Tag bevor die Blockade aufgehoben wurde, gab es in den Läden nichts zu kaufen, oder sie hatten zu. Doch am anderen Tag staunten wir Bauklötze°: Die Läden waren voll, alles, was das Herz begehrte°, konnte man plötzlich kaufen. In der Mittagspause sind Ewald und ich losgegangen, um Geschäfte anzusehen: Es gab Wurst, Käse, Eier, Gemüse, Fleisch – einfach alles! Wir fühlten es ganz deutlich – endlich geht es aufwärts. Das „goldene" Zeitalter begann 1950.

Quelle: Dora Rauh, Berlin 1948. In Gabriele Jenk, *Steine gegen Brot. Trümmerfrauen schildern den Wiederaufbau in der Nachkriegszeit.* Bergisch Gladbach: Bastei-Lübbe Verlag, 1988, S. 187 ff.

*threatening*
*elections*

*completed*
*governments / labor unions*

***Kontrollpunkt Dreilinden:*** *checkpoint on the outskirts of West Berlin / truck*

***staunten Bauklötze*** *gazed with wide-eyed amazement / desired*

## Übungen zum Text

### A. Richtig oder falsch?
Bestimmen Sie, welche Aussagen richtig oder falsch sind. Korrigieren Sie die falschen Sätze.

1. _____ Dora Rauh schreibt, daß die Zeit der Berliner Blockade sehr schlimm war.
2. _____ In Tempelhof landete alle zwei Stunden ein Lastflugzeug.
3. _____ Die Piloten warfen Rosinen an kleinen Fallschirmen ab.
4. _____ Vor der Blockade gab es zwei Polizeiorganisationen in Berlin.
5. _____ Dora und Ewald gingen in der ersten Mittagspause nach der Blockade zum Flughafen.
6. _____ Während der Blockade gab es Lebensmittel auf Bezugsscheinen.

7. _____ Ein sowjetischer Kontrollpunkt in Berlin hieß „Dreilinden".

8. _____ Dora Rauh schreibt, daß das „goldene Zeitalter" 1948 begann.

## B. Synopse nach Nummern.

Bringen Sie die Sätze über die Berliner Blockade in die richtige Reihenfolge°,     *sequence*
so daß sie eine sinnvolle Synopse ergeben.

1. _____  2. _____  3. _____  4. _____  5. _____  6. _____
7. _____  8. _____  9. _____

a. Das „goldene" Zeitalter West-Berlins begann nach der Blockade im Jahr 1950.

b. Am 4. Mai 1949 wurde die Blockade von den Sowjets aufgehoben.

c. Am 5. Mai 1949 gab es in allen West-Berliner Geschäften plötzlich viel zu kaufen.

d. Die sowjetische Blockade Berlins und die alliierte Luftbrücke begannen im Juni 1948.

e. Nach der Blockade kam der erste LKW am Kontrollpunkt Dreilinden nach West-Berlin.

f. Viele Piloten der Rosinenbomber warfen Schokolade an Fallschirmen ab.

g. Während der Blockade kam es zu heftigen politischen Auseinandersetzungen in der Stadt.

h. Die Teilung Berlins nahm im Dezember 1948 bedrohliche Formen an.

i. Alle zwei Minuten landete ein Flugzeug der alliierten Luftbrücke in West-Berlin.

## C. Schriftliche Übung.

Schreiben Sie die letzten drei Paragraphen des Textes um (von „die Teilung" bis „1950")! Verändern Sie das Imperfekt in die Gegenwart.

*Beispiel:* Die Teilung nahm ...     *Die Teilung nimmt ...*

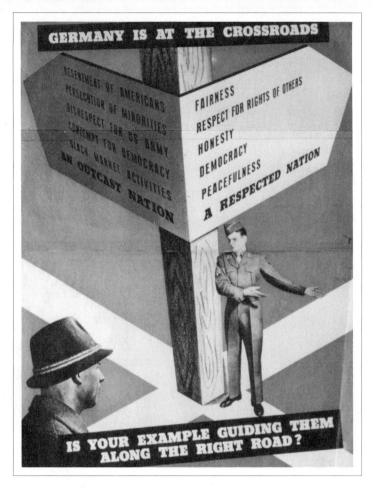

**Bild 4** (Quelle: Bundesarchiv Koblenz)

Ein Plakat der amerikanischen Militärregierung für die Besatzungstruppen in Deutschland aus dem Jahr 1947. „Deutschland am Scheideweg°: Führt Ihr Beispiel sie den richtigen Weg entlang?" Auf dem Wegweiser steht der folgende englische Text:

*crossroads*

*resentment of Americans / fairness*
*persecution of minorities / respect for rights of others*
*disrespect for U.S. Army / honesty*
*contempt for democracy / democracy*
*black market activities / peacefulness*
*an outcast nation / a respected nation*

**Übung zum Bild.**

Jemand, der kein Englisch versteht, fragt: „Was heißen die englischen Wörter auf dem Wegweiser auf deutsch?" Finden Sie die richtigen Übersetzungen in der Liste.

1. _____ Anerkennung der Rechte der Anderen
2. _____ die Demokratie
3. _____ die Ehrlichkeit
4. _____ eine geachtete Nation
5. _____ eine verachtete Nation
6. _____ die Friedfertigkeit
7. _____ die Gerechtigkeit
8. _____ Geschäfte auf dem Schwarzen Markt
9. _____ Verdruß über Amerikaner
10. _____ mangelnder Respekt für die amerikanische Armee
11. _____ Verachtung der Demokratie
12. _____ Verfolgung der Minderheiten

a. *resentment of Americans*
b. *persecution of minorities*
c. *disrespect for U.S. Army*
d. *contempt for democracy*
e. *black market activities*
f. *an outcast nation*
g. *fairness*
h. *respect for rights of others*
i. *honesty*
j. *democracy*
k. *peacefulness*
l. *a respected nation*

# Text 2, Text 3 *Nationalhymnen der BRD und der DDR*

**Zu den Hymnen:** Die Nationalhymne der BRD – „Das Lied der Deutschen" – wurde 1841 von Hoffmann von Fallersleben geschrieben. Wegen seiner bekannten Melodie aus dem Kaiser-Quartett von Joseph Haydn (1732–1809) wurde es schnell populär. 1922 erklärte man das „Deutschlandlied" zur Nationalhymne der Weimarer Republik. Auch die Nationalsozialisten verwendeten° die Hymne neben ihrem eigenen Kampflied°, dem Horst-Wessel-Lied. Deshalb wollten viele nach 1949 in der Bundesrepublik eine neue Hymne. Das „Lied der Deutschen" (mit der dritten Strophe statt der ersten) wurde jedoch 1952 in der BRD wieder als Nationalhymne adoptiert. Dagegen wurde die „Nationalhymne der DDR" 1949 von Johannes R. Becher eigens° für die sozialistische Republik geschrieben und von Hanns Eisler vertont. Nach einer Verfassungsänderung° im Jahr 1974 spielte man jedoch nur noch die Musik ohne Text, weil der Hinweis auf die „Einigkeit° Deutschlands" nicht mehr der neuen Politik der DDR entsprach. Die Melodie

*used / battle song*

*specially*
*constitutional change*
*unity*

der Hymne wurde bis zum Ende der DDR im Jahr 1990 verwendet. Danach wurde Haydns Lied wieder die Hymne für das vereinte Deutschland.

## Vorarbeit zum Lesen

### Vokabelübung.

Ordnen Sie den Wörtern in der linken Spalte die passenden Substantive aus der rechten Spalte zu. Schreiben Sie dann einen Satz mit jedem Wort.

> *Beispiel:* richtig / *das Recht*
> *Die Antwort war richtig. Er hatte das Recht, nichts zu sagen.*

1. glücklich / _____
2. einig / _____
3. brüderlich / _____
4. auferstehen° / _____
5. glänzen° / _____
6. frei / _____
7. herzlich / _____
8. blühen / _____
9. zwingen° / _____
10. dienen° / _____

a. die Einigkeit
b. die Freiheit
c. das Glück
d. der Dienst     *resurrect*
e. der Zwang     *shine*
f. die Blüte
g. das Herz
h. der Bruder
i. die Auferstehung     *overcome, force*
j. der Glanz     *serve*

## Das Lied der Deutschen (BRD)

Einigkeit und Recht und Freiheit
für das deutsche Vaterland!
Danach laßt uns alle streben°     *strive*
brüderlich mit Herz und Hand!
Einigkeit und Recht und Freiheit
sind des Glückes Unterpfand°.     *pledge*
Blüh im Glanze dieses Glückes,
blühe, deutsches Vaterland!

**Das Lied der Deutschen (BRD)**
Text: August Heinrich Hoffmann von Fallersleben (1841)
Musik: Franz Joseph Haydn (1797)

# Nationalhymne der DDR

Auferstanden aus Ruinen
Und der Zukunft zugewandt°,                    *turned toward*
Laß uns Dir zum Guten dienen,
Deutschland, einig Vaterland.
Alte Not° gilt es zu zwingen,                  *hardship*
Und wir zwingen sie vereint,
Denn es muß uns doch gelingen°,                *succeed*
Daß die Sonne schön wie nie
Über Deutschland scheint.

Nationalhymne der DDR
Text: Johannes R. Becher (1949)
Musik: Hanns Eisler (1949)

1. Auf-er-stan-den aus Ru-i-nen Und der Zu-kunft zu-ge-wandt, Lass uns dir zum Gu-ten die-nen, Deutsch-land, ei-nig Va-ter-land. _____ Al-te Not gilt es zu zwin-gen, _____ Und wir zwin-gen sie ver-eint, Denn es muss uns doch ge-lin-gen, Dass die Son-ne schön wie nie Ü-ber Deutsch-land scheint, ü-ber Deutsch-land scheint.

## Übungen zu den Hymnen

### A. Gruppenübung: Singen der Hymnen.

Bilden Sie zwei Gruppen. Finden Sie Sänger/Sängerinnen und Musiker/Musikerinnen, die die Gruppe führen können. Gruppe 1 studiert Text und Melodie der BRD-Hymne. Gruppe 2 studiert Text und Melodie der DDR-Hymne. Dann singt jede Gruppen ihre Hymne vor.

### B. Schriftliche Übung.

Vergleichen Sie das Vokabular, die Syntax und Versform der beiden Hymnen. Wo gibt es Gemeinsamkeiten°, wo Unterschiede°?

*similarities / differences*

## KAPITEL 20

# Neuanfang im Trümmerland

Bild 1: **Trümmerfrauen bei der Arbeit 1946** (Fotografie)
Text 1: **Magda Andre, *Ziegel, Brot und Shakespeare*** (Bericht)
Bild 2: **Ich tanze mit Dir in den Himmel hinein** (Filmplakat)
Text 2: **Erich Loest, *In den Minuten dazwischen ...*** (Erzählung )

## *Social Context*

By 1947, Germany had entered the road toward reconstruction. Although it was still occupied and ruled by allied forces from France, Great Britain, the United States, and the Soviet Union, the country began to take charge of its own affairs. There emerged a special capacity for overcoming the devastation of the past and a compulsion to live with the realities of the present. Facing the destruction of World War II and the growing tensions between the superpowers, Germans dug in their heels and worked their way out of the rubble. Primarily women and children rather than returning soldiers were involved in clearing the shattered cities and cleaning up the factories and houses destroyed by the air raids. It was a monumental task indeed. In Cologne alone, for example, more than 70% of all buildings were bombed out. Yet the reconstruction of the cities also produced new jobs and opportunities. There were telltale signs of better times—trains began to roll again, and theaters and opera houses reopened. By 1949, the return to normalcy had inspired a new hunger for life that manifested itself not only in Germany's recovery but also in an increased marriage rate, and the beginning of the baby boom.

## Übersicht

Kapitel 20 konzentriert sich auf den Neuanfang im Trümmerland° vor der Teilung Deutschlands 1949. In den Städten begann der Wiederaufbau der Häuser und Fabriken um 1947. Neue Arbeitsstellen und ein großer Lebenshunger motivierten die Bevölkerung, trotz der Trümmerberge, trotz der Misere und der Armut an eine bessere Zukunft zu glauben. Bilder und Texte des Kapitels spiegeln diese Welt wider. Bild 1 zeigt Trümmerfrauen beim Aufräumen° der Trümmer eines Wohnhauses. Text 1 beschreibt die Arbeit einer Kölner Trümmerfrau 1947, und ihre Freude über den ersten Theaterbesuch nach dem Krieg. Text 2 von Erich Loest ist eine Kurzgeschichte, in der ein Liebespaar in Leipzig über die Moral der neuen Zeit nachdenkt. Bild 2 zeigt das Plakat eines Musikfilms aus Österreich, wo man, so wie in Deutschland, lieber an Tanz und Unterhaltung° dachte, als an die Trümmer des Krieges.

*land of rubble*

*clean-up*

*entertainment*

**Bild 1** (Quelle: Bundesbildstelle Bonn)

Die Trümmerfrauen – allein in Berlin waren es 60 000 – räumten° ohne *cleared*
technische Hilfsgeräte schwerste Hindernisse° aus dem Weg. Sie sammelten *obstacles*
Bausteine und Ziegel°, die noch als Baumaterial für den Wiederaufbau *bricks*
verwendbar waren. Hier sieht man ein Arbeitsteam beim Wegräumen der
Trümmer eines zerbombten Wohnhauses.

    Statistiker hatten 1947 errechnet°, daß Trümmer und Bombenschutt in *calculated*
den deutschen Städten zusammen das Ausmaß° des Montblancs, des *volume*
höchsten Berges in Europa, hatten.

### A. Redemittel zur Bildbeschreibung.

1. Im Vordergrund ist ...
2. Im Hintergrund ist ein(e) ...
3. Mir gefällt/gefällt nicht, daß ...
4. Wenn ich die Abbildung anschaue, denke/fühle ich ...
5. Glaubst du, daß ... ?

## B. Schriftliche Übung.
Wählen Sie ein Thema.

1. Die Fotografie der Trümmerfrauen ist so eindringlich°, weil ein *striking*
   so starker Gegensatz zu typischen, privaten Familienfotos
   besteht. Beschreiben Sie das Bild in allen Einzelheiten.

2. Beschreiben Sie ein Familienfoto aus Ihrem Leben. Was für eine
   Szene zeigt Ihr Foto? Was machen die Menschen auf Ihrem
   Bild? Wer sind die Personen auf Ihrem Bild? Was für Gedanken
   und Gefühle haben Sie, wenn Sie das Foto heute sehen?

# Text 1 Magda Andre, *Ziegel, Brot und Shakespeare*

**Zur Autorin:** Magda Andre war eine der ersten Frauen in Köln, die 1946
als Ziegelputzer° Arbeit fanden. Andre war damals 42 Jahre alt und von   *brick cleaner*
Beruf Schauspielerin°, hatte aber diesen Beruf seit fünf Jahren nicht mehr   *actress*
ausgeübt°. Weil sie dringend Geld brauchte, um sich und ihren 68 Jahre   *practiced*
alten Vater zu versorgen°, arbeitete sie mehrere Jahre lang als Trümmerfrau   *provide for*
auf den Baustellen° ihrer Heimatstadt.   *construction sites*

**Zum Text:** Magda Andre erzählt aus der Perspektive einer Trümmerfrau
über ihre Arbeit am Wiederaufbau Kölns. Die Trümmerfrauen sortierten
kaputte und unversehrte Ziegel, klopften die unversehrten Ziegel von Ze-
mentresten frei, so daß die Ziegel beim Wiederaufbau verwendet werden
konnten. Trotz großen Hungers und langer Arbeitsstunden vergaß Andre
jedoch nicht ihre Liebe zum Theater. 1947 besuchte sie zum erstenmal
wieder eine Shakespeare-Aufführung°. Der Bericht beschreibt ihre Freude   *performance*
über den Neuanfang des kulturellen Lebens in der Stadt.

## Vorarbeit zum Lesen

### A. Fragen über Fakten.
Suchen Sie die Antworten in *Zur Autorin* und in *Zum Text*.

1. In welcher Stadt lebte Magda Andre nach dem Krieg?
2. Wie alt war Andre, als sie im Jahr 1947 zu arbeiten begann?
3. Was war sie früher von Beruf?
4. Was für Arbeit machte Andre auf den Baustellen 1947?
5. Wer schrieb das Theaterstück, das Andre 1947 sah?

## B. Ein Theaterbesuch.

Ergänzen Sie den Text mit den passenden Vokabeln.

1. Wer ins Theater gehen will, muß zuerst Karten kaufen.
2. Karten für die _____ (Stücke°, Kostüme, Lichter) kann man     *plays*
entweder im Kartenbüro oder an der Kasse im _____ (Vorstellung°,     *performance*
Regisseur°, Theater) selber kaufen.   3. Die _____ (Vorstellungen,     *director*
Garderoben, Foyers) der deutschen Theater beginnen meistens
zwischen sieben und acht Uhr abends.   4. Das _____ (Bühne°,     *stage*
Publikum, Parfüm) in den deutschen Theatern zieht sich gern gut
an.   5. Viele Frauen tragen lange Kleider und Parfüm.   6. Die
Männer _____ (stehen, setzen, ziehen) sich oft dunkle Anzüge oder
Smokings° an.   7. Wenn das Licht ausgeht, beginnt die _____     *tuxedos*
(Gefühl, Vorstellung, Tatsache°).   8. Der _____ (Vorhang°, Kleid,     *fact / curtain*
Anzug) hebt sich und das Spiel beginnt.   9. Die meisten _____
(Aufführungen°, Kostüme, Karten) dauern etwa zwei Stunden.     *stagings, performances*
10. Bei Shakespeare kann es etwas länger dauern.   11. Wenn die
_____ (Shakespeare, Bühnenbilder°, Stunden) interessant sind, die     *backdrops*
Kostüme gut passen, und die Schauspieler toll _____ (duften°,     *smell sweet*
spielen, dauern), tobt am Ende das Publikum vor _____
(Begeisterung°, Theater, Besuch).     *enthusiasm*

# Magda Andre, *Ziegel, Brot und Shakespeare*

### Köln 1947

Einmal gab es Karten für eine Shakespeare-Aufführung in
der Universität, und ich wollte unter allen Umständen° dahin.     **unter allen Umständen:**
Ich stand morgens um vier auf und fuhr mit meinem Fahrrad     *by all means*
von der Südstadt zum Kölner Dom, um eine Karte zu kaufen.
Um sieben Uhr kam mich mein Vater ablösen°, denn ich mußte     *replace, relieve*
doch auf den Bau° zur Arbeit gehen.     *construction (site)*

Ich bin dann zur Baustelle gegangen, hab meinen Hammer
in die Hand genommen und im Dreivierteltakt° die Steine     *waltz rhythm*
geklopft°. Ich träumte von alten Theaterzeiten, von Beifall°     *beat / applause*
und Blumen und einfach wieder Normalität. Da ich ja noch nicht
allzu lange auf dem Bau war, taten mir immer sehr schnell die
Arme und der Rücken weh. Dann hatte ich Schwielen° und     *calluses*

Blasen° an den Händen – also ich verkörperte° in keiner Weise    blisters / embodied
mehr die Frau, die ich früher war. Ich war jetzt eine von ihnen,
den Trümmerfrauen, und zwar in allem. Ich war grau in grau,
Hände wie Leder mit großen Rissen°, und ich sprach und redete    cracks
wie sie. Laut und manchmal sogar ordinär°. Wie schnell hatte    vulgar
ich mich doch angepaßt°. Nur mein Denken und zum Teil auch    adapted
mein Fühlen, die Möglichkeit der sinnlichen Wahrnehmung°,    awareness
das war noch vorhanden°. Ich meine die Fähigkeit, mich mit    present
Dingen zu beschäftigen°, die außerhalb unseres täglichen Lebens    deal with
lagen. Weg vom Hunger, vom Hamstern°, hin zur Musik und zu    hoarding (of food)
schönen Worten. Das war immer mein Wunsch. ...

An diesem Tag war ich unheimlich glücklich, aus diesem
Einerlei° herausbrechen zu können. Ich habe dann noch unseren    routine
Vorarbeiter gefragt, ob ich ein wenig früher gehen könnte, und
habe ihm auch gesagt, warum. Und da habe ich wieder gemerkt,
wieviel Wärme diese sogenannten einfachen Menschen haben.
Er hat mich sofort nach Hause geschickt und hat noch gefragt,
was denn gespielt wird, und ich sagte: „Was Ihr wollt°", und er:    „Was ihr wollt":
„Was zum Fressen!°"    Shakespeare's As you
Like It / **Was zum
Fressen!**: Something
to eat!

Um vier Uhr bin ich dann nach Hause geradelt, wie eine
Wilde, und habe als erstes Wasser geholt und dann den Ofen
angeschmissen°, um das Wasser ein wenig warmzumachen. Es    started
war schon halb sechs. In der Zwischenzeit habe ich mir was
Passendes° zum Anziehen rausgesucht. Ich hatte zum Glück    suitable
noch ein schönes Kleid aus reiner Seide°, nur, als ich es anpro-    silk
bierte, war es viel zu weit. Von meiner Schwägerin° habe ich    sister-in-law
dann einen Gürtel bekommen, und um kurz nach sechs war ich
fertig. Zum Glück fuhren die Straßenbahnen, so daß ich nur das
letzte Stück Weg laufen mußte.

Es war toll. Von allen Seiten strömten die Menschen zur
Uni, und alle waren in der gleichen aufgewühlten Stimmung°    mood
wie ich. Im Foyer konnte man sogar ein Programmheft kaufen,
und eine junge Frau verkaufte schon Schokolade, allerdings mit
wenig Erfolg. Es war noch relativ früh, und ich habe mich
schnell hingesetzt, um die Atmosphäre ganz auszukosten°. Es    absorb, enjoy
war schon ein tolles Gefühl, sich vorzustellen, wie die Kollegen
jetzt nervös in ihren Garderoben sitzen oder schon hinter der
Bühne stehen und der Regisseur noch allen ein „toi, toi, toi°"    „toi, toi, toi": "break a
zuruft. Ich hätte alles darum gegeben, wenn ich jetzt da oben    leg"
hätte stehen dürfen. Aber allein die Tatsache, hier zu sitzen, war

schon einmalig. Kurz vor Beginn setzte sich eine junge Frau direkt hinter mich, und sie duftete nach Parfüm, wirklich echtem Parfüm. Ja, das war Theater! Die Vorstellung begann, und noch ehe ein Wort fiel, tobte das Publikum vor Begeisterung, vielleicht darüber, daß überhaupt wieder Theater gespielt wurde. Die Aufführung war auch wirklich gut, das Bühnenbild erstaunlich vielfältig, und schöne Kostüme. Aber nach zwei Stunden merkte ich, wie müde ich wurde. Doch ich hielt mich tapfer°. Wie im Rausch° bin ich zur Straßenbahn gegangen und dann auf dem Weg nach Hause im Stehen in der Straßenbahn eingeschlafen.

*bravely / intoxication*

Quelle: Magda Andre, Köln 1947. In Gabriele Jenk, *Steine gegen Brot. Trümmerfrauen schildern den Wiederaufbau in der Nachkriegszeit.* Bergisch Gladbach: Bastei-Lübbe Verlag, 1988, S. 77–78.

## Übungen zum Text

### A. Richtig oder falsch?

Bestimmen Sie, welche Aussagen richtig oder falsch sind. Korrigieren Sie die falschen Sätze.

1. _____ Weil Andre schon lange auf dem Bau war, taten ihr die Arme und der Rücken nicht mehr weh.
2. _____ Andre sprach und redete wie die anderen Trümmerfrauen: laut und manchmal ordinär.
3. _____ Um vier Uhr ist Andre von der Baustelle mit dem Fahrrad zurück nach Hause geradelt.
4. _____ Als Andre das schöne alte Kleid anprobierte, paßte es ihr noch immer sehr gut.
5. _____ Im Theater saß hinter Andre eine junge Frau, die nach Parfüm roch.
6. _____ Weil Andre sehr müde war, schlief sie während der Vorstellung ein.
7. _____ Andre fuhr vom Theater mit dem Fahrrad nach Hause.

## B. Was paßt wohin?

Ordnen Sie den Fragen in der linken Spalte die richtigen Antworten aus der rechten Spalte zu.

1. Wo hat Andre im Dreivierteltakt Steine geklopft?
2. Was war immer Andres Wunsch?
3. Was hat Andre den Vorarbeiter gefragt?
4. Was machte Andre als erstes, als sie vom Bau nach Hause kam?
5. Wo konnte man im Theater ein Programmheft kaufen?

a. Im Foyer.
b. Auf der Baustelle.
c. Sie holte Wasser.
d. Weg vom Hunger, hin zur Musik.
e. Ob sie früher gehen könnte.

## C. Fragen zum Text.

1. Wo kauft Andre die Karten für das Theaterstück?
2. Wie hilft ihr der Vater, Karten zu bekommen?
3. Wer gibt Andre den Gürtel für das Kleid?
4. Was macht Andre in der Straßenbahn auf dem Weg nach Hause?
5. Wie beschreibt Andre die Sprache der Kölner Trümmerfrauen?
6. Warum, glauben Sie, freut sich Andre so auf das Theaterstück?
7. Wie fühlt sich Andre vor und während der Vorstellung? Was gefällt ihr daran?
8. Was für ein Mensch, glauben Sie, ist Magda Andre? Finden Sie sie freundlich, bitter, lebenslustig, deprimiert, sympathisch, unsympathisch? Warum?

## D. Schriftliche Übung.

Schreiben Sie kurze Zusammenfassungen (Synopsen) der einzelnen Abschnitte. Verwenden Sie für jeden der fünf Absätze zwei bis drei Sätze.

**Bild 2** (Quelle: Lixl-Purcell Plakatsammlung)

Österreichisches Filmplakat aus dem Jahr 1949. „Ich tanze mit Dir in den Himmel° hinein" war ein typischer Schmalz- und Schnulzenfilm der Nachkriegsjahre, in denen die Menschen den Hunger und die Armut vergessen sollten. Das Programmheft beschreibt den Inhalt dieses Films wie eine Märchengeschichte aus besseren Zeiten: „Es war einmal ein kleines Mädchen, das zum Ballett wollte und dort ihr Glück fand." Die Geschichte des Hannerl Möller findet wie alle Musikfilme dieser Zeit ein glückliches Ende. Hannerl sang ihr Lied: „Ich tanze mit Dir in den Himmel hinein, / in den siebenten Himmel der Liebe. / Die Erde versinkt, / und wir zwei sind allein, / in dem siebenten Himmel der Liebe. / Komm, laß uns träumen, bei leiser Musik, / über unser romantisches Märchen vom Glück."

*heaven*

## A. Interview zum Bild.

Stellen Sie einem Partner/einer Partnerin die folgenden Fragen, und berichten Sie die Antworten nachher dem Kurs.

1. Würden Sie diesen Musikfilm gern/nicht gern sehen? Warum?
2. Wie finden Sie romantische Liebes- und Musikfilme? Warum?
3. Gefallen Ihnen Seifenopern im Fernsehen? Warum? Warum nicht?

## B. Schriftliche Übung.

Beschreiben Sie einen Musikfilm/Liebesfilm/Tanzfilm aus dem Kino oder eine Seifenoper aus dem Fernsehprogramm. Wie heißt der Film oder die Sendung? Was ist das Thema? Was finden Sie gut? Was finden Sie schlecht? Warum?

## Text 2 Erich Loest, *In den Minuten dazwischen ...*

**Zum Autor:** Erich Loest wurde 1926 in Mittweida in Sachsen geboren. Nach der Oberschule diente° er 1944 ein Jahr lang als Soldat in Hitlers Wehrmacht und arbeitete nach dem Krieg in der Landwirtschaft°. In den Jahren 1947 bis 1950 war Erich Loest Redakteur° bei der „Leipziger Volkszeitung", danach verdiente er sich seinen Unterhalt° als freier Schriftsteller°.

*served*
*agriculture*
*editor*
**verdiente ... Unterhalt:** *he earned his living* / **freier Schriftsteller:** *freelance writer / chat*

**Zum Text:** Erich Loests Erzählung „In den Minuten dazwischen ... " wurde im Jahr 1949 geschrieben. Ein junges Liebespaar aus Leipzig plaudert° in der Nacht über Gefühle und Gedanken. Das Haus der beiden ist intakt, doch ihre Stadt zeigt noch die Trümmer des Krieges. Die beiden glauben an eine bessere Zukunft und denken über die Moral der neuen Zeit nach.

## Vorarbeit zum Lesen

### A. Themengruppen.

Finden Sie in jeder Themengruppe das Wort, das nicht paßt.

| *das Haus* | *das Bett* | *das Gesicht* | *die Stadt* |
|---|---|---|---|
| das Zimmer | das Kissen | der Mund | die Schule |
| die Tür | der Tisch | die Wange | die Straße |
| das Schloß | die Federn | die Augen | der Kuß |
| der Krieg | die Bettdecke | die Kirche | das Rathaus |

## B. Verben.

Ergänzen Sie die Sätze mit den richtigen Verben.

beginnend    schläft    liebhaben    blickte    geballt    glänzten
küßte    trennen    ändert    lachten    bedenk

1. Es ist doch klar, daß sich dann alles _____ (*changes*).
2. Sie _____ (*kissed*) auf eine komische Art°.                    *manner*
3. Wenn wir uns richtig _____ (*love*), ist das gar nicht schlimm°.    *bad*
4. Die Federn hatten sich zu Klumpen° _____ (*clustered*).            *lumps*
5. Sie preßte die Lippen fest aufeinander und öffnete sie nicht, so
   sehr er sich auch bemühte°, sie zu _____ (*separate*).            *tried*
6. Dann _____ (*laughed*) sie wieder.
7. Er _____ (*looked*) zu ihrem Gesicht empor.
8. _____ (*consider*) doch mal, zwei Kriege und dann das andere°.    **das andere:** *reference to*
                                                                    *socialist restructuring*
9. Ein Schein fiel in die Augen, die eine Sekunde lang _____
   (*sparkled*).
10. Meine Mutter _____ (*sleeps*) oft nicht.
11. Sie küßte ihn, am Ohr _____ (*starting*) quer° über die Wange°    *across / cheek*
    zum Mund.

## C. Vokabelübung.

Ordnen Sie die richtigen Antonyme einander zu.

*Beispiel:* alt    *jung*

| | | |
|---|---|---|
| 1. feucht _____ | a. ernst | |
| 2. klein _____ | b. stark | |
| 3. dunkel _____ | c. warm | |
| 4. unten _____ | d. glänzend | |
| 5. kalt _____ | e. oben | |
| 6. locker _____ | f. falsch | |
| 7. hoch _____ | g. hell | |
| 8. komisch _____ | h. trocken | |
| 9. schwach _____ | i. gut | |
| 10. leise _____ | j. fest | |
| 11. schlimm _____ | k. laut | |
| 12. richtig _____ | l. groß | |
| 13. matt _____ | m. tief | |

## Erich Loest, *In den Minuten dazwischen ...*

Leipzig 1949

Er lag auf dem Rücken, den Kopf mit den etwas feucht gewordenen Haaren in das Kissen° gewühlt°, das zerdrückt war und dessen Federn sich zu Klumpen geballt hatten. Er hielt die Arme locker um ihren Körper. Sie küßte ihn, am Ohr beginnend quer über die Wange zum Mund. Sie küßte auf eine komische Art, mit kleinen, knallenden Geräuschen°. Darüber lachten sie, und er zog die Decke°, die verrutscht° war, wieder etwas höher.

*pillow / burrowed*

*noises*
*blanket / moved*

„Was stöhnst° du denn!" flüsterte er.

*sigh*

„Bloß so", sagte sie nach einer Weile.

„Wirklich?"

„Ja wirklich."

Er blickte zu ihrem Gesicht empor, das dicht° vor ihm war. Das Licht der Straßenlaterne warf über ein gelbes Viereck° an der rissigen Decke° einen schwachen Widerschein° über Stirn, Wangen und Kinn. Die Haare hingen ihr am Gesicht vorbei. In den Augenhöhlen war es ganz dunkel.

*close*
*square*
*ceiling / reflection*

„Früher gab es das nun nicht", sagte sie.

„Was?"

„Daß zwei ... daß zwei so zusammen sind wie wir."

„Nein", sagte er, „in dem Alter nicht."

Sie hob den Kopf und warf die Haare zur Seite. Sie neigte° ihn wieder und lachte leise. „Und wenn du mir einen Kuß hättest geben wollen, dann hätte ich es so machen müssen": sie preßte die Lippen fest aufeinander und öffnete sie nicht, sosehr er sich auch bemühte, sie zu trennen. Sie brummte ganz ärgerlich dabei. Dann lachten sie wieder.

*tilted*

„Mach nicht so laut!" sagte sie.

„Das können die doch unten nicht hören."

„Aber klar", sagte sie. „Wenn sie nicht schlafen, bestimmt. Meine Mutter schläft oft nicht."

Auf der Straße hallten Schritte°. Es sprach jemand. Eine Haustür wurde geöffnet und fiel ins Schloß. Es mußte in dem anderen Haus sein, das in der Straße noch stand. Dann war wieder Stille. Vom Rathaus° hallte es viermal und dann einmal

*steps*

*city hall*

etwas tiefer im Ton. Dann schlugen die anderen Uhren in der Stadt, eine nach der anderen. Er lauschte und dachte: Kantschule, Nikoleikirche, Gericht°, Handelskammer°. Oder Stadthalle?

courthouse / chamber of commerce

„Ist das eigentlich schlimm, daß du hier bei mir bist?" fragte sie.

„Wie, schlimm?"

„Nun, so ... so moralisch."

Er zog den Fuß, der kalt geworden war, wieder unter die Decke. „Nein", sagte er. „Schlimm? Das machen heute alle nicht anders. Das ist doch alles viel freier geworden. Das ist nicht schlimm."

„Ja", sagte sie.

„Das liegt an den Zeiten. Bedenk doch mal, zwei Kriege, und dann das andere. Das ist doch klar, daß sich dann alles ändert."

„Ja", sagte sie.

„Und wir haben doch auch nichts anderes."

Sie strich wieder die Haare hoch. Er sah jetzt ihren Mund, und ein Schein fiel in ihre Augen, die eine Sekunde matt glänzten. Sie zog ihren Arm unter seinem Nacken hervor und schob die Hand um seine Schulter. Sie legte sich ganz dicht an ihn heran.

„Wenn wir uns richtig liebhaben", sagte er, „dann ist das gar nicht schlimm."

Er griff zum Tisch und wollte Licht machen.

„Bitte nicht", sagte sie. „Bitte nicht, Lieber."

Quelle: Erich Loest, *Nacht über dem See und andere Kurzgeschichten*. Leipzig: Volk und Buch, 1950.


## Übungen zum Text

### A. Fragen zum Text.

1. Wann wurde der Text geschrieben? In welcher Zeit spielte diese Geschichte?

2. Sehen Sie sich den Text an und identifizieren Sie das Genre.
   a. Autobiographie    b. Gedicht    c. Kurzgeschichte
   d. Zeitungsbericht

3. Es gibt zwei Personen im Dialog dieses Textes. Wie heißen sie?

4. Das Mädchen sprach in der Kurzgeschichte mit ihrem Liebhaber
   über
   a. Politik    b. Moral    c. Musik    d. Natur
5. Wo waren die beiden Liebenden in der Nacht?
6. Wer wohnte unter ihnen im Haus?
7. Wie spät war es, als die Glocken der Uhren läuteten?
8. Was meinte das Mädchen, als sie zu ihrem Liebhaber sagte:
   „Früher gab es das nun nicht."

## B. Diskussion.

1. Glauben Sie, daß „In den Minuten dazwischen ... " eine
   Liebesgeschichte ist. Warum? Warum nicht?
2. Was, glauben Sie, wollte der Autor mit dieser Kurzgeschichte
   sagen? Was ist das Thema?
3. Welchen Unterschied beschreibt das Mädchen in der sexuellen
   Moral der Jugend vor und nach dem Krieg?
4. Welche Beziehung besteht zwischen dem Verhalten des Paares
   und den Weltereignissen?

## C. Schriftliche Übung.

Leserreaktion. Schreiben Sie einen Aufsatz über Ihre Gedanken und Gefühle
zum Text.

## KAPITEL 21

# Kahlschlag und Ruinen

Bild 1: **Zerstörte Kunst** (Lithographie von Karl Rössing)
Text 1: **Nelly Sachs, *Du gedenkst*** (Gedicht)
Bild 2: **Amerikanische Soldaten 1945** (Zeitungsbild)
Text 2: **Wolfgang Borchert, *Draußen vor der Tür*** (Theater-Prolog)

## *Historical Context*

May 7, 1945 marked the defeat of Nazi Germany with the unconditional surrender of its armed forces, followed by the occupation and division of its territory by the Allies. The United States, France, Great Britain, and the Soviet Union took control of Germany, assigned the eastern provinces to Poland and the Soviet Union, and divided the remaining country, with Berlin as its capital, into four separate administrative zones. The goals of Germany's political, social, and cultural restructuring centered on "3 Ds": democratic re-education, demilitarization, and denazification. Besides the prohibition of Hitler's National Socialist Workers Party in 1945, the allied Control Council ordered the trial at Nuremberg of 22 major Nazi war criminals, among them Hermann Goering and Rudolf Hess. A year later, ten of the accused were exe-cuted, three were acquitted and the others imprisoned. The scope of terror brought on by the Nazi war machine became clear during the trial: More than 50 million people had died in World War II, among them 25 million civilians. The Nazis had deported 15 million people to concentration camps, where 11 million were killed in the Holocaust, among them six million Jews, and one million Gypsies. Germany itself lay in ruins. Hunger, poverty, despair, and homelessness was the final legacy of Hitler's rule. The hardships continued for several years until the "economic miracle" in West Germany, and the much slower socialist restructuring in East Germany put the country on its path of postwar recovery. This chapter reflects the hardships, hopes, and memories of this time.

## Übersicht

Kapitel 21 behandelt die Erinnerung an den Holocaust und den Zweiten Weltkrieg. Tod, Hunger, Armut und Zerstörung fand man überall, besonders aber in den jüdischen° Flüchtlingslagern° und den großen Städten, wo die Masse der Bevölkerung lebte. Viele jüdische Flüchtlinge, aber auch viele deutsche Soldaten, die den Krieg überlebt° hatten, fanden kein Zuhause mehr, weil ihre Familien im Holocaust oder durch Bomben getötet worden waren. Bild 1, von Karl Rössing reflektiert die schreckliche Leere° dieser Welt. Text 1 ist ein Gedicht von Nelly Sachs. Sie beschreibt die tiefe Trauer einer deutschen Jüdin, die im Exil den Krieg überlebte. Sachs gedenkt° ihrer Familie und Freunde, die von den Nazis in Auschwitz ermordet

*Jewish / refugee camps*

*survived*

*emptiness*

*remembers*

worden waren. Text 2, von Wolfgang Borchert ist der Prolog zu einem Theaterstück und zeigt die Welt aus der Perspektive eines deutschen Soldaten, der aus dem Krieg nach Hamburg zurückkehrt.

## Bild 1 Karl Rössing, Zerstörte Kunst

**Bild 1** (Quelle: Karl Rössing, *Passion unserer Tage*)

Karl Rössings Lithographie *Zerstörte Kunst* (1946) zeigt die Ruinenwelt nach dem Krieg. Eine alte Galerie oder ein Museum steht noch als zerbombte Ruine. Der Tod hält mit beiden Händen einen alten, zerbrochenen Rahmen eines Bildes, und daneben sieht man rechts zwei traurige Figuren, die an die leidende Muttergottes° und den toten Christus erinnern.          *Pietà*

### A. Vokabelübung zum Bild: Was paßt zusammen?

1. das Dach            a. *door*
2. leblos              b. *to lie*
3. nackt               c. *sad*
4. das Fenster         d. *lonely*
5. leer                e. *lifeless*
6. starren             f. *naked*

| | |
|---|---|
| 7. die Tür | g. *window* |
| 8. traurig | h. *empty* |
| 9. die Kunst | i. *to stare* |
| 10. einsam | j. *roof* |
| 11. zerstört | k. *art* |
| 12. liegen | l. *destroyed* |

## B. Vokabelübung zum Bild: Bildbeschreibung.

Ergänzen Sie die Sätze mit Wörtern aus Übung A.

1. Der Tod _____ durch den Bilderrahmen.
2. Die Ruine steht _____ und _____ im Bild.
3. Die Christus-Figur _____ vor der Ruine.
4. Die Kunstszene scheint _____ kalt und _____ .
5. Die Ruine hat kein _____ , keine _____ (*Plural*) und keine _____ (*Plural*).
6. Das Bild, das vorne rechts liegt, ist _____ .

# Text 1 Nelly Sachs, *Du gedenkst*

**Zur Autorin:** Nelly Sachs wurde 1891 in Berlin geboren. Sie wurde von Privatlehrern erzogen und zur Ausbildung ihrer musikalischen und künstlerischen Talente ermuntert°. Mit 17 Jahren schrieb Sachs ihre ersten Gedichte und Theaterspiele. 1933 kam jedoch ein abruptes Ende ihrer Arbeit. Sieben Jahre lang lebte sie unter Hitlers Terrorregime und erst 1940 konnte sie mit ihrer Mutter nach Schweden fliehen°. Alle anderen Familienmitglieder wurden von den Nazis im Holocaust ermordet. In Schweden begann sie, nach einer Zeit tiefster Depressionen, wieder Gedichte zu schreiben. 1966 erhielt Sachs den Nobelpreis für Literatur. Fünf Jahre später starb sie in Stockholm. *encouraged* / *flee, escape*

**Zum Text:** Das Gedicht „Du gedenkst°" stammt aus dem Buch *In den Wohnungen des Todes* (1947) und beschreibt die tiefe Trauer und den Schmerz° der Überlebenden° des Holocausts über das furchtbare Schicksal° ihrer jüdischen Brüder und Schwestern im Faschismus. Die Sprache des Gedichts reflektiert keinen Zorn° und keinen Haß, sondern das Gefühl der Einsamkeit. Sachs erinnert° sich an die Toten mit Zärtlichkeit und Liebe. *commemorate* / *pain / survivors / fate* / *anger* / *remembers*

## Vorarbeit zum Lesen

### A. Übersetzungen.

Was paßt zusammen?

| | |
|---|---|
| 1. die Fußspur | a. *bride* |
| 2. der Tod | b. *grave* |
| 3. das Annahen | c. *groom* |
| 4. das Grab | d. *footprint* |
| 5. aushöhlen | e. *dispirited* |
| 6. geistesverloren | f. *death* |
| 7. die Braut | g. *approach (coming close)* |
| 8. der Bräutigam | h. *to hollow out, carve out* |

### B. Genitivübung mit *gedenken*:

1. Der Titel diese Gedichts heißt „Du gedenkst" und beschreibt die Erinnerung eines Überlebenden/einer Überlebenden des Holocausts an die Toten. Wie oft kommt die Redewendung „du gedenkst" im Gedicht vor?

2. Das Verbum „gedenken" verlangt° den Genitiv. Finden Sie die richtige Form des Genitivs.    *requires*

   *Beispiel:* Ich gedenke *der Mutter.*   (die Mutter).

   a. Du gedenkst _____ .  (die Fußspur)
   b. Sie gedenkt _____ .  (das Kind)
   c. Wir gedenken _____.  (die Lippen)
   d. Ihr gedenkt _____.  (das Wort)
   e. Du gedenkst _____.  (die Hände)

---

## Nelly Sachs, *Du gedenkst*

Du gedenkst der Fußspur, die sich mit Tod füllte
Bei dem Annahen des Häschers°.    *pursuer, perpetrator*
Du gedenkst der bebenden° Lippen des Kindes    *trembling*
Als sie den Abschied° von seiner Mutter erlernen mußten.    *farewell*
Du gedenkst der Mutterhände, die ein Grab aushöhlten
Für das an ihrer Brust Verhungerte°.    *starved (child)*
Du gedenkst der geistesverlorenen Worte,

Die eine Braut in die Luft° hineinredete zu ihrem toten                    *air*
   Bräutigam.

Quelle: Nelly Sachs, *In den Wohnungen des Todes*. Frankfurt: Suhrkamp, 1947.


## Übungen zum Text

### A. Fragen zum Inhalt.

1. Woran sollen Sie, der Leser/die Leserin, im Gedicht denken?
2. Wer macht die Fußspur? Der Häscher oder der Flüchtling?
3. Was muß das Kind mit bebenden Lippen lernen?
4. Was macht die Mutter mit ihren Händen für ihr verhungertes Kind?
5. Welches Wort beschreibt die Angst des Kindes vor den Häschern?
6. Welche Wörter beschreiben den Schmerz der Braut über den Tod des Bräutigams?
7. Wer sind die Häscher, die den Tod bringen?

### B. Schriftliche Übung.

1. Was für Szenen beschreibt jeder Satz in „Du gedenkst"? Beschreiben Sie die vier Szenen.
2. Finden Sie passende Titel für die einzelnen Szenen.
3. Warum, glauben Sie, schrieb Nelly Sachs dieses Gedicht? Was ist das Thema der Erinnerung?


## Bild 2 Amerikanische Soldaten 1945

Die Fotografie zeigt eine typische Szene in Mitteleuropa nach dem Ende des
Zweiten Weltkriegs im Mai 1945. Alliierte Soldaten treffen einheimische°       *native*
Kinder, die auf eine kleine Überraschung° warten.                              *surprise*

### A. Bildbeschreibung.

1. Beschreiben Sie das Bild mit etwa 100 Wörtern. Was sehen Sie
   rechts, links, vorn, hinten? Verwenden Sie möglichst viele der
   folgenden Vokabeln:

   eine Straße, eine deutsche Stadt, der Soldat, sitzen, der Jeep,
   daneben, drei kleine Kinder, stehen, warten, sich freuen auf, die

**Bild 2** (Quelle: Archiv für Kunst und Geschichte, Berlin)

Süßigkeit, schenken, die Schokolade, das Brot, der Kaugummi, dahinter, parken, ein zweiter Jeep, ein anderer Soldat, in amerikanischer Uniform, zuschauen

2. Beschreiben Sie ein Kind in diesem Bild, und lassen Sie Ihre Klassenkameraden raten, wen Sie meinen. Verwenden Sie die folgenden Vokabeln:

klein, dünn, ein kurzes Kleid, eine lange Hose, kurze Haare, lockige Haare, der Pullover, hohe Schuhe, karierte Strümpfe eine schwarze Bluse, die Hosenträger

## B. Schriftliche Übung zum Bild.

1. Erfinden Sie zwei bis drei gute Titel für dieses Bild.
2. Nehmen Sie an, der amerikanische Soldat spricht gut deutsch. Schreiben Sie ein kurzes Gespräch zwischen dem Soldaten und den drei Kindern.

**Zum Autor:** Wolfgang Borchert wurde 1921 in Hamburg geboren und wurde mit 16 Jahren Lehrling° in einem Buchgeschäft. Später arbeitete er kurz als Theaterschauspieler. Zu Beginn des Zweiten Weltkriegs wurde er Soldat und kämpfte an der Ostfront gegen die Sowjetunion. 1941 wurde er verwundet und zugleich beschuldigt°, sich die Verwundung aus Protest gegen die Nazipolitik selbst zugefügt° zu haben. Borchert wurde nach Nürnberg gebracht, wo er drei Monate ins Gefängnis° kam. Während seiner Haftzeit wurde er schwer krank, überlebte aber das Ende des Krieges. Borchert starb mit 26 Jahren in einem Sanatorium in der Schweiz an den Folgen° seiner Krankheit.

*apprentice*

*accused*
*inflicted*
*jail*

*results*

**Zum Text:** Wolfgang Borchert schrieb das Stück *Draußen vor der Tür* 1946 für das Theater. Das Stück beschreibt die Welt eines jungen deutschen Soldaten, der nach dem Krieg zurückkehrt und ein neues Leben beginnen will. Der Heimkehrer findet aber kein Zuhause, weil seine Eltern durch Bomben getötet wurden, seine Freundin ihn nicht mehr kennt, und er selbst den Horror des Krieges nicht vergessen kann. Der Heimkehrer bleibt ein Außenseiter. Borcherts Stück war sehr erfolgreich° und wurde in viele Sprachen übersetzt. Der folgende Text ist die Vorrede° zu dem Theaterstück.

*successful*
*prologue*

## Vorarbeit zum Lesen

### A. Gegensätze.
Finden Sie die Wortpaare, die Kontraste bilden.

| | |
|---|---|
| 1. der Eintritt | a. zurückkommen |
| 2. der Verwandte | b. ungewöhnlich |
| 3. die Wahrheit | c. die Nächte |
| 4. alltäglich | d. langweilig |
| 5. die Tage | e. die Wärme |
| 6. toll | f. der Austritt |
| 7. weggehen | g. die Lüge |
| 8. die Kälte | h. der Fremde |
| 9. äußerlich | i. wachen |
| 10. der Prolog | j. im Haus |
| 11. der Schluß | k. voll |
| 12. draußen | l. innerlich |

13. auf der Straße     m. links

14. rechts     n. der Anfang

15. leer     o. der Epilog

16. träumen     p. drinnen

**B. Konversation zu „Draußen vor der Tür".**

1. Sehen Sie sich den Text kurz an und sagen Sie, was für Adjektive auf den Text passen?

   lustig, einfach, traurig, kompliziert, realistisch

2. Wie ist der Text organisiert? Was ist der Effekt?

3. Welche Vokabeln in der folgenden Liste passen auf das Theater?
   das Stück, der Ellbogen, die Vorstellung, die Bühne, das Knie, die Kulisse, die Schauspieler, die Handlung, die Kostüme, der Scheinwerfer, draußen, das Publikum

4. Was für Probleme, glauben Sie, hatten die Menschen in Deutschland nach dem Krieg? Denken Sie an die Illustration von Karl Rössing, „Zerstörte Kunst", und den Titel von Borcherts Theaterprolog. Nennen Sie einige Vokabeln, die Sie mit diesen Problemen assoziieren.

   *Beispiel:* die Zerstörung der Städte usw.

## Wolfgang Borchert, *Draußen vor der Tür*

Ein Mann kommt nach Deutschland.

Er war lange weg, der Mann. Sehr lange. Vielleicht zu lange. Und er kommt ganz anders° wieder, als er wegging. Äußerlich ist er ein naher Verwandter° jener Gebilde°, die auf den Feldern stehen, um die Vögel (und abends manchmal auch die Menschen) zu erschrecken. Innerlich – auch. Er hat tausend Tage draußen in der Kälte gewartet. Und als Eintrittsgeld° mußte er mit seiner Kniescheibe° bezahlen. Und nachdem er nun tausend Nächte draußen in der Kälte gewartet hat, kommt er endlich doch noch nach Hause.

*different(ly)*
*relative / objects*

*entrance fee*
*kneecap*

Ein Mann kommt nach Deutschland.

Und da erlebt er einen ganz tollen Film. Er muß sich während der Vorstellung mehrmals in den Arm kneifen°, denn er weiß nicht, ob er wacht oder träumt. Aber dann sieht er, daß es rechts und links neben ihm noch mehr Leute gibt, die alle dasselbe erleben. Und er denkt, daß es dann doch wohl die Wahrheit sein muß. Ja, und als er dann am Schluß mit leerem Magen° und kalten Füßen wieder auf der Straße steht, merkt er, daß es eigentlich° nur ein ganz alltäglicher Film war, ein ganz alltäglicher Film. Von einem Mann, der nach Deutschland kommt, einer von denen. Einer von denen, die nach Hause kommen und die dann doch nicht nach Hause kommen, weil für sie kein Zuhause mehr da ist. Und ihr Zuhause ist dann draußen vor der Tür. Ihr Deutschland ist draußen, nachts im Regen, auf der Straße.

*pinch*

*stomach*
*actually*

Das ist ihr Deutschland.

Quelle: Wolfgang Borchert, *Draußen vor der Tür*. Frankfurt: Suhrkamp, 1947.

## Übungen zum Text

### A. Fragen.

1. Wie oft erscheinen die Wörter „nach Hause", „Deutschland", und „Zuhause" (zu Hause) im Text?

2. Welche Wörter im Text beschreiben das Gegenteil von „Zuhause"?

3. Wie viele Tage und Nächte hatte der Mann „draußen in der Kälte" gewartet, bevor er nach Hause kam?

4. Was ist das auf englisch? „Gebilde, die auf Feldern stehen, um die Vögel zu erschrecken." Auf deutsch: Vogelscheuchen.

5. Wo sieht und erlebt der Mann einen „ganz tollen Film"?

6. Warum „kneift" der Mann sich während der Filmvorstellung in den Arm?

7. Wie fühlt sich der Mann während des Films im Kino? Warum weiß er, daß er nicht träumt?

8. Was denkt er über den Film, als er im Kino ist? Als er wieder auf der Straße steht?

9. Wann hat der Mann einen „leeren Magen und kalte Füße"?

10. Warum steht der Mann nach dem Film „nachts im Regen wieder auf der Straße"? Was, glauben Sie, symbolisieren Nacht und Regen?

11. Der Mann kam mit einer Verwundung aus dem Krieg zurück. An welchem Körperteil wurde er verwundet?

12. Warum vergleicht der Autor die Verwundung mit einem Eintrittsgeld? Wohin will der Mann?

13. Wie sieht der Mann Deutschland nach seiner Heimkehr aus dem Krieg aus? Was für Probleme hat er nach der Heimkehr?

14. Wie stellen Sie sich diesen Mann vor? Wie sieht er aus? Was für ein Typ ist er? Wie würden Sie diese Figur auf dem Theater spielen?

## B. Schriftliche Übungen.
Wählen Sie ein Thema.

1. Der populärste Film in Deutschland nach dem Krieg war „Vom Winde verweht°". Beschreiben Sie diesen Film – Thema, Handlung, Schauspieler? Was fanden Sie gut, interessant, komisch, aufregend, schlecht, überraschend? Warum? (150–200 Wörter)

   *„Vom Winde verweht":* Gone with the Wind

2. Beschreiben Sie ein Theaterstück, das Ihnen gefiel.

# Ausgewählte Bibliographie
## German Studies Materials Since 1945

This German Studies bibliography is divided into four parts to facilitate the search for primary literature, reference books, and resource materials. Part I focuses on German cultural history from 1945 until 1994. Part II deals with German social history, while Part III centers on modern German literature and literary history. Part IV lists catalogs and histories of German art since 1945.

Following the bibliography is a list of selected topics for students' oral presentations and/or written semester papers.

## I. Alltags- und Kulturgeschichte

Behn, Manfred (ed.). *Geschichten aus der Geschichte der DDR 1949–1989.* Frankfurt/M: Luchterhand, 1989.

Benz, Wolfgang (ed.). *Integration ist machbar! Ausländer in Deutschland.* Munich: C. H. Beck, 1993.

Dülmen, Andrea von (ed.). *Frauen. Ein historisches Lesebuch.* Munich: C. H. Beck, 1991.

Eley, Geoff (ed.). *Social History, Popular Culture, and Politics in Germany.* Ann Arbor: University of Michigan Press, 1993.

Franck, Dieter. *Jahre unseres Lebens 1945–1949.* Munich: Piper, 1980.

Franck, Dieter (ed.). *Die fünfziger Jahre. Als das Leben wieder anfing.* Munich: Piper, 1981.

Grimm, Reinhold and Jost Hermand (eds.). *Blacks and German Culture.* Madison: University of Wisconsin Press, 1986.

Grube, Frank; Gerhard Richter. *Die Gründerjahre der Bundesrepublik. Deutschland zwischen 1945 und 1955.* Hamburg: Hoffmann und Campe, 1985.

Hermand, Jost. *Kultur im Wiederaufbau. Die Bundesrepublik Deutschland 1945–1965.* Munich: Nymphenburger Verlag, 1986.

Hermand, Jost. *Die Kultur der Bundesrepublik Deutschland 1965–1985.* Munich: Nymphenburger Verlag, 1988.

Jansen, Peter (ed.). *Rainer Werner Fassbinder.* Munich: Carl Hanser, 1979.

Jung, Jochen (ed.). *Deutschland, Deutschland. 47 Schriftsteller aus der BRD und der DDR schreiben über ihr Land.* Reinbek bei Hamburg: Rowohlt, 1981.

Karst, Theodor (ed.). *Lehrzeit. Erzählungen aus der Berufswelt.* Stuttgart: Reclam, 1980.

Karst, Theodor (ed.). *Texte aus der Arbeitswelt seit 1961.* Stuttgart: Reclam, 1974.

Kleint, Scarlett. *Verliebt. Verlobt. Verheiratet... Deutsch-deutsche Liebespaare im Gespräch.* Berlin: Aufbau, 1993.

Krüger, Herbert and Werner. *Geschichte in Karikaturen. Von 1848 bis zur Gegenwart.* Arbeitstexte für den Unterricht. Stuttgart: Reclam, 1981.

Lixl-Purcell, Andreas (ed.). *Stimmen eines Jahrhunderts 1888–1990. Deutsche Autobiographien, Tagebücher, Bilder und Briefe.* Fort Worth: Holt, Rinehart and Winston, 1990.

Nachama, Andreas and Julius H. Schoeps (eds.). *Aufbau nach dem Untergang. Deutsch-jüdische Geschichte nach 1945.* Berlin: Argon Verlag, 1992.

Naeher, Gerhard. *Mega-schrill und super-flach. Der unhaltbare Aufstieg des Fernsehens in Deutschland.* Frankfurt/M: Campus, 1993.

Noeske, Britta (ed.). *Liebe Kollegin. Texte zur Emanzipation der Frau in der Bundesrepublik.* Werkkreis Literatur der Arbeitswelt. Frankfurt/M: Fischer, 1973.

Olfe-Schlothauer, Rina (ed.). *FrauenBilder LeseBuch.* Berlin: Elefanten Press, 1981.

Özkan, Hülya and Andrea Wörle (eds.). *Eine Fremde wie ich. Berichte, Erzählungen, Gedichte von Ausländerinnen.* Munich: Deutscher Taschenbuch Verlag, 1985.

Schwarzer, Alice. *Der „kleine Unterschied" und seine großen Folgen. Frauen über sich. Beginn einer Befreiung.* Frankfurt/M: Fischer, 1990.

Wildermuth, Rosemarie (ed.). *Heute und die 30 Jahre davor. Erzählungen, Gedichte und Kommentare zu unserer Zeit. Deutschland seit 1949.* Munich: Heinrich Ellermann, 1978.

## II. Sozial- und Zeitgeschichte

Bahr, Eckhard. „Interview mit einem Skin", in: *Verfluchte Gewalt. Dokumentierte Geschichten.* Leipzig: Evangelische Verlagsanstalt, 1992.

Benz, Wolfgang. *Die Geschichte der Bundesrepublik Deutschland.* Vol. 3. *Gesellschaft.* Frankfurt/M: Fischer, 1989.

Berman, Russell A. *Cultural Studies of Modern Germany. History, Representation, and Nationhood.* Madison: University of Wisconsin Press, 1993.

Blanke, Thomas. *DDR: Ein Staat vergeht.* Frankfurt/M: Fischer, 1990.

Deutschkron, Inge. (ed.). *... denn ihrer war die Hölle. Kinder in Gettos und Lagern.* Cologne: Wissenschaft und Politik, 1985.

F., Christiane. *Wir Kinder vom Bahnhof Zoo.* Hamburg: Stern, 1981.

Fremgen, Gisela, (ed.). *... und wenn du dazu noch schwarz bist. Berichte schwarzer Frauen in der Bundesrepublik.* Bremen: edition CON, 1984.

Heinemann, Karl-Heinz and Wilfried Schubarth (eds.). *Der antifaschistische Staat entläßt seine Kinder. Jugend und Rechtsextremismus in Ostdeutschland.* Cologne: PapyRossa Verlag, 1992.

Herzberg, Wolfgang (ed.). *Überleben heißt Erinnern. Lebensgeschichten deutscher Juden.* Berlin: Aufbau, 1991.

Huelshoff, Michael G. (ed.). *From Bundesrepublik to Deutschland. German Politics after Unification.* Ann Arbor: University of Michigan Press, 1993.

Humann, Klaus (ed.). *Schweigen ist Schuld. Ein Lesebuch der Verlagsinitiative gegen Gewalt und Fremdenhaß.* Frankfurt/M: Börsenverein des deutschen Buchhandels, 1993.

Jeismann, Michael and Henning Ritter. *Grenzfälle. Über neuen und alten Nationalismus.* Leipzig: Reclam-Verlag, 1993.

Jenk, Gabriele. *Steine gegen Brot. Trümmerfrauen schildern den Wiederaufbau in der Nachkriegszeit.* Bergisch Gladbach: Bastei-Lübbe Verlag, 1988.

Kleßmann, Christoph. *Die doppelte Staatsgründung. Deutsche Geschichte 1945–1955.* Göttingen: Vandenhoeck und Ruprecht, 1982.

Kuckuc, Ina. *Der Kampf gegen Unterdrückung. Materialien aus der deutschen Lesbierinnenbewegung.* Munich: Verlag Frauenoffensive, 1980.

Lixl-Purcell, Andreas. *Erinnerungen deutsch-jüdischer Frauen 1900–1990.* Leipzig: Reclam-Verlag, 1993.

Maltry, Karola. *Die neue Frauenfriedensbewegung. Entstehung, Entwicklung, Bedeutung.* Frankfurt/M: Campus, 1993.

Nyffeler, Max. *Liedermacher in der Bundesrepublik Deutschland.* Bonn: Internationes, 1991.

Ogunotye, Katharina, May Opitz, and Dagmar Schultz, (eds.). *Farbe bekennen. Afro-Deutsche Frauen auf den Spuren ihrer Geschichte.* Berlin: Orlanda Frauenverlag, 1986.

Oji, Chima. *Unter die Deutschen gefallen. Erfahrungen eines Afrikaners.* Wuppertal: Peter Hammer Verlag, 1992.

Ostow, Robin (ed.). *Jom Kippur in Gethsemane. Ostdeutsche Juden erzählen ihre Wende.* Berlin: Aufbau-Verlag, 1993.

Wiedenfeld, Werner (ed.). *Handbuch zur Deutschen Einheit.* Frankfurt/M: Campus, 1993.

Zentner, Christian. *Illustrierte Geschichte der Ära Adenauer.* Munich: Südwest Verlag, 1984.

# III. Literatur und Literaturgeschichte

Ackermann, Irmgard (ed.). *Türken deutscher Sprache. Berichte, Erzählungen, Gedichte.* Munich: Deutscher Taschenbuch Verlag, 1984.

Ackermann, Irmgard, and Harald Weinrich (eds.). *Eine nicht nur deutsche Literatur.* Munich: Piper, 1986.

Aichinger, Ilse. *Die größere Hoffnung.* Frankfurt/M: Fischer, 1991.

Bauschinger, Sigrid and Susan L. Cocalis (eds.). *Film und Literatur. Literarische Texte und der neue deutsche Film.* Tübingen: Francke Verlag, 1984.

Becker, Jurek. *Nach der ersten Zukunft. Erzählungen.* Frankfurt/M: Suhrkamp, 1980.

Begov, Lucie. *Mit eigenen Augen. Botschaft einer Auschwitz-Überlebenden.* Gerlingen: Bleicher, 1983.

Böseke, Harry (ed.), Werkkreis Literatur der Arbeitswelt. *Mit 15 hat man noch Träume. Arbeiterjugend in der Bundesrepublik.* Frankfurt/M: Fischer, 1975.

Borchert, Wolfgang. *Draußen vor der Tür.* Frankfurt: Suhrkamp, 1947.

Braun, Volker. *Das ungezwungene Leben Kasts.* Berlin: Aufbau-Verlag, 1972.

Brecht, Bertolt. *Gesammelte Werke.* Frankfurt/M: Suhrkamp, 1967.

Brenner, Hildegard (ed.). *Nachrichten aus Deutschland. Lyrik, Prosa, Dramatik. Eine Anthologie der neueren DDR-Literatur.* Reinbek bei Hamburg: Rowohlt, 1967.

Christ, Richard; Manfred Wolter (eds.). *Fünfundsiebzig Erzähler der DDR.* Berlin: Aufbau Verlag, 1981.

Çirak, Zehra. *Anfang für einen neuen Tanz kann sein jeder Schritt.* Berlin: Literarisches Kolloquium, 1987.

Emmerich, Wolfgang. *Kleine Literaturgeschichte der DDR 1945–1988.* Frankfurt/M: Luchterhand, 1989.

Ende, Michael. *Momo, oder die seltsame Geschichte von den Zeit-Dieben und von dem Kind, das den Menschen die gestohlene Zeit zurückbrachte. Ein Märchen-Roman.* Stuttgart: Thienemanns Verlag, 1973.

Farsaie, Fahimeh. *Die gläserne Heimat. Erzählungen.* Frankfurt/M: Dipa Verlag, 1989.

Hage, Volker (ed.). *Lyrik für Leser. Deutsche Gedichte der siebziger Jahre.* Stuttgart: Reclam, 1980.

Hagen, Nina. *Ich bin ein Berliner. Mein sinnliches und übersinnliches Leben.* Munich: Goldmann, 1988.

Hein, Christoph. *Ohne Titel.* Berlin: Aufbau-Verlag, 1993.

Heym, Stefan. *Stalin verläßt den Raum. Politische Publizistik.* Leipzig: Reclam, 1990.

Königsdorf, Helga. *Meine ungehörigen Träume. Geschichten.* Berlin: Aufbau-Verlag, 1984.

Loest, Erich. *Nacht über dem See und andere Kurzgeschichten.* Leipzig: Volk und Buch, 1950.

Maron, Monika. *Stille Zeile Sechs. Roman.* Frankfurt/M: Fischer, 1993.

Morgner, Irmtraud. *Amanda. Roman.* Berlin: Aufbau-Verlag, 1983.

Müller, Heiner. *Germania Tod in Berlin.* Berlin: Rotbuch, 1977.

Özakin, Aysel. *Deine Stimme gehört dir. Erzählungen.* Hamburg: Luchterhand Literaturverlag, 1992.

Reich-Ranicki, Marcel. *Ohne Rabatt. Über Literatur aus der DDR.* Frankfurt/M: Deutsche Verlagsanstalt, 1991.

Reich-Ranicki, Marcel (ed.). *Verteidigung der Zukunft. Deutsche Geschichten 1960–1980.* Munich: Deutscher Taschenbuch Verlag, 1986.

Reimann, Brigitte. *Ankunft im Alltag.* Berlin: Verlag Neues Leben, 1961.

Rinser, Luise. *Im Dunkeln singen.* Frankfurt/M: Fischer, 1985.

Rüdenauer, Erika (ed.). *Dünne Haut. Tagebücher von Frauen aus der DDR.* Cologne: Weltkreis, 1988.

Rüther, Günther. *„Greif zur Feder, Kumpel": Schiftsteller, Literatur und Politik in der DDR 1949–1990.* Düsseldorf: Droste Verlag, 1991.

Sachs, Nelly. *In den Wohnungen des Todes.* Frankfurt: Suhrkamp, 1947.

Schneider, Robert. *Dreck.* Leipzig: Reclam, 1993.

Seghers, Anna. *Gesammelte Werke.* Berlin: Aufbau-Verlag, 1977

Stefan, Verena. *Häutungen. Autobiographische Aufzeichnungen, Gedichte, Träume, Analysen.* Munich: Frauenoffensive, 1975.

Vormweg, Heinrich (ed.). *Erzählungen seit 1960 aus der Bundesrepublik Deutschland, aus Österreich und der Schweiz.* Stuttgart: Reclam, 1983.

Wagenbach, Klaus and Christoph Buchwald (eds.). *Lesebuch. Deutsche Literatur der siebziger Jahre.* Berlin: Verlag Klaus Wagenbach, 1984.

Wallraff, Günter. *Industriereportagen. Als Arbeiter in deutschen Großbetrieben.* Reinbek bei Hamburg: Rowohlt, 1970.

Wander, Maxie. *Guten Morgen, du Schöne! Protokolle nach Tonband.* Berlin: Buchverlag der Morgen, 1977.

Wirz, Mario. *Ich rufe die Wölfe. Gedichte.* Berlin: Aufbau-Verlag, 1993.

Wolf, Christa. *Gesammelte Erzählungen.* Darmstadt: Luchterhand, 1980.

Wolff, Lutz-W. (ed.). *Frauen in der DDR. 20 Erzählungen.* Munich: Deutscher Taschenbuch Verlag, 1986.

Wolfram Susanne (ed.). *Theater Theater. Aktuelle Stücke 3.* Frankfurt/M: Fischer, 1993.

## IV. Kunstkataloge und Kunstgeschichte

Becker, Jürgen and Wolf Vostell (eds.). *Happenings.* Reinbek: Rowohlt bei Hamburg, 1965.

Fischer, Knut (ed.). *Joseph Beuys im Gespräch.* Cologne: Kiepenheuer, 1989.

Grohmann, Will. *Kunst unserer Zeit. Malerei und Plastik.* Cologne: DuMont, 1966.

Hoffmann, Hilmar. *Mythos Olympia. Ist Nazikunst rehabilitierbar?* Berlin: Aufbau-Verlag, 1993.

Huyssen, Andreas. The Cultural Politics of Pop. In *New German Critique*, No. 4 (1975).

McShine, Kynaston (ed.). *Berlinart 1961–1987.* New York: Museum of Modern Art, 1987.

Risebero, Bill. *Modern Architecture and Design: An Alternative History.* Cambridge: MIT Press, 1982.

Rössing, Karl. *Passion unserer Tage.* Berlin: Dietz 1947.

Schulz-Hoffmann, Carla. *Deutsche Kunst seit 1960.* Munich: Prestel-Verlag, 1985.

Staeck, Klaus. *Plakate.* Göttingen, 1988.

# Themen für Referate und Papiere

1. Die Nachkriegsjahre: Kultur und Politik 1945–1948
2. Die Nürnberger Kriegsverbrecherprozesse
3. Die Berliner Blockade 1948–49
4. Die Teilung Deutschlands 1949
5. Wolfgang Borchert: Ein literarisches Porträt
6. Das westdeutsche Wirtschaftswunder 1950–1960
7. Anti-Zionismus in der DDR 1950–1953
8. Walter Ulbricht und die DDR 1949–1961
9. Konrad Adenauer und die BRD 1949–1963
10. Deutschland und der Kalte Krieg 1950–1990
11. Der Berliner Mauerbau 1961
12. Deutsche Kunst und Architektur 1960–1980
13. Happenings und Pop Art in Deutschland: Die 60er Jahre
14. Der Frankfurter Auschwitz-Prozeß 1965
15. Die Studentenbewegung 1968
16. Die Münchner Olympischen Spiele 1972
17. Die Frauenrechtsbewegung in Deutschland 1970–1990
18. Die deutschen Kirchen und die Friedensbewegung 1960–1990
19. Konkrete Poesie. Interpretationen
20. Die Anti-Atomkraft-Bewegung 1975–1985
21. Der Neue Deutsche Film 1970–1985
22. Liedermacher in Deutschland 1980–1990
23. Rainer Werner Fassbinder und seine Filme
24. Petra Kelly und die „Grünen"
25. Christa Wolf: Ein literarisches Porträt
26. Neue Innerlichkeit: Zur Lyrik der 70er und 80er Jahre
27. Ausländische Arbeiter in der BRD
28. Die Jugend-Szene der 90er Jahre
29. Theater in der DDR [vor 1990]

30. Theater in der BRD
31. Der Arbeiter-Aufstand in der DDR 1953
32. Die „Gruppe 47"
33. Die Wende 1989 in der DDR
34. Joseph Beuys und seine Kunst
35. Erich Honecker: Ein politisches Profil
36. Anna Seghers: Ein literarisches Profil
37. Deutschland nach der Vereinigung (seit 1990)
38. Minderheiten in Deutschland nach 1990
39. Die Berliner Symphoniker
40. Deutsche Sportidole der Gegenwart
41. Hanns Eisler und seine Musik
42. Postmoderne deutsche Architektur
43. Deutschland und Europa

# Register/Index

Das folgende Register ist in zwei Gruppen unterteilt, die alphabetisch geordnet sind und die Seitenzahl im Buch angeben. Teil 1 enthält ein Namenregister der Autoren, Künstler und bedeutendsten Persönlichkeiten, die im Textbuch erscheinen. Teil 2 ist ein Sachregister mit einer Auswahl wichtiger Stichwörter zu den Texten und Bildern in *Rückblick*.

## Teil 1. Namenregister

## Teil 2. Sachregister

S

The publisher wishes to thank and acknowledge the following for permission to reprint texts and images:

*Texts*
**Pages 20–21, 25–27** Senatsverwaltung für Soziales, Die Ausländerbeauftragte, Berlin **35–36** mit Genehmigung von Mohrbooks Zürich **40–42** *PC Extra/Wir in Europa,* Nr. 16, Margot Friedrich, *Tagebuch einer Revolution;* **53–54** Carl Hanser Verlag, Munich **58–59** Ingeborg Flagge, Kunstmuseum Bonn **69–70** *Film und Fernsehen,* Nr. 6/92 + 1/93, Herausgeber Filmverband Brandenburg e.V. **78–79, 84–85, 134–135, 139–140, 218–220** © 1967, 1986, 1987 by Hermann Luchterhand Verlag Darmstadt **94–95** Nina Hagen, Ich bin ein Berliner, © 1988 Wilhelm Goldmann Verlag GmbH, München **107–108** Maxie Wander, Buchverlag der Morgen **113–114, 152–153** © S. Fischer Verlag GmbH, Frankfurt/M, 1975, 1976 **120–124** © by K. Thienemanns Verlag, Stuttgart-Wien **146–147** © Peter Handke Rosemarie Silbermann, Tel Aviv **165–166** Brigitte Seebacher-Brandt **188–190** Jost Hermand **194–195, 233, 285–286** © Suhrkamp Verlag Frankfurt/M 1961, 1964, 1967 **205–206** © Verlag Neues Leben, Berlin 1961 **247–248** © 1957 Claassen Verlag GmbH, Hamburg **260–261, 272–274** Gabriele Jenk **279–280** © copyright by Linden-Verlag, Leipzig **289–290** © Rowohlt Verlag.

*Images*
**Page 5** Andreas Lixl-Purcell **13** Presse und Informationsamt der Bundesregierung **15** Globus Kartendienst **17** Kampagne „Miteinander leben in Berlin" 1993. Konzept und Gestaltung: Projektateliers GmbH, Berlin. Für die Ausländerbeauftragte des Senats, Senatsverwaltung für Soziales, Berlin **23** Globus Kartendienst **29, 32** Andreas Lixl-Purcell **38** Luis Murschetz/*Die Zeit* **44** Gunnar Riemelt/Edition Karte'll **46** Uwe Rau **50** Robert Lebeck/Verlagsleitung Stern **56** Bundesbildstelle Bonn **61** Rolf Lukaschewski **65, 67** *Kino 79/80* **72** Horst Knietzsch, *Filmgeschichten in Bildern* **75** adapted from a map by Dr. Heinrich J. Dingeldein, Universität Marburg **81, 82, 87, 92** APA Publications/Houghton Mifflin Co. **96, 101** Klaus Staeck **111** Bundesministerium für Frauen und Jugend **116** *Marianne Pitzen's Schneckenhaus,* Wienand Verlag, Köln **118** © K. Thienemanns Verlag, Stuttgart-Wien **127** Wolfgang Hutter **133** © Apple Corp. Ltd. Courtesy of Capitol Records, Inc. **144** Peter Homann/*Der Spiegel* **149** *Der Spiegel* **157** Erdogan Karayel/Exile Kulturkoordination **162** Bundesbildstelle Bonn **172** Museum Haus am Checkpoint Charlie, Berlin **179** Alex Waidmann/Ullstein Bilderdienst **181** Museum Haus am Checkpoint Charlie, Berlin **182** Ralf G. Succo/Ullstein Bilderdienst **185** Volkswagen AG, Wolfsburg **197** SPD-Vorstand, Ollenhauerstraße 1, D-5300, Bonn **200** Ullstein Bilderdienst-dpa **202** VAGA/Richard Hamilton **203** Archiv René Block Berlin **208** Andreas Lixl-Purcell **212** Ullstein Bilderdienst **216** Ullstein Bilderdienst-dpa **222** © Fritz Neuwirth/Süddeutscher Verlag Bilderdienst **224** Archiv für Kunst und Geschichte, Berlin **231, 234** Deutsches Historisches Museum, Berlin. Aufnahme: D. Nagel **237** Münchner Stadtmuseum **245** Ullstein Bilderdienst **249** Deutsches Historisches Museum, Berlin. Aufnahme: D. Nagel **255** Andreas Lixl-Purcell **256** Bundesbildstelle Bonn **263** Bundesarchiv Koblenz **270** Press and Information Office Bonn **276** ALP Plakatsammlung **287** Archiv für Kunst und Geschichte, Berlin.

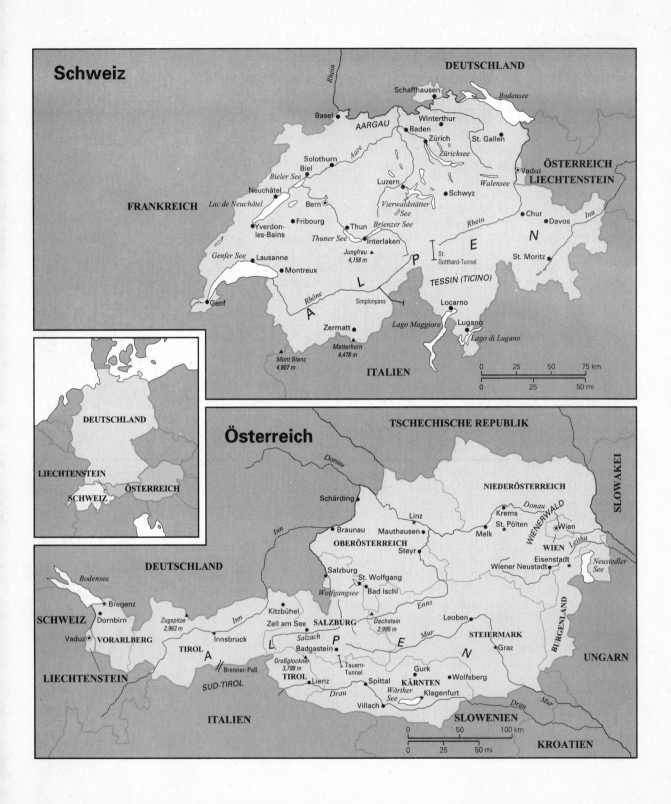

# Schweiz

DEUTSCHLAND

Schaffhausen
Bodensee

Basel
AARGAU
Baden
Winterthur
Zürich
St. Gallen
ÖSTERREICH
LIECHTENSTEIN
Vaduz

Aare
Solothurn
Biel
Bieler See
Zürichsee
Luzern
Walensee

Neuchâtel
FRANKREICH
Lac de Neuchâtel
Bern
Vierwaldstätter See
Schwyz

Rhein
Chur
Davos
Inn

Yverdon-les-Bains
Fribourg
Thun
Brienzer See
Interlaken

Thuner See
Jungfrau
4,158 m
St. Gotthard-Tunnel
St. Moritz

Genfer See
Lausanne
A L P E N

Montreux
Rhône
Simplonpass
TESSIN (TICINO)

Genf
Locarno

Zermatt
Lago Maggiore
Lugano

Matterhorn
4,478 m
Lago di Lugano

Mont Blanc
4,807 m
ITALIEN

0   25   50   75 km
0   25   50 mi

DEUTSCHLAND
LIECHTENSTEIN
SCHWEIZ
ÖSTERREICH

# Österreich

TSCHECHISCHE REPUBLIK

Donau

Schärding
NIEDERÖSTERREICH
Donau
Krems
St. Pölten
Wien
SLOWAKEI

Inn
Linz
Mauthausen
Melk
WIENERWALD
Leitha

Braunau
OBERÖSTERREICH
Steyr
WIEN
Eisenstadt
Neusiedler See

Salzburg
St. Wolfgang
Wiener Neustadt

Bodensee
Wolfgangsee
Bad Ischl

Bregenz
SCHWEIZ
Dornbirn
Zugspitze
2,963 m
Kitzbühel
Zell am See
SALZBURG
Enns
Dachstein
2,995 m
Leoben
BURGENLAND
UNGARN

Vaduz
VORARLBERG
Inn
A L P E N
STEIERMARK
Graz

LIECHTENSTEIN
TIROL
Innsbruck
Salzach
Badgastein
Großglockner
3,798 m
Tauern-Tunnel
Mur

Brenner-Paß
SUD-TIROL
TIROL
Lienz
Spittal
KÄRNTEN
Gurk
Wolfsberg

Drau
Wörther See
Klagenfurt
Drau
Mur

ITALIEN
Villach
SLOWENIEN

0   50   100 km
0   25   50 mi
KROATIEN